U0682722

重臣系列

刘基 大明军师

胡凡　王海燕　著

辽宁人民出版社

© 胡凡　王海燕　2025

图书在版编目（CIP）数据

大明军师：刘基 / 胡凡，王海燕著. -- 沈阳：辽宁人民出版社，2025．4．--（历代开国重臣系列 / 赵毅主编）. -- ISBN 978-7-205-11312-4

Ⅰ．K827=48

中国国家版本馆 CIP 数据核字第 2024XJ2792 号

出版发行：辽宁人民出版社
　　　　　地址：沈阳市和平区十一纬路 25 号　邮编：110003
　　　　　电话：024-23284191（发行部）　024-23284304（办公室）
　　　　　http://www.lnpph.com.cn
印　　　刷：嘉业印刷（天津）有限公司
幅面尺寸：165mm×235mm
印　　张：19
字　　数：205 千字
出版时间：2025 年 4 月第 1 版
印刷时间：2025 年 4 月第 1 次印刷
责任编辑：刘　明
封面设计：乐　翁
版式设计：一诺设计
责任校对：吴艳杰
书　　号：ISBN 978-7-205-11312-4

定　　价：58.00 元

"历代开国重臣系列"序

展示在读者面前的这套"历代开国重臣系列",共收录了中国帝制时代由秦至清辅佐开国皇帝创立基业的重臣李斯、萧何、张良、王导、高颎、魏徵、赵普、耶律楚材、李善长、刘基、多尔衮、范文程12人的传记,除东晋王导外,其余11位传主均为统一型王朝之开国重臣。共计10册,由10余位史学工作者分别撰写完成。

自秦灭六国,一统天下,至清军入关,定鼎中原,2000余年的帝制时代,王朝更迭反复无常,国运盛衰纷纭不定,形形色色的人物轮番登上历史舞台,演出了一幕幕人间悲喜剧。

时代造就了这些历史人物,历史就在这幕起幕落中悄然前行。没人怀疑人民是创造历史的动力这一至理名言,中华民族勤劳、勇敢、睿智绝非虚语,杰出人物只有在顺应历史潮流和民众意愿的前提下,才能在时代变革中运筹于帷幄之中,决胜于千里之外。

但是，历史不可能将每个人的活动都详尽地加以记载，翻检正史、政书、实录，唯帝王将相、英雄豪杰之履历和业绩而已。因此，当今天的人们追溯历史、探究历史，只能披阅典籍，循着那些杰出人物的足迹去把握历史发展的脉动。

不仅如此，杰出人物的活动并非只是历史潮流、人民意愿的被动反映。他们是历史的灵魂、人民的代言，当关键时刻来临，他们敢于挺身而出，拔剑而起，建立不朽的功勋和皇皇伟业。

倘若没有这些杰出人物，历史将黯然失色，民众将无所适从。从这层意义来说，书写、研究杰出人物的活动虽然是我们认识历史的被动选择，但也是必然选择。

本套书所收录的 12 位开国重臣，是这类人物中的典型。他们或来自旧王朝的世家豪族，或出身旧王朝的基层属吏，或属于旧王朝的达官显宦，或是旧王朝失意的知识分子。他们所面临的形势正值新旧王朝交替。当是之时，沧海横流，匹夫兴志，群龙无首，兆庶失归，社会需要新的理念，群黎需要新的代言。

这些人物起于山泽草莽、陇亩幽隐之间，得逢明主，风云际会，展布平生大志。有人挟聪睿之资，经天纬地，一言兴邦；有人荷新主眷顾，克己尽忠，死而后已；有人以持重著称，审时度势，力挽狂澜；有人以刚正名世，规谏君主，勇揭逆鳞，以诤臣流芳后世；有人以博通经史为本，申明典章，恢宏治道；有人以勇略见长，深谋远虑，克敌制胜。

他们佐开国之君于基业草创，拯倒悬之民于水火，成就大业，建立奇勋，垂名当世，贻范后昆。从这一视角观察，他们是成功人物，是时代骄子。但是，从另一视角观察分析，他们中的许多人又是失败人物，难以逃脱悲剧结局。他们所生活的时代，正值专制皇权日渐强化，尊君卑臣日益泛滥。

当大业未就的创业阶段，历史与社会的局限使他们不可能完全按照理想模式重建公平与正义，如此局面之中，委曲求全，已是不可避免；当新朝既立，新皇位加九五之后，这些人虽身处国家权力核心，但地位往往微妙，甚至尴尬。功高震主，兔死狗烹者不乏其人；在权位角逐中，为佞臣诬诋，落职除爵，被赶回"高老庄"者大有人在；而因亲故失检、子孙败德受到牵连，身败名裂者更为常见。像西汉开国重臣张良佐高帝创大业，功成名就，急流勇退，保持令名者并不多见。

本套书作者探微索幽，铺排史实，目的并非仅仅在于重现12位传主的一生主要经历和功过是非，还在于透过这些人的升降浮沉，展示由秦至清2000余年间中国历史发展演变的大体脉络和基本规律；不仅使读者了解上述杰出人物对社会发展带来的推进和影响，也要使读者了解社会现实和文化环境印在这些杰出人物思想与行为上的烙印，从而获得对中国帝制时代历史较为深刻而具体的认识。该书若能在全民普及历史教育的活动中发挥作用，则是作者和编辑最大的心愿。

　　本套书曾在多年前刊印行世。此次，由辽宁人民出版社再度修订出版。书中所叙述的内容，基本依据典籍所载史实并参酌部分民间传说。对问题的看法及对传主的评价，或基于作者个人的研究探索，或吸纳学界同行的成果，力求科学、实事求是，反映本领域的最新学术认知。

　　为了使传主形象生动、丰满，使文本富有可读性，在修订过程中，尽力搜求文献资料、披阅同行论著，对传主政治、经济、军事和文化方面的建树乃至生活细节都进行了尽可能详尽的研究。在语言文字方面，力求清新流畅、简洁明快，融学术性和通识性于一体，雅俗共赏是我们期待的社会效果。

　　本套书规模较大，成于众手，风格互异，在所难免。本套书编撰之初，有的作者已是名满学界的教授，有的还是史学新兵，功力不同，水平必有参差，亦可预料。在本套书修订再版之际，我们诚恳欢迎广大读者批评指正。

辽宁师范大学　赵毅

2023 年 5 月 12 日

目　录

第一章 ❀ 怀抱济世之才的儒士

一、家世渊源

刘基，字伯温，浙江青田人，明王朝的开国功臣。明太祖朱元璋对刘基非常敬重，每称基为伯温老先生，所以世人多称刘伯温。因为刘基是青田人，时人又称其为刘青田。洪武建元后大封功臣，刘基受封为诚意伯，人们又称其为刘诚意。明武宗正德九年（1514）追赠刘基为太师，谥文成，后人又称他为刘文成。他出生于元朝至大四年（1311），卒于明朝洪武八年（1375），享年六十五岁。他一生的大部分时间是在元朝度过的，但由于他在辅佐朱元璋讨平群雄、建立明王朝的过程中功勋卓著，因而作为一代开国功臣而载入明朝史册。

青田县地处浙东南部山区，在元代属处州府管辖。这里到处峰峦叠嶂，重山复水，极少有平原、广野、湖泊。世代生活在这里的人民，在山顶平整的地方开出块块土地，利用山泉之水种植稻谷，同时还种植地瓜、马铃薯等易于生长的高产作物，作为常年的食粮。青田县广袤四百余里，东到温州府一百二十里，南到瑞安县二百五十里，西到丽水县一百五十里，北到缙云县一百六十里，东南到瑞安县二百里，西南到福建省政和县七百七十里，东北到仙居县三百四十里，西北到缙云县二百四十里。从县府鹤城镇到江浙行省省府杭州有八百六十里，到处州府治括苍城（今浙江丽水）有一百五十里，到京师大都

（北京）则有四千零六十里。在这片万山涌汇之地，山上林木葱茏、灌木丛生，山与山之间常夹有溪流，奔腾而出，汇入大溪，汇入瓯江和飞云江，最后汇入东海。

在距县府七十五里的瓯江南岸，是青田县的名山石门山，这里的石门洞古称全国三十六洞天之一，是著名的风景旅游胜地。据史书上说：石门洞天面临大溪江，两侧山峰笔直耸立，高达数百丈，互相对峙像门一样。深入门内就是一个大洞，宽广异常，可以容纳数千人。六月正是暑气熏蒸、炎热难耐之时，这里却寒气逼人，另有瀑布从千仞石壁上落下，飞溅起无数的水珠，形成雾状的细雨，随风飘出一里多远，似烟雾蒸腾，时聚时散，冬夏不断。瀑布飞落山下后，汇成一泓潭水，深可数十丈，人称积银潭。这青山飞瀑、绿水深潭的美妙景观，吸引了历代的文人墨客。南朝文学名家谢灵运第一个来到这里，他脚踏木屐，登高赋诗，使石门洞天名扬天下。唐宋时代，亦有很多文人学者到这里游览，石门洞天建起了石门亭、谢客堂、喷雪亭、银河万古亭、灵佑寺等建筑。元朝至元年间，廉访副使王侯采纳进士刘若济的建议，又在这里建起了石门书院，这里更成了令文人学者流连忘返的一方名胜，摩崖石刻遍布山崖石壁。

在这连绵的山溪之间，分布着青田县治下的三乡十八都。在县府西南方一百四十里之处，是九都的辖区，在丛山之中有座南田山，是一处平均海拔高度八百米左右的山顶平台，这山顶平台高旷绝尘，周围群山环抱，山上长满苍松翠柏，四季野花常开不败。群山之间又有许多瀑布，倾泻到山脚下就成了清澈见底的潺潺流水，真可谓风景如画，所以《洞天福地记》说："古称七十二福地，南田居其一。"

在这风景如画的山顶平台上，分布着九都治下的十几个村落。在其北端有一峰称为武阳尖，武阳尖南侧山脚下的村落为武阳村，这里就是刘基的家乡。

刘基的祖先是丰沛人，后来迁徙到鄜延（今陕西志丹）。到北宋后期，其先人中有位刘延庆，做官为宣抚都统，进为少保。刘延庆生刘光世，北宋末年以平方腊有功，任为兵马总管，扈从高宗南渡，官至开府仪同三司、录尚书事，受封为太师、杨国公，卒谥武僖，追封鄜王，全家也就定居于临安（今浙江杭州）。刘光世生刘尧仁，从临安迁居丽水县的竹洲（今太平乡），隐居读书，不再出仕。刘尧仁四传至刘集，又从丽水移居青田县深山之中的南田武阳村。刘集就是南田刘氏家族的始祖，这时的刘家已经从习武的将门变成书香之家了。

刘集生子叫刘濠，字浚登，他就是刘基的曾祖父。刘濠为人慷慨正直、博通经史，南宋末年出仕为官，做到翰林掌书。他看到南宋小朝廷满足于偏安一隅，毫无振作的气象，北方蒙古已经是大军压境，可是临安城仍是一派歌舞升平，而且政治腐败黑暗，权臣贾似道当政、贿赂公行、强买民田、掠夺百姓，绝无恢复之理。于是刘濠辞官归家，务农读书，教导子孙。当时青田正逢灾害歉收，百姓生活十分艰难。刘濠每天早晨登上南田山观望，看谁家的烟囱不冒烟，便知他家断粮了，于是拿出自己家的粮食前去救济，因而刘濠在乡间颇有威望。

刘濠的同事林融，在南宋末做官为提点刑狱，南宋灭亡以后，他感到十分痛愤，基于爱国热情，他潜回青田召集人民起兵抗元。抗元斗争失败，林融被擒送元都燕京，元世祖忽必烈赞赏他是位忠臣，没加处罚就释放了他。林融回到青田之后，又重新起兵抗元，元朝派江浙行省参政高兴率军镇压，林融寡不敌众，战死疆场。

林融战死后，元朝派使臣搜捕其余党，青田县受牵连的人很多，当也一些豪门地主趁此机会陷害与自己有仇怨的人，并诬告了很多善良的平民百姓，元使就将这些人记录成册，准备回京呈报后逐个擒拿。使者带着捕人的名册返京，路经武阳村时天已黑了，又下起鹅毛大雪，使者又冻又饿，就在一户村民家中住下。这家主人不敢怠慢，殷勤款待使者，谈话之中得知使者回京后要按名册前来抓人，心中暗暗吃惊。使者为了驱寒解乏，拿出一百文钱，让主人去买些好酒来，主人拿着钱没顾上买酒，先到刘濠家里，把使者的一切都告诉了刘濠。

刘濠听后也吃了一惊，便和他十岁的孙子刘熠一起到那户村民家里去见使者，当听说受牵连的有一万多人时，深感事情重大。他想要搭救那些受陷害的人，可一时又想不出什么办法。他的小孙子刘熠见爷爷为救人之事着急，便让那家主人陪着使者，自己把刘濠拽到门外，附耳低言说如此如此，便可拯救那些无辜之人。刘濠一听大喜，连忙把元使请到了自己家中，用好酒好菜殷勤地款待使者，把使者灌得酩酊大醉，然后扶上自家的木楼，让使者休息。使者睡着之后，刘濠取出使者的捕人名册，把那些无法得到赦免的巨魁二百多人的名字抄录下来，然后在自家楼下烧了一把火。当大火烧到楼上时，刘濠佯装才发现着火，仓促地扶着使者逃出小楼，连鞋都没顾上穿。

第二天早晨，使者望着被烧毁的小楼和毁于火中的名册，懊恼地说："这怎么办哪！拿什么回京交差呀！弄不好我就要被杀头啊！"刘濠这时又从旁劝慰使者说："我家不幸，大火烧了房子，让使者受惊，真是死罪。不过，也许是名册上有很多受冤屈的人，上天要拯救他们吧！这样吧，你使者在牙阳完成了使命，不能再去了，正好我在那里有亲属，我替使者去跑一趟，再查抄一些人名来，你回京师也好交差，只是往返需要四天时间。"使者一听大为高兴地说："太好了！哪怕只有一半也可以复命了。"于是四天之后，刘濠把着火前抄录的那二百多人及一些假名字汇成一册，交给使者带到京师，而那些无辜受牵连的乡里之人免遭这场劫难。刘濠和孙子刘爚毁家救人这件事，在青田县一直传为美谈。

刘基的祖父叫刘庭槐，字尚德，他博通典籍，很有学问，在南宋末年游学京师，就读于太学上舍。这是北宋王安石为宰相时创行的一种三舍法，就是把太学分为外、内、上三等，初入学为外舍生，经过逐月考试和年终考试，依次升为内舍、上舍生。上舍生毕业成绩优秀的可以免试授官，成绩中等可以直接参加殿试，下等的经吏部考试再经殿试后也可以授官。宋室南渡之后也一直沿用三舍制。刘庭槐就读于太学上舍时，南宋小朝廷已经是气息奄奄、朝不保夕，所以他没有出仕，回到家乡南田，务农读书、耕田治学，成为村中受人尊敬的儒者。

刘基的父亲刘爚字如晦，母亲富氏。刘爚自幼聪颖，特别是他和祖父毁家救人的义举，更使他受到乡里人的尊敬。他们遵循着"耕织传家久，经书济世长"的古训，在祖上留下的田园山场中辛勤耕耘、读书治学、敦睦乡里，成为青田县中颇有名望的儒学世家。后来刘爚受人荐举，出任为元朝遂昌县学教谕，执掌一县的教育事务，以儒家经典和道德文章教导生徒，同时也结交了许多文人和学者。后来由于父亲刘庭槐身体不好，家中需要照料，刘爚就辞去教谕职务，回乡务农。其后不久，在至大初年，刘庭槐就去世了。

刘家在九都武阳村的生活是恬淡而又充满乡情之乐的，村里人对他们非常敬重，所以每逢节日或丰收之后，乡亲们便和刘家人一起欢聚畅饮，一派农家乐的景象，我们从刘基的诗文中可以体会到这一点，诗曰："我昔住在南山头，连山下带清溪幽。山巅出泉宜种稻，绕屋尽是良田畴。家家种田耻商贩，有足懒踏县与州。西风八月淋潦尽，稻穗栉比无蝗蟊。黄鸡长大白鸭重，瓦瓮琥珀香新刍。芋魁如拳栗壳赤，献罢地主还相酬。东邻西舍迭宾主，老幼合坐意绸缪。山花野叶插巾帽，竹箸漆碗兼瓷瓯。酒酣大笑杂语话，跪拜交错礼数稠。或起顿足舞侏儒，或坐拍手歌瓯篓。倾盆倒榼混醯酱，烂漫沾渍方未休。儿童跳跃助喧噪，执遁逐走同俘囚。出门不记舍前路，颠倒扶掖迷去留。朝阳照屋且熟睡，官府亦简少所求。"

元至大四年（1311），刘爚夫妇已经三十多岁了，富氏夫人又身怀六甲。六月十五日这一天的子时，全家人都忙碌起来，富氏临产，生下了一个男孩，这男孩眼睛又黑又亮，哭声清脆悦耳。全家上下喜气洋洋。同村的乡亲们也纷纷前来祝贺，更给刘家增添了喜庆的气氛。刘爚给这个男孩取名叫刘基，字伯温。

二、束发受学

中国古代自从唐代推行科举制度以来，历代政府都很重视兴办学校、选拔人才。唐宋汉族王朝自不必说，即以蒙古人所建立的元朝来说，在中原封建文化的影响下，也十分重视人才的教育和培养。元世祖忽必烈在中统二年（1261）就下令："置诸路学校官，凡诸生进修者，严加训诲，务使成材，以备选用。"[1]到至元二十八年（1291），又命在江南诸路学和各县学内设立小学，选择老成的士人充任教习。人们也可以自愿招师任教，或者在家跟父兄学习，各从其便。同时元朝还在各地设立书院，书院的师儒由朝廷任命的，称为教授，在路、府的上中等州中设置。由礼部以及行省和宣慰司任命的，称为学正、山

_____

① 《元史·选举志》。

长、学录、教谕，在路、州、县以及各地书院都设置。政府规定的这套教学职务体系是这样的：在路一级的行政机构中设教授、学正、学录各一员，在散府上中州里设教授一员，下州里设学正一员，各县设教谕一员，各书院均设山长一员。中原地区各州县的学正、山长、学录、教谕，都由中央礼部任命；各省所属州县的学正、山长、学录、教谕，由各行省或宣慰司任命。由于学校教育的发达，各地学校的生员经过守令的举荐，再经过行省御史台的考核，或者用为教官，或者用为吏属，由此而选拔出许多人才。

青田县自从唐代设立县治以来，历任县令都极力贯彻政府的意图，倡导儒学、发展教育，从而形成了这里的儒学教育传统。比如南宋淳祐年间（1241—1252）的县令刘岊，到任以后大力倡导学校、注重教育、敦厚风俗，受到当地人民的怀念。元朝至元年间（1264—1294）的县令王麟孙，和乡间老儒一起修建石门书院，讲学论道，在当地传为美谈。至大初年（1308）的县令何良成为了发展教育，甚至拿出自己的薪俸修建新校舍、增买学田，以供给力学的费用；他离任时父老相送，依依不舍。后来考中进士的学子叶岘更是心怀敬重之情，作诗相送，其末尾两句赞道："山阴父老空凝伫，明府何曾爱一钱。"他的举动在当地留下了深远的影响。在这些积极倡导儒学的地方官的推动下，青田县乃至浙东地区以及江浙行省学校发达，受学士子多能尽心力学、究天人之际、通达古今，儒士在社会上成为一个具有广泛影响力的阶层。这些儒生出仕则为官执政、效力朝廷，或者运筹帷幄、削平天下祸乱；归乡则务农力学、表率乡里、整齐风俗，进而影响着整个社会的发展；隐居山林者，亦能独善其身，"自放于山巅水涯之间"，成为世外高人。

刘基的家族，就是这儒士阶层中的一员。

按照古礼的规定，男孩长到八岁就要束发，即把头发束成发髻。这是成童的标志，此后他就要开始上学了。刘基的家庭是儒学世家，父亲又做过遂昌县的教谕，母亲富氏也出身于书香门第，颇通经史大义，自然更重视对儿子的培养。况且，刘爚这时已有三个儿子。长子刘舒，字伯详，由于父亲长年在外，家中诸事长子就要多承担，因而耽误了读书时光，长大成人后，移居八都另立门户，也就不做应考科举的打算了。次子就是刘基，自幼聪敏过人，四五岁时富氏就教他读书认字，到了束发之时，一部《诗经》差不多都背过一遍了，刘爚夫妇心里非常高兴，决定好好培养这个孩子。刘基的弟弟取名刘升，字伯演，这时还小，但看着哥哥读书认字，也在母亲怀里打着滚，时不时地跟着学几句。

刘基长到八岁了，父亲为了好好培养他，就送他进了村里的南田义塾。这南田义塾是由一位叫蒋世泽的老者倡导兴办的乡间小学，聘请一位老儒任教，九都辖下各村的孩子们大多都到这里上学。刘基聪明伶俐，大眼睛忽闪忽闪的，十分有神。他的记忆力特别好，跟着先生读书，只一二遍就能把学过的东西背下来，深得先生喜爱。回到家里，家中丰富的藏书更使刘基如鱼得水，他经常在油灯下捧着书本边读边笑，或者嘴里默默地叨念着，有时竟捧着书本睡着了。几年下来，家里所收藏的经、史、子、集他差不多都读过了，他知道了三皇五帝的许多事情，知道了夏商周的更替，知道了春秋战国诸侯的纷争，知道了秦汉隋唐宋乃至本朝的历史演变，知道了孔子和先秦诸子，知道了司马迁和司马光以及前朝的二程、朱子，等等。书籍在他眼前展开了一个广阔的世界，每遇疑难之处，父亲刘爚就是他剖疑解难最好的老师，母亲在旁边也时常给以指点，小刘基脚步还没有迈出南田，他的心里已经装着整个天下了。

南田地处群山环抱之中，武阳村背靠武阳尖，周围的群山山势虽高，但并不陡峭，道道山梁伸到村子跟前，山上松柏乔木四季常青，应季野花常开不败。这道道山梁就成了孩子们的乐园，小刘基每当读书之余，经常和村里的孩子们一起攀登山梁，采摘一些山里的特产，或者在山坡上牧羊、捉迷藏。这美丽的自然风光陶冶着他的性情，使他对家乡产生无限的眷恋，对大自然怀有深厚的感情，同时也造就了他真诚耿直的性格和坦荡的胸怀。再加上儒家人生哲学的熏陶，"不以物喜，不以己悲"，"穷则独善其身，达则兼济天下"，一代开国名臣就在这样的自然、人文环境里成长起来。

在家乡的学习生活很快就过去了，村中的义塾已经满足不了小刘基的求知欲望。为了让他将来能通过科举步入仕途，光宗耀祖，父亲决定送他到县里的儒学去学习。这时的刘基已经十四岁，成了一个翩翩少年。

三、师从郑先生

　　元泰定元年（1324）春天的一个早晨，已经五十出头的刘爚领着十四岁的刘基，踏着晨雾上路了，他们要到县府所在地鹤城镇。富氏领着小儿子刘升一直把他们送到村口，一路上不断嘱咐着刘基各种事情。一家人在村口依依惜别，望着母亲含着泪水的双眼，牵着弟弟稚嫩的小手，再看看自己和父亲一身远行的装束，还有挑夫肩上的行囊和书箱，刘基心中不禁涌起一股怅然的感情，眼睛不由得湿润了。"黯然销魂者，唯别而已矣！"他在心里品味着江淹的《别赋》，第一次体会到了亲人离别的滋味。

　　已经走出很远了，刘基回过头来，望着武阳尖下熟悉的村庄，还能分辨出母亲和弟弟伫立在村口的身影。

　　刘基和父亲到了县城以后，先找了个客栈住下，第二天便去儒学署联系。儒学署设在县城东门外明伦堂后，左面八间是教谕署，右面八间是训导署，教授着从三乡十八都来这里求学的学子们。刘爚领着刘基径奔教谕署，见到教谕，一番寒暄之后，谈起要送刘基入学之事，教谕面露难色。他告诉刘爚，县学名额已满，不好安排了，如实在要在县学就读，须和县令曹用大人商议。刘爚因任过遂昌县学教谕，对于曹县令早有所闻，于是又去县衙找曹用商议。

曹用字子成，来青田任县令已经好几年了，对于县内儒学世家、宦退名人都很了解，对刘熵自然十分敬重。见面之后，各道寒温，说起送刘基上学之事，曹县令仔细地打量了一下刘基，见这个少年生得眉清目秀，双眼炯炯有神，透出一股英俊之气，言谈之中，又见刘基读书很多，出语不凡，心中自然十分喜爱。他想了一下，对刘熵说："这样吧，我看令郎天资聪颖，不如让他到府学就读。本府录事郑原善先生与我相交甚厚，待我写封书信与他，让他给令郎在府学中安排一下，不知先生意下如何？"刘熵和刘基父子见曹县令如此厚爱，当然满口答应。于是，曹县令写好了书信交给刘熵，刘熵父子二人告辞出来，当下便打点行装，乘船奔处州府衙所在地括城而去。

说不尽一路山明水秀，无限风光，客船早已抵达处州路总管府所在地括城，当晚安顿好了住处，父子二人早早就休息了。第二天早起，父子二人用过早膳，梳洗一番，便去府衙拜访郑原善先生。这括城是个有近五十万人口的大城，只见沿街两旁茶馆、酒楼、店铺鳞次栉比，街上人来车往，非常热闹。父子二人习惯了山间宁静的生活，对这喧闹的城市生活反倒觉得不适应，因而也就不去观赏这繁华的市景了。到了府衙，递上书信，守门人进去通报，郑原善先生迎出门来，热情地将父子二人迎入府内。

这郑原善乃是江西玉山人，字复初，元朝延祐年间（1314—1320）的进士，最初授为德兴县丞，后来转为处州府录事。录事是掌管城中民政事务的属官，职级虽只有正八品，但实际地位却很重要。复初先生看上去四十多岁，中等身材，身体虽然显得清瘦，但却神采奕奕，是一位饱学之士。他看了曹用的信，知道刘家也是儒学世家，攀谈之中得知刘基将家中的藏书都已读完，又对刘基进行了一番考问，刘基都对答如流，郑先生大为高兴，于是答应将刘基安排到府学读书。

在郑原善的安排下，刘基很快住进了府学学官，几天之后又将父亲刘爚送走回乡，便在括城开始了学习生活。刘爚临走时嘱咐了刘基很多事情，不外是刻苦攻读、尊师重友、保重身体，等等，又特别拜托郑先生照护刘基，刘基请父亲放心回家。郑原善也答应好好照护刘基，从此结下了二人的师生之缘。

刘基在府学开始独立的学习生活以后，很快就得到教授、学正的喜爱，和同学的关系也很融洽。郑先生经常来看望他，检查、督促他的学习，从心眼里喜欢这个少年。刘基天分很高，再加上记忆力特别好，读书七行俱下、过目成诵，因而学习成绩非常出众。国家规定必学的课程从《孝经》《小学》《论语》《孟子》《大学》《中庸》到《诗》《书》《礼记》《周礼》《春秋》《周易》，乃至于音韵、训诂等，他都能融会贯通，每次考试总是名列前茅。由于这些课程的学习，再加以广泛的阅读，形成了刘基深厚的古代文学修养，诗、词、歌、赋无所不精，所以他的文集里留下了大量的乐府诗、古体诗、近体诗、词、赋等作品。国家规定每个学生都要主攻一部经书，刘基主要攻读的是《春秋》，这是孔子为了贬惩春秋时期列国那些乱臣贼子而作的一部史书。由于刘基记忆力好，人们很少见到他拿着书本死记硬背，因他早已把学过的知识牢牢地记在心里了。郑先生对此非常满意，决定尽自己平生所学来培养这个年轻人，每在读书的关键时刻对刘基加以指点、释疑、解惑，刘基的领悟力特强，一点就透，学业进步很快。

刘基在府学主要学习科举考试必修的课程，但在郑先生的指点下，他已超越了应举的狭隘目标，而把眼光放到了国计民生、天下盛衰、济世安民的远大目标上，因此人们称赞他"为文有奇气"。他知道老师郑先生对理学用力甚深，所以经常虚心求教。郑先生对濂学、洛学都深有造诣，他很喜欢刘基的求学精神，所以每当刘基来问，郑先生无不尽心指教，师生二人相处得非常融洽。

濂学是指北宋周敦颐（1017—1073）一派的学问。周敦颐被称为理学的开创者，他专研《周易》，著有《太极图说》《易说》《易通》等，精于象术之学。他在《太极图说》中把自己的思想表述为："无极而太极，太极动而生阳，动极而静，静而生阴，静极复动，一动一静，互为其根。分阴分阳，两仪立焉。阳变阴合，而生水火木金土。五气顺布，四时行焉。五行一阴阳也，阴阳一太极也，太极本无极也。"这是一套无极—太极—阴阳—五行—万事万物的宇宙演化理论，因为周敦颐的家乡是濂溪，所以他的学说就被称为濂学。

洛学是指程颢（1032—1085）、程颐（1033—1107）一派的学问。程颢、程颐是兄弟，他们是北宋理学形成时期的代表人物。洛学特别强调"理"，认为理是一个永恒的存在，"不为尧存，不为桀亡"，"凡物皆有理，精微要妙无穷"，"有理而后有象，有象而后有数"，一切事物均按照天理的规定生成和运动。为要明理，就要"格物"，要"悟"通天理，这叫作"格物致知"，要做到这一点，就要用"心"来体认，通过内心静养来认识天理，达到以心知天。这是理学家关于理、性、心的一套唯心主义学说。他们还主张"存天理，灭人欲"，因为二程家住洛阳，他们的学说就被称为洛学。

理学是中国古代思想发展的高峰阶段，其中有很多古人思想的精华。在郑先生的悉心教导下，刘基很快掌握了濂学、洛学的内容和特点，由此而使他的思想有了升华，在同代人中居于较高的层次。郑先生对刘基的成长看在眼里，喜在心头，有一次刘基的父亲刘爚来看望郑先生，郑先生对刘爚说："你们家祖上的德行深厚啊，这个孩子将来一定有出息，他会使你们家名扬天下的！"

三年的时光弹指而过，刘基已长成一个十七岁的英俊青年。在这期间，他不光习举业、读《春秋》，而且广泛涉猎诸子百学，吸取各种知识。元朝在各地除了设立儒学之外，还设有医学、阴阳学等。①刘基每遇空闲，就和医学、阴阳学的生员交往，互相学习，这进一步扩大了他的知识面，使他对天文、地理、医学等无不通晓。此外，他在家乡南田时就养成了对大自然山水的无限热爱之情，来括城之后，也经常和同学一起游览这里的山山水水，那美丽的瓯江，风光秀美的括苍山、少微山都留下了他的足迹。如在括城东南十多里处的少微山上有座道教宫观紫虚观，刘基和几个同学相约来此游览，受到观主吴自福道士的热情接待，由此结下了深厚的友谊。

---

① 《元史·选举志》。

吴自福字梅涧，早先是吴兴人，迁居括城已有六代了，吴自福自幼出家，师从道士叶邦彦，熟读《道德经》《黄庭经》，是这一带的世外高人。刘基和朋友来游时，吴道长领着他们遍览观内各样建筑，从三清殿到藏室，从通明宝阁到演法堂乃至吴道长的居室晚翠楼，每至一处，道长都为几个年轻人详述道观的兴衰历史，使这些学子大开眼界，增长了许多书本上学不到的知识。以后刘基和朋友们又多次来此游览，和吴道长攀谈，互相作诗唱和，以至成为忘年交。如刘基用朋友周伯温的诗韵写紫虚观道：

少微山直太微宫，山下楼台起半空。

丹井石床缠地络，琼窗翠户出天风。

传闻仙子常时到，应是神霄有路通。

会待九秋明月夜，高吹铁笛上青葱。

他特别欣赏吴道长晚翠楼的景色，题诗道：

晚翠楼子好溪南，溪山四围开蔚蓝。

微阴草色尽平地，落日木杪生浮岚。

岩畔竹柏密先暝，池中芰荷香欲酣。

闻说仙人徐泰定，骑鸾到此每停骖。

这两首诗把紫虚观、晚翠楼的景色描绘得清晰如画，显示出刘基深厚的文学功底，吴道长非常赞赏。

元泰定四年（1327）六月，郑原善先生受处州路总管府的委派，到青田县和曹县令一起整修石门书院。石门洞天是闻名于世的游玩胜地，又在刘基的家乡，郑先生就带了刘基一起前往。经过一个多月的紧张忙碌，石门书院焕然一新，郑先生又和曹县令一起为书院增买学田，以供办学之用，书院成为青田县讲学论道的中心所在。事情办完之后，两位老朋友为了纪念这次整修之事，又在石门洞天瀑布后面的峭壁上摩崖刻石，然后领着刘基遍览石门洞的摩崖石刻，辨认字迹、欣赏书法、品评诗意，把石门洞天游了个遍。刘基被石门洞天的风光迷住了，他对这里产生了眷恋之情，于是请求郑先生允许他在这里读书。郑先生也喜爱这里的景色，便答应了刘基的请求，在谢客堂为他安排了一间书房，布置他以《春秋》为主，配以《左传》《公羊传》《榖梁传》三传，争取在三五年内完成举业的读书计划，并告诉刘基，自己过一段时间就来检查一次。刘基开始了在石门洞的读书生活。

在以后的几年时间里，刘基按照郑先生的布置，由《经》到《传》、旁及诸子百家、后儒著述，把《春秋》研究得非常透彻，并写了很多学习心得和体会，同时又将程、朱注解的"四书""五经"读得滚瓜烂熟，郑先生对此非常满意。后来他的这些研究心得辑成《春秋明经》上下二卷，收入他的文集之中。

从刘基传世的《春秋明经》中可以看出，他对春秋时期二百四十二年间列国的史事非常熟悉，同时对孔子作《春秋》的微言大义、属辞比事的写史方法了然于胸。比如春秋时期的主要特点是周室衰微、王权下移，由此而导致五霸的争夺。这时的周天子已丧失了往日的威权，势力越来越弱，为了保卫自己的安全，不得不和诸侯举行会盟，"下堂以见诸侯"，接受霸主们的卵翼；同时天子自己又在王城筑城墙、挖护城河，"城郭沟池以为固"。刘基认为孔子之所以把这些都记载下来，是为了表达"不满于王室之意"；他进一步分析出现王室衰微、五霸称雄的原因，指出这是"天王自失其道而致之"，是咎由自取；只要仔细阅读《春秋》的记述及其笔法，就可以了解孔子"正本澄源"之深意。这一看法可以说是切中了春秋时期历史演变的肯綮，并对孔子的思想有深刻的了解。另外，自从周公以来，中国古代政治形成了一种重民的传统，认为民为邦本，"本固邦宁"，孔子就特别强调"使民以时"。刘基在读《春秋》时，对这一点特别注意，有许多篇幅是对诸侯不恤民力、滥兴工役的事情进行批评。如鲁庄公妄兴筑郿之役，不计国储的虚实；天灾人祸造成国家粮食歉收，民生困苦，不得不"告籴于齐"，向齐国借粮；借了粮之后，庄公不但不思如何节用爱民，反而又为自己盖起了新马厩。刘基对此批评说："凶年饥岁，民食不给，而马厩是新，推此心也，不至于率兽而食人乎！"最后他慨叹道：鲁庄公对自己的滥用民力、倒行逆施而终不醒悟，以至于"身死而妻子不保，几亡其国。呜呼！岂他人之咎哉"。是呀，滥用民力而危害国家，这确是要由统治者自己来负责的。这既是刘基对历史经验的总结，也表现了他注重国计民生的思想。其他如利和义的问题、礼制的问题、诸侯之间的战争，等等，他都能以小见大，通过事件的发展总结出经验和教训，对《春秋》的研究，在刘基的成长过程中具有重要的意义，它使刘基能够在纷繁的历史迷雾之中，把握历史发展的大势，国以民为本、济世安民成了他一贯的思想，并指导着他一生的行为。

时光像流水一样，五年苦读之后，刘基已长成二十二岁的青年。

元朝至顺三年（1332），检验学习成果的时刻到了。这一年的八月二十日，刘基和府县学里的儒生一起参加了省里主持的乡试。考试在省城杭州举行，首场考的是《明经》《经疑》二问，《经义》一道。八月二十三日进行第二场考试，考的是古赋、诏、诰、章、表等各种文体的写作。八月二十六日，第三场考试考试策一道。这些内容对于刘基来说，早已是稔熟于胸的，他很顺利地通过了乡试，和江浙行省取中的二十八名举人一起，准备参加明年在北京举行的会试。十几年的寒窗苦读，使刘基成为一个志向恢宏、学识渊博的热血男儿。他要通过科举步入仕途，效力朝廷、兼济天下了。

四、北上京师

元至顺四年（1333），正是元朝科举考试的一年。考试的时间是在二月初一，刘基和几个同学一起，早早就赶到了大都（今北京）。

大都是元世祖忽必烈至元年间兴建的，"城方六十里，十一门"①，实际上略呈长方形。夯土城墙根部厚达十步，越往上越窄，墙头只厚三步。十一座城门在东、南、西三面均有三门，北面二门。东面的三座门是：光熙门、崇仁门、齐化门，南面的三座门是文明门、丽正门、顺承门，西面的三座门是平则门、和义门、肃清门，北面的两座门是建德门、安贞门。城墙的四角建有巨大的角楼，远远望去十分壮观，这给刘基留下了深刻的印象。大都城内布局规划整齐，它的中轴线南起丽正门，穿过皇城的灵星门、宫城的崇天门和厚载门，经万宁桥，直达城市中央的中心阁，中心阁西十五步，是一座"方幅一亩"的中心台，这里就是全城的中心。在中心阁和中心台之西建有鼓楼，也叫齐政楼，上面设有壶漏、鼓、角等计时、报时的工具。在鼓楼之北，与其相对的是钟楼，悬有报时的大钟。京城实行夜禁，以钟声响动为号，"一更三点，钟声

①《元史·地理志》。

绝，禁人行。五更三点，钟声动，听人行"①。大都的街道以南北向为主，小街和胡同则沿着南北大街的东西两侧平行排列，整个布局井然有序。意大利旅行家马可·波罗对此描述道："街道甚直，此端可见彼端，盖其布置，使此门可由街道远望彼门也。""全城中划地为方形，划线整齐，建筑房舍。……方地周围皆是美丽道路，其行人由斯往来。全城地面规划有如棋盘，其美善之极，未可言宣。"这是元初名臣刘秉忠的杰作。全城的街道都有统一的标准，大街宽二十四步，小街宽十二步。除街道外，还有三百八十四火巷，二十九巷通（即胡同）。另外，在这纵横交错之间也有些曲折，有些街道呈"丁"字形，有的地方也有斜街。在都城南部的中央地区是皇城，皇城之内以太液池为中心，围绕着宫城、隆福宫和兴圣宫三大建筑群，此外还有御苑。宫城之内南为大明殿，北为延春阁，大明殿就是皇帝举行朝会的所在。

刘基和江浙举子们到京之后，无心观赏大都的繁华景象，他们在齐化门外选择了一处清静的客栈住下后，便埋首温习功课，准备应考了。

在考试的前一天，即进入了考试院的席房。二月初一日早晨，第一次钟声敲响后，考试官及其手下的工作人员、众举子们尽皆起床盥洗完毕，用过早餐。第二次钟响之后，监门官用钥匙打开考场的门，举子们进入试院，经过搜身检查，只许带《礼部韵略》辞书一部和考试用纸，其余文字一概不许携带。搜检过后，举子们将各自的解据（行省发给的中举凭证）呈上，礼生赞礼，举

---

① 《元典章》卷五十七。

子们跪拜，知贡举官（主考官）和试官隔帘还答一拜。第三次钟响，发考试题，举人就座开答。中午饭由政府供给，黄昏时交卷。交卷时举子们将试卷呈交到受卷所，作揖退于一旁，不许说话。受卷官写好举子的姓名、籍贯、年龄后，举人再作揖退出，取解据出院，巡军也跟出监护。到晚上，钟声响过一次之后，院门上锁，举子们各归席房安歇。初三日考第二场，初五日考第三场，仪式都和头场一样。考试内容是：第一场考《明经》《经疑》二问，从《论语》《孟子》《中庸》内出题，要求用朱熹的章句集注结合自己的理解作答，答案须在三百字以上，《经义》一道，以各人所治之经为主，《诗》以朱氏为主，《尚书》以蔡氏为主，《周易》以程氏、朱氏为主，这三经可以兼用古注疏，《春秋》准许用《三传》及胡氏《传》，《礼记》准用古注疏，要求答案须在五百字以上，不拘格律；第二场考古赋诏诰章表内科一道，古赋诏诰用古体文，章表用四六句，参用古体；第三场考策一道，在经史时务内出题，要求直抒己见，不用浮华的词句，写一篇一千字以上的文章。

刘基对三场考试都很满意。几年的读书生活，使他对举业早已十分熟悉，临场发挥更是出色。《春秋经义》自不必说，就是古赋也作得十分出色，题目为《龙虎台赋》。龙虎台距离京师有百里之远，位于居庸关之南、太行山之东，地势高如平台，背山面水，是元帝每年去上都往返时驻跸之地，以其有龙盘虎踞之势，所以称为龙虎台。刘基虽未到过这里，但到京师之后，从和京师人的接触中已经了解到龙虎台的很多情况，考试时他又运用自己丰富的地理知识，展开想象的翅膀，铺陈排比，写了一篇洋洋洒洒四百多字的赋，充分表现了他的文学创作才能。

会试过后，举子们仍不敢放松，如果被取中，还要通过殿试。好容易盼到中书省放榜了，刘基榜上有名。青田县和刘基同时考中的还有富川人叶岘和石帆人徐祖德，三个同乡凑在一起，心中的高兴劲儿就别提了。当下三人就在钟楼附近拣了一处干净的酒馆坐下，把酒庆贺，十年寒窗苦读终于有了收获，殿试之后只是排排名次了。

三月初四日，中书省宣布：殿试于初七日在翰林国史院举行。到了这一天，主考官对着皇宫设置了书案，上面放着策题。每名进士由蒙古宿卫士一人监视入院，搜检完毕之后，蒙古、色目、汉人、南人考生分组行礼完毕，开始答题。中午仍旧赐膳，黄昏交卷。主考官根据进士的对策情况区分高下，分为三甲进奏皇帝。皇帝批准后，用敕黄纸书写名次，张贴在"内前红门之左右"①，刘基中在三甲第二十名。

新科进士发榜之后，要在翰林国史院赐恩荣宴，宴会由中书省官员主持，参与考试的各部官员都参加。宴会之后，预宴官员和进士们均佩着御赐簪花回到住所。然后是择日到大明殿上谢恩表，到中书省参见，到先圣孔子庙行舍菜礼，刻石题名于国子监。一应仪式忙完之后，新进士们还要拜访当朝的名人学者，进士之间也互相交往，作诗论文唱和，自是一番繁忙。

———————————————

① 《元史·选举志》。

　　自从来到京师之后，由于大比在即，谁也无心观赏京师的风光。现在考中了进士，心中悬着的一块石头总算落了地，一应礼仪结束之后，刘基和同乡进士叶岘、徐祖德才放心地游览大都名胜，拜访京师的名人。南城的悯忠寺、昊天寺、长春宫，西城郊的佛宫、真馆、玉渊潭、玉泉山、寿安山和香山以及北郊的大寿元忠国寺等地，都留下了他们的足迹。他们也去拜访了许多名人学者，谈学论道，述志叙情。比如翰林集贤学士揭傒斯，就是他们常去拜访的一个著名文学家。揭傒斯，字曼硕，龙兴富州人，早有文名，受荐为翰林国史院编修官，与修《经世大典》，又任修《辽史》《金史》《宋史》的总裁官，名重一时。刘基等人去拜访揭傒斯，谈起学术文章、治国之道、诗词歌赋，甚是投机。揭傒斯特别欣赏刘基的才华，经常对别人夸奖刘基说："这是和魏徵一样的人物，而且才华超过魏徵，将来是挽救国家时运的人。"一个刚刚考中的南人进士，受到当朝著名学者的奖掖，这在历史上也是不多见的，刘基也因此名重京师。

　　除了游览名胜、拜访名人以外，刘基最大的嗜好就是逛书肆。中书省前面是大都的文化区，文籍市、纸札市都在这里，书肆更集中在这里。刘基一有空闲，就在书肆中浏览，读了很多以前没有见到的书，更加开阔了眼界。有一次，在一家书肆里看到一部天文书，刘基看得入了迷，竟在那里看了一天。第二天又到那家书肆，和主人谈论起昨天看的那部天文书，竟然一字不差地背了下来，书肆主人闻听大为惊奇，要把那部书送给刘基。刘基说："这本书的内容已牢记在我心里了，不必再要书了。"[1] 这是刘基博闻强记的一个极好例证，其他被他记在心里的书就更多了。

在京师盘桓了两个多月，结识了很多学人朋友，但刘基没有等到吏部铨授官职，就启程赶回家乡。临来应考时父亲已经给他订好了亲事，现在他该回家完婚了。

---

[1]《故诚意伯刘公行状》，《诚意伯文集》卷二十。

第二章　元末入仕途

一、高安来了个新县丞

　　元至元二年（1336），刘基被任命为江西瑞州路高安县县丞，这是辅佐官员，在达鲁花赤①和县尹之下负责行政司法等项事务。

　　元朝统治者自从入主中原以后，实行了一种严厉的民族政策，他们把全国人民分成四等，依次为蒙古人、色目人、汉人、南人。色目人指蒙古以外的西北、西域各族人；汉人主要指北方的汉族，也包括已经入居中原的契丹、女真人；南人指原南宋统治区的居民。这种民族歧视政策贯彻到社会生活的各个方面。

　　在科举方面，元朝政府也根据四等人的标准，对汉人、南人实行严格的限制。如在科举考试中，对汉人的试题难、要求高、名额少，因而元代汉人中进士特别难。刘基考中的这届称为至顺癸酉科，录取名额为一百人，蒙古人、色目人、汉人、南人分卷考试，各取二十五人，这与各个民族人口比例是极不协调的。而科举中选后铨注官职时，分配给汉人和南人的往往是最低最劣的职位。所以刘基虽然金榜题名，却也只能选为区区的县丞了。

　　却说刘基当年中了进士之后，赶回家乡完婚。在京师结识的新朋旧友纷

---

① 达鲁花赤是蒙古语，原意为"掌印者"，元朝官职，是代表成吉思汗的地方官。

纷相送，作诗唱和，友爱之情使刘基十分感动。一方面是新科进士归乡的急迫心情；另一方面是同年知己依依不舍的分别，刘基就带着这种复杂的感情踏上了归途。但一路上驿站的吏卒对新科进士热情的迎接和招待，又使刘基的心情十分愉快，再加上正是初夏时节，旅途中山明水秀、鸟语花香，更使他感到赏心悦目。到了括城，新科进士给本府带来了荣耀，自然要受一番款待。盘桓数日，刘基就在府学教授的陪同下，登舟返乡。青田县尹和县学教谕、石门书院山长听得新进士返乡的消息，早已在县门外迎候、挽留，但刘基归家心切，婉言辞谢了县尹等的盛情，轻舟折入小溪，直奔南田而来。到得铁马峰下，一行人离舟登岸，刘基大步登上铁马峰顶，疾步奔向武阳村，竟把跟在后面的府学教授和挑夫等人甩下老远。

到得武阳村首，九都的里正和武阳村的主首①也早已在那里迎候，大家一面热情地向刘基道贺、问候，一面告诉刘基，他父亲刘爚已卧病在床，正盼着他回来呢。刘基是个孝子，听得父亲患病，急步奔入家门，扑跪到父亲床前，握着父亲干瘦的手，叫了一声"爹"，泪水止不住扑簌簌地滚落下来。刘爚见中了进士的儿子回到身边，精神为之一振，那病不知不觉竟好了许多。他让妻子富氏和儿子搀扶着起身，小儿子刘升在一旁陪着，一家人共叙离别之情。说起这些年的牵挂和思念，全家人不免伤心落泪，看见刘基考中进士，又都喜上眉梢。刘爚的身子一下子轻快了许多。

————————————————

① 即村长。

刘基的亲事是早就订好的。女方是母亲富氏娘家的远房侄女，相貌虽算不上美女，却也十分标致，特别是性情贤淑、通情达理，父亲母亲都很满意，所以刘基也就不挑什么了。喜事也是早有准备的，不消多少时日，一切准备停当。成亲这天，武阳村十分热闹，远亲近邻前来贺喜者络绎不绝，刘基同科进士叶岘和徐祖德也从家乡赶来，彼此自有一番情趣。

刘基在中了进士之后又娶了亲，真是大登科连着"小登科"，可谓双喜临门，一时间远近传为佳话。父亲和母亲看到儿子终于功成名就，喜结连理，自然心满意足。小富氏夫人虽然出身并不富裕，但颇知书史，如今丈夫是新中的进士，更觉欣喜非常。所以刘基结婚之后，全家人和和睦睦，处于一种十分甜蜜的气氛中，直到刘燿病情恶化，才给这喜庆的气氛投上一层阴影。

刘基婚后不久，刘燿的病情又逐渐加重。到了秋天，终于不治。操劳一生的父亲离开了人世，刘基非常悲痛，按照古训他在家守孝、侍奉母亲。就这样，直到三年之后，刘基才接受了高安县丞的任命。

刘基是在至元二年的秋季、服满之后前往江西的，取道安仁，经松阳、龙游、衢州、玉山、沙溪、铅山、弋阳、南昌而至高安。当时刘基年方二十六岁，由进士而步入仕途，正是春风得意，一路上吟诗咏景、兴致勃勃。保存在《诚意伯文集·覆瓿集》中的几首旅途诗作，正反映了他的这种心情。如他的《发安仁驿》写道：

鸡鸣发山驿，天黑路弥险。

烟树出猿声，风枝落萤点。

江秋气转炎，嶂湿云难敛。

伫立山雨来，客愁纷苒苒。

这一年江浙本来发生了旱灾，可在这山路之上，旅客却在为山雨到来而发愁。在龙游是半夜起身，望着秋夜的月色，刘基心中又诗兴大发，他在《发龙游》中写道：

微飔献轻凉，客子中夜发。

秋原旷无际，马首挂高月。

草虫自宫商，叶露光可掇。

狭径非我由，周行宜如发。

扬鞭望南天，晴霞绚闽越。

这里我们可以体会到客人们乘着夜凉，乘马行驶在平坦笔直的官道上，天空下弦月、地上露凝光，听着草虫演唱的自然奏鸣曲，不知不觉中迎来了满天的朝霞，读来让人感到心旷神怡。到衢州他仍是起早赶路，他在《早行衢州道中》写道：

草际生曙色，林端收暝烟。

露花泣啼脸，风叶弹鸣弦。

农家喜钰艾，行歌向东阡。

大道无狭邪，平原多稻田。

客行良不恶，敢曰从事贤。

这里我们可以看到当时元代社会相对安定的状况及刘基赞叹的心情，迎着清晨的曙光，听着农民唱着山歌下田劳作，他体会到这里吏治的清明，不禁发出由衷的赞叹。

在旅途中有两件事最令刘基兴奋，一是巧遇同科进士余阙。余阙是蒙古人，这时正出任浙东海右道廉访司佥事，二人在京时常常一起谈学论道，非常投契，这次不期然而遇于各自赴任途中，自然分外高兴，不免又互作诗文唱和一番。二是刘基专程去玉山拜望恩师郑原善。郑原善先生当年指导刘基读书治学，终于使刘基学有所成。郑原善本人性情率直，为政清廉，在处州府录事任上为老百姓办了许多好事。后来由于元朝政治逐渐腐败，官以贿得、刑以钱免，郑原善看不过这些丑恶现象，在任职上又遭人诬蔑，遂愤而辞职居家。现在自己的得意门生高中进士，赴任来访，郑先生自是十分欣慰。但他想到元朝政治逐渐败坏，特别叮嘱刘基莫忘先圣教导，以民为本，为政清廉。刘基请先生尽管放心，自己绝不辜负先生厚望，绝不负平生所学，便又匆匆上路了。

高安地处赣江支流锦江的中游，是瑞州路治所在地，在元代属于上等县（户口超过三万户）。刘基到官之后，牢记恩师和先贤的教导，勤政爱民，为当地百姓办了许多好事。他为人正直，不惧权贵豪强，以廉洁著名，受到当地百姓的爱戴，瑞州路和江西行省的官员们对这位清正的县丞也十分赞赏。

刘基在高安县丞任上勤勤恳恳，使得政风为之一变。他为了激励自己，又写了《官箴》三篇，集中体现了他为政的指导方针，对后人也是大有裨益。今节录如下：

《官箴》上：嗟尔司牧，代君抚绥。君禄我食，君令我施。邦本弗固，庶事咸堕。受寄匪辅，敢不肃祗。治民奚先，字之以慈。有顽弗迪，警之以威。振惰奖勤，拯艰息疲。疾病颠连，我扶我持。禁暴戢奸，损赢益亏。如农植苗，早夜孜孜。涝疏旱溉，无容稗秕。如良执舆，顺以导之。无俾旋汙，强策以驰。慈匪予爱，帝命溥时。威匪予憎，国有恒规。弱不可陵，愚不可欺。刚不可畏，媚不可随。无取我便，置人于危。无避我谤，见义不为。天鉴孔昭，民各有思。惠之斯怀，推之乃离。誉不可骄，器恶满欹。谤不可怒，退省吾私。人有恒言，视民如儿。无反厥好，以暴予知。是用作箴，敢告执羁。

《官箴》中：秦废圣制，代德以徂。刀笔之权，始归吏胥。弄法舞文，聋痴瞽愚。流波至今，一任簿书。行立公庭，如雁如凫。我欲是求，我利是趋。摩揣官情，以逞觊觎。官惟好货，我甘以苴。官惟好名，我逢以谀。官惟畏嫌，我疑以污。官惟好惰，我淫以娱。官惟好猜，惑以多途。官惟好威，道以培撄。语默有为，俯仰有须。觇容察辞，助忿乘愉。法度盈口，奸邪满躯。蛊智迷昧，欺庸陷迂。俾好作恶，以紫为朱。未获官心，妪妪儒儒。亦既获止，如登天衢。傲兀民士，凭陵里闾。恶积祸来，官与之俱。人有恒言，遇吏如奴。坚防固堤，犹恐或窬。刿刿听之，百姓何辜。是用作箴，敢告仆夫。

《官箴》下：无谓余明，人莫能昧。离娄善察，不识其背。无谓予能，人莫敢欺。校人烹鱼，子产弗知。立事惟公，烛诈惟诚。小节勿固，小慧勿行。无矜我廉，守所当为。无沽我名，以生众疑。何以简讼，决之使通。何以弭贪，慎检乃躬。去谗斥佞，远吏近民。待人以宽，律己以勤。无咎人弗信，忱至斯孚。无患人不闻，惟德不孤。德以进善，威以挫奸。德不可偏，威不可烦。无谓彼富，我必极之。无谓彼贫，我必直之。持心如衡，以理为平。无为避嫌，以纵无情。人有恒言，为臣不易。是用作箴，敢告有位。[1]

从这三篇官箴中，我们看到了一个刚正廉直、奋发有为的青年官吏的形象，这对我们现代人也是有重要教育意义的。正因为刘基有这样的志向和行

---

[1]《诚意伯文集》卷六。

为，所以他才受到行省正直官员的信任和民众的爱戴，瑞州路总管府委任他复检新昌州人命案就是极好的例证。

新昌州是瑞州路辖下的一级行政建制单位，当时新昌州发生了一桩人命案。初审官审理的结果判为误伤人命，已经结案。但受害人家属不服初审的结果，上诉到总管府。总管大人感到事情很难办，因为谁也不肯接着重审这桩案子，都怕因此而得罪人，影响前程。最后，总管大人想到了刘基，于是把这件棘手的案子交给了他。刘基接手之后，认真查阅案卷，深入调查研究，终于查清了案件的始末缘由。原来是被告人横行乡里，故意杀人致死，事后又用行贿的手段买通达鲁花赤和初检官，初检官遂草率结案。刘基查清之后，依法重新判决，被告受到应有的制裁，初检官也因受贿渎职而被罢官。但是事情并未就此结束，罪犯的家属倚仗达鲁花赤的支持，想尽办法要陷害刘基，江西行省大臣了解到这些情况后，为了保护刘基，把他调为行省的职官掾史，才使刘基减少了许多麻烦。

刘基在高安县当了三年多的县丞，他秉公执法，惠爱百姓，既受到民众的爱戴，也受到当地儒士的赞佩，特别是刘基所作的《官箴》更使他们感叹不已。刘基辟为行省职官掾史后，仍然一如既往，秉公办事，更令这些士人敬仰。于是，一时名士如葛元哲、黄伯善兄弟，同僚郑希道、钱士能等人，都与刘基交往，他们意气相投、互相激励、诗文唱和，彼此成为知己。这给宦游中的刘基以莫大的安慰，他以后经常回忆起这段时光，称赞江西是"西江大藩地，卓荦多豪英。文能绚云汉，武能壮干城"，心中每每充满对江西的眷念之情。

在江西行省掾史任上，刘基又任职一年多的时间，屈指算来，他来江西已经五年了。这五年的时间，充满了坎坷，他后来在《送葛元哲归江西》诗中回忆道："我昔筮仕筠阳初，官事窘束情事疏。风尘奔走仅五稔，满怀荆棘无人锄。明堂大开壮梁栋，散木不遗橡栀用。"从这里我们可以看出元末下层官吏为官之不易，特别是像刘基这样刚正廉直的热血青年，在政风日下的情况下要为百姓着想就更不容易了。所以刘基受到豪门大姓的陷害，受到同僚险恶之人的排挤，因而发出"官事窘束情事疏""满怀荆棘无人锄"的慨叹。幸好还有二三同道，互相砥砺，才使这宦游生涯不至过于苦闷。但是，这时元朝的政治形势已经走下坡路，中央有权臣伯颜专权擅政，贿赂公行；元顺帝则只知享乐，不理朝政；各地则是民变蜂起，各种矛盾日益激化，一场大乱即将到来。而元朝的那些地方官和达鲁花赤们，大多数只知道贪污受贿，搜刮民众，任官而不办事，在其位而不谋其政，元朝统治无可挽回地衰落下去了。对于这种趋势，一个小小的县丞、掾史是根本无力扭转的。刘基感到自己需要思考、求索。恰好这时好友郑希道转任泉州录事离开江西，钱士能与幕官议事不合辞官而去，刘基想道：不如归去！

元顺帝至元六年（1340）秋，刘基终于递上了辞呈，以"朽钝"为名辞官归里。这是他仕途上第一次波折。

二、隐居力学

民间有言：官身不由己，所以才有人体会到"无官一身轻"。刘基辞去了江西行省职官掾史之后，感到浑身轻松，如释重负，他自由了。从小就热爱自然风光的刘基，在江西任官的五年间，竟然无暇领略江西的山水风光，现在就要离开江西了，一定要选一条好的路线，在归途中饱览江西山水的秀美景色，于是刘基决定先游览鄱阳湖，再观赏武夷山。挚友李㷆，字以庄，是江西南城人，与刘基相交最厚，知道这次离别之后相见无日，特地陪刘基去游鄱阳湖。

刘基和李㷆从洪州（今江西南昌）乘船，顺赣江而下，直入鄱阳。鄱阳湖在《禹贡》中被称为彭蠡泽，面积有三千五百多平方公里，是我国最大的淡水湖，江西境内的赣江、抚河、信江、修水、鄱江五大河流总汇入鄱阳湖，在其北端由湖口注入长江。这里有石钟山、小孤山扼入江口，地势险要，自古为军事要地和著名风景旅游之地。鄱阳湖中间呈细腰形，湖区分为两部分，北部称为蒋星湖、左蠡湖，南部称为宁亭湖或族亭湖，湖中有几座小岛，以位于北端的鞋山和位于南端的康山最为有名。刘基和李㷆两人泛舟湖面，观看那些出没风波里的打鱼人辛勤劳作；沿湖远足，考察湖边民众为生计而奔波的情况；登上鞋山和康山，欣赏那里的山光水色；在住处倚楼把酒，畅论古今，彼此互诉衷肠，十分投机。

几天下来，刘基和李燧饱览了鄱阳湖的山光水色，同时这里的山川大势、险阻平畴也都装在了刘基胸中，该分手了。刘基本可以从康山乘船，溯信江而上至铅山，从那里去武夷山，这是一条近路。但他和李燧相得甚欢，谈兴未尽，于是便决定陪李燧走抚河，绕经福建建宁再去武夷山，两位朋友又在一起盘桓了两天。

刘基和李燧在湖边白沙铺码头上船，溯抚河而上入盱江，李燧到南城下船，两位挚友互道珍重，洒泪而别。刘基继续乘船到水口，从这里下船乘马，前往建宁。

在建宁小住一晚，然后起早赶路到兴田，沿途非止一日，那美丽的自然风光使他陶醉，他在马上缓步吟哦道："鸡鸣戒晨装，上马见初日。露泫叶尚俯，雾重山未出。客途得霁景，缓步非纵佚。矧兹岁有秋，高下俱颖栗。牛羊散原野，鹅鸭满阡陌。怀抱既夷旷，神情自清谧。寒花蔓篱落，候虫响蒙密。霞标青枫林，雪绽乌桕实。幽览虽云邃，佳趣领已悉。我行固无期，况乃尘事毕。"从这诗句中我们看到刘基摆脱了尘事俗务的羁绊后自由自在的心情，他信马由缰，心旷神怡，饱览自然风光，领略山水佳趣，陶冶博大胸怀，实在是人生之快事。

在兴田小住，前行至崇安，武夷山已遥遥在望了。武夷山位于闽赣边界，长五百多公里，平均海拔一千至一千五百米，最高峰黄岗山位于闽赣边界，海拔两千一百五十八米，是两省的最高峰。武夷山脉是福建通往内地的屏障，经过铁牛关、分水关、甘家隘、杉关等关隘进入江西。刘基所要游览的，正是位于崇安县境的武夷山风景区，这里方圆六十公里，高峰海拔不过六百米，碧水丹山，兼黄山奇峰云海和桂林山清水秀两大特色，有"奇秀甲于东南"之称。这里古迹众多，有云窝、天游、武夷宫、水帘洞、桃源洞、流香涧、卧龙潭、虎啸岩等名胜，山间清溪流水，缭绕其间，有九曲十八弯之称。望着这久已闻名的秀美山色，刘基激情难捺，他当即吟诗一首，诗曰："饮马九曲溪，遥望武夷峰。长林抱回合，丹崖造空濛。浮晖澹寒翠，水木皆曼容。薄游限尘务，促景尼奇踪。缅怀紫阳子，千载谁与同。琼佩邈烟雾，石函阒遗封。羁猿怨幽涧，飞萝冒芳丛。瑶琴空流泉，桂枝徒秋风。怅望佳期阻，缠绵忧思重。殷勤尺素书，愿寄云间鸿。"

在崇安只住了一夜，刘基就和一伙客商结伴而行，出了崇安县，不到二三十里，便开始登山。一路上溪水清澈，山色葱茏，长林合抱，灌木丛生，鸟语花香，景色可人。客商们只顾赶路，对这美丽的自然风光并不在意，他们已经习以为常了。刘基却在尽情享受这大自然对人类的慷慨赐予，他再次被这美丽的景色陶醉了，一路吟成《过闽关九首》：

关头雾露白濛濛，关下斜阳照树红。过了秋风浑未觉，满山粳稻入闽中。

峻岭如弓驿路赊，清溪一带抱山斜。高秋八月崇安道，时见棠梨三两花。

建溪激箭向南流，石齿如锋斗客舟。篙子踏歌浑不畏，行人遥望替生愁。

驿路高低度岭关，兜离人语杂夷蛮。江花巧似驼茸白，山果浑如码碯般。

饭渐香琼酒漱霞，驿亭到处只如家。征夫但恐咨询缺，莫向天涯怨路赊。

漠漠轻云结晚阴，依依斜日挂遥岑。炊烟忽起桑榆上，散作鲛绡抹半林。

道上黄埃扑马鞍，汗流如水透中单。忽惊疏雨林梢过，急换罗衣更怯寒。

剑水悠悠南去深，黄茅苦竹自成林。日烘溪雾生秋瘴，风搅山霏作昼阴。

岭上高秋生火云，狂雷送雨忽纷纷。鹧鸪更叫空山里，纵是无愁亦厌闻。

　　这九首诗，把从崇安过分水关的沿路景色描绘得真实如画，那关隘、那山峰、那清溪激流、那斗水的船家、那驿站里对行人的款待、那山中风雨无常的变化，还有那令人生悲的鹧鸪声声，都令读者有身临其境之感，从中体现出刘基作为诗人的才华。

　　过了分水关即入江西境内，前行不远又到了铅山。刘基在丙子年赴任时曾到过这里，但因急于赶赴高安，没能好好游览风景，现在以无官之身，刘基要好好欣赏一下这里的景色。恰巧刘基在这里又碰到了在洪州时结识的朋友孔充相，这不期然的相逢使两位老友十分兴奋，便相约一起游览铅山名胜。他们到了铅山的龙泉，到了当年朱熹与吕祖谦、陆九渊辩论学术的鹅湖寺。刘基兴致勃勃，在铅山龙泉他写诗道："兹山近南服，胜迹冠朱方。石骨入海眼，地脉通混茫。金精孕清淑，水德融嘉祥。寒含六月冰，润浃九里长。鲸鳃狎猎起，虎口呿呀张。发窦既窈窕,流渠遂汪洋。洞彻莹玉鉴,锵鸣合宫商。静含玄机妙,动见大智藏。养德君子类,膏物农夫望。野僧向我言,其功殊匪常。饮之祛百邪,能使俗虑忘。漱咽入灵府,喉舌生清香。爽淅动毛发,飘忽凌风翔。何当扬湛洌,尽洗贪浊肠。"虽然自己已经辞官了,但还想着要尽洗官场上的贪浊之风,刘基真是个心忧天下的壮志青年。

在鹅湖寺,刘基缅怀先贤的遗迹,望着那"文宗书院"的御赐匾额,不禁思绪难收,他在体会着朱子和陆子关于学术的争辩。他想道:朱子主张做学问要先泛观博览,而后归之于约;陆子兄弟则主张先发明人之本心,而后博览。朱子的方法是由博返约,是从博览群书和对外界事物的观察来启发、加深对理的认识,重点在于"道问学",他认为陆氏兄弟为学太简;陆氏兄弟讥笑朱子支离、烦琐,陆九龄赋诗道:"留情传注翻榛塞,著意精微转陆沉。"其弟陆九渊接着和道:"易简工夫终久大,支离事业竟浮沉。"他们重点强调的是"尊德性",朱子竟一时未能答诗。那么,这场辩论究竟有什么意义呢?这两种治学方法孰者更优呢?刘基一时难以解答,他突然领悟到:自己学问尚浅,学无止境,不可等闲白了少年头。想到此,刘基不再留恋山水的美景了,他要急切地赶回家乡,努力治学,以充实自己,解答心中的疑团。在离别鹅湖后,他写了一首诗《孔子充相送至鹅湖》,诗中说:"忆昨过武夷,欲往无与俦。今兹逢故人,遂得鹅湖游。轻云翼征盖,翔风当鸣驺。古塔插苍蔼,寺门启平畴。陟径既纡郁,凭轩亦瀯流。云旗袅香雾,金像明清秋。昔贤论道处,松柏深且幽。

鸿飞渺苍海，龙去空灵湫。怀人已寂寞，对景空淹留。兴阑成远别，马首山悠悠。"

游兴已尽，刘基归心似箭，赶回家乡南田时已是满山红叶的深秋时节了。

刘基宦游五年，终于回到了家乡，全家人重新团聚，欣喜之情难以言表。此后直到至正五年（1345）离家游学、北上京师，他在家乡住了整整五年。这五年当中，刘基在农忙时和弟弟一起扶犁下田，春种秋收，平时在自家的房前屋后整治菜园，除草施肥，既锻炼了身体，又获得了许多书本上所学不到的知识。每当太阳西下，用过晚饭之后，刘基便点上油灯，坐在桌前读起书来，妻子富氏在一旁陪着做些针线杂活，有时也拿起书来读一读，当刘基读书疲倦时，富氏早已给他做好热腾腾的荷包蛋，端到了桌前。妻子的温柔体贴使刘基感到格外的甜蜜。

在这隐居力学的几年中，刘基遍览群书，举凡天文、地理、史书、兵书、诸子百家，他都认真阅读，深入思考，写了许多札记。他想到朱子的"由博返约"，想到陆子的"发明本心"，二人各有道理，我何不兼采二人之长呢！确定了兼采众家之长的治学方针之后，刘基感到豁然开朗，他心怀报国救民之志，刻苦攻读，"其道益明"。他除了读书之外，还在实践中不断地思考、探索。他种过树，通过种树的实践而想到了培养人才；他养过蜂，通过养蜂的实践而想到了治国治民；他种过菜，通过种菜的实践而想到了取民有度；他还通过对医学知识的研读而想到了治国选材；等等。此外他还研究天文、地理、军事、阴阳五行等知识，都取得了丰富的成就。从《千顷堂书目》和《明史·艺文志》中收录的刘基所著书目来看，他这几年的成就非常大。如他所著《多能鄙事》一书，全书十二卷，包括饮食、器用、方药、农圃、牧养、阴阳占卜以及小儿四季关、百日关，等等，可见他对民生日用均有研究。立意取自孔子之言"吾少也贱，故多能鄙事"，嘉靖十九年时青田县儒学训导程法为之作序说："所编之录，有曰饮食，所以卫性也；有曰服饰，所以华躬也；有曰器用，所以赡日给也；有曰方药，所以防时虞也；有曰农圃牧养，则植材之根本；有曰阴阳占卜，则演易之支流。凡若此者，皆切于民生日用之常，不可一缺者。事虽微而系甚大，苟斥曰鄙，吾岂敢哉！"程法对刘基这部书的评论是很中肯的，相反的是清代《四库全书》的编者却认为这部书"殊失雅训，立名取孔子之言，亦属僭妄，殆托名于基者也"。这反映出清代学者为学远离社会实践的特点。

刘基这几年治学的特点是涉猎广泛，著述丰富。见诸记载的天文类有：《天文秘略》一卷，又有记载说《白猿经风雨占候说》也是刘基所撰，《观象玩占》十卷也有记载为刘基所编辑；卜筮阴阳方面的有《玉洞金书》一卷，《注灵棋经》二卷，《解皇极经世稽览图》十八卷；星相方面的有《三命奇谈》《滴天髓》，各一卷；堪舆方面的有《金弹子》三卷，《披肝露胆》一卷，《一粒粟》一卷，《地理漫兴》三卷；此外，保存在《诚意伯文集·覆瓿集》中的很多咏史诗，更使我们看到他读书之广、思考之深。但是，如果说刘基这几年力学的最大成就，还应该说是《百战奇略》的撰述。刘基少年习举业，没有从过军，出仕后所任之县丞、掾史都是文官，为了弥补军事方面的不足，他认真研习《武经》七书（《孙子》《吴子》《六韬》《司马法》《三略》《尉缭子》《李卫公问对》），结合自己读史的心得体会，撰成这部《百战奇略》。《百战奇略》按作战双方的各种条件如政治、军事、经济、自然等分类，列出百题，每题由正文及战例两部分组成，正文先解题，然后阐明用兵原则，引证古代兵家论点，接着又援引古代战例加以证明，全书体现出刘基对中国古代军事理论的深入思考和研究，这为他后来辅佐朱元璋一统天下打下了坚实的基础。

家居力学的生活是安逸甜蜜的，但在这安逸之中又有一点美中不足，那就是缺少孩子的欢乐。妻子富氏嫁到刘家已经十几年了，夫妻二人恩恩爱爱，可是不知什么原因富氏一直没有生育，这使老夫人和亲友们都感到有些缺憾。这时刘基已经三十多岁了，为了生儿育女，在老夫人、妻子和亲友们的多次劝说下，刘基又娶了第二房夫人陈氏。二夫人陈氏也是武阳村人，年轻漂亮，充满了青春的活力，她通情达理，对丈夫温柔体贴，对婆婆孝顺，对大夫人敬重，对叔婶子侄和善，一家人生活得更和睦了。刘基在娶了二夫人之后，心情舒畅，精力充沛，治学的劲头更足了。特别是二夫人喜欢唱歌，刘基本就善弹琴，爱画画，每当高兴之时，刘基抚琴，陈氏便唱起悠扬的山歌，刘基作画时，二夫人在旁铺纸研墨，使乡居的生活平添了无限的情趣。

三、游学与北上京师

五年的隐居力学，刘基已是一个遍览群书的饱学之士，他所涉猎的内容包括天文、地理、阴阳卜筮、诸子百家、历代史书，等等。作为一个饱学的儒士，他总忘不了先贤的教导，"穷则独善其身，达则兼济天下"，他不能终老林泉，总要为国为民尽一份力量。他要趁着壮年，再次寻找报国的门径，以实现自己心中的抱负，他要进京陈情。向谁陈情呢？想来想去，他想到了揭傒斯先生，当年自己中举后，是揭先生为自己引荐了许多京师名流，现在如果请揭先生推荐一下，肯定能找到一个为国效力的机会。想到这里，刘基在家里待不住了，他要外出游学，北上京师，寻找一个报国之门，方不负自己平生所学。他和母亲商量，母亲是个深明大义之人，非常支持儿子的行动。他和妻子富氏商量，富氏也很理解丈夫的心情。他和新婚不到一年的二夫人陈氏商量，陈氏正在新婚燕尔，舍不得丈夫走，刘基也舍不得陈氏，但大丈夫当以天下为己任，他加意地抚慰陈氏，告诉他自己的志向，并允诺将来带她去赴任之所，共同生活，陈氏也就不再嗔怪刘基了。

至正五年（1345）秋天，刘基和家人一起过了个团圆的中秋节，几天之后便动身北上了。他约了几个朋友在衢州会齐，然后乘船顺衢江直下兰溪，秋天美丽的风光使刘基非常高兴，他在船上一边欣赏两岸的景色，一边吟诗道："秋郊敛微雨，霁色澄人心。振策率广路，逍遥散烦襟。疏烟带平原，薄云去高岑。湛湛水凝碧，离离稻垂金。荞麦霜始秀，玄蝉寒更吟。幽怀耿虚寂，好景自相寻。心契清川流，目玩嘉树林。歌传沧浪调，曲继白雪音。仙山在咫尺，早晚期登临。"这山光水色使刘基心旷神怡，一路欣赏不够。船到桐庐，正逢重阳佳节，同伴们都相约登山去了，刘基则荡起一艘小船，再去欣赏那秋江的美景，他在船上吟道："杪秋天气佳，九日更可喜。众人竞登山，而我独泛水。江明野色来，风淡波鳞起。苍翠观远峰，沉寥度清沚。沙禽泛悠飏，岸竹摇萝靡。溯湍怀谢公，临濑思严子。紫萸空俗佩，黄菊漫妖蕊。落帽非我达，虚室非我耻。扣舷月娟娟，濯足石齿齿。澄心以逍遥，坻流任行止。"在这里，刘基想起了两位古人：一是前朝谢翱，一是东汉时的严光。严光字子陵，与东汉光武帝刘秀相知于未起之时，后来刘秀称帝后，严子陵垂钓于富春江畔，隐居自乐，刘秀派人将严子陵请入宫中，开怀畅饮，晚上两人同榻而卧，后来刘秀留严子陵做官，严子陵坚辞不就，归耕于富春山，至八十余岁而卒。严光垂钓之处后人称为严陵濑，又称为严子陵钓台，在富春山下大江边，有东西二台，各高数十丈，后人每行到此处，都对这位古代著名的隐士发出无限的感慨。谢翱字皋羽，南宋末年曾随文天祥抗元，文天祥兵败被俘后他隐居于此，后来文天祥在大都遇害，他在严陵濑西台设坛祭奠，以竹如意击石，长歌以招其魂，竹石为之俱碎，因而传下著名的《西台恸哭记》。刘基泛舟在钓台之下，心绪随着时光在遨游，到了晚上，下榻于桐庐的一所干净的旅馆，那旅馆迎门的墙壁上画着一幅《西江独钓图》，刘基顺着白天的思路，又题诗道："秋风江上垂纶客，知是严陵是太公？细水浮岚天与碧，斜阳炙面脸生红。形容想像丹青在，岁月荒凉草泽空。日暮忽然闻欸乃，蓼花枫叶忘西东。"在桐庐盘桓的几天，刘基对隐士严子陵留下了深刻的印象。

离开桐庐，刘基一行乘船沿富春江顺流而下，不久就到了杭州。刘基和众人一起再次游览了西湖，接着又拜会同年，时光荏苒，不觉已到了至正六年（1346）。在杭州过完了春节，同行之人早已各自道别，刘基和新结识的文友徐明德一起北上，刘基去京师，徐明德则回镇江，二人顺着运河乘船而行。一路上两人一边游览各地的风光，一边谈诗论文，大有相见恨晚之感。到了镇江，已是三月底，徐明德又陪刘基游览了镇江的名胜，又执意送刘基渡江至瓜洲，分手时，徐明德落泪了，刘基写了一首《丙戌岁将赴京师途中送徐明德归镇江》安慰他，诗中说："疲马怀空枥，征衣怯路尘。那堪远游子，复送欲归人。月满西津夜，花明北固春。论文应有日，话别莫悲辛。"

至正六年四月十二日，刘基从扬州启程沿运河北上，他对此番赴京寄予很高的期望，在《四月十二日发扬州》诗中他吟道："几见明月满，犹嗟行路难。时平耻无用，身贱敢偷安。天地山河阔，风沙道路寒。旅人元有泪，不必雍门弹。"他满怀壮志，期望能有一个施展抱负的机会。船行到了济州，刘基进城凭吊了唐代大诗人李白的故居太白楼，他吟道："小逕迂行客，危楼舍酒星。

河分洸水碧，天倚峄山青。昭代空文藻，斯人竟断萍。登临无贺老，谁与共忘形。"他在缅怀李白与贺知章的诗酒之交。

船到南旺，这是山东境内运河南北分界的最高点，因为汶水水源不足，闸门没有开启，运河上的船只都在这里等待，这时刘基已乘船旅行了两个多月，不免感到百无聊赖，便又吟诗叹道："客路三千里，舟行二月余。壮颜随日减，衰鬓受风疏。蔓草须句国，浮云少昊墟。愁心如汶水，荡漾绕青徐。"好容易等得闸门开启，河船迤逦来至梁山，船家与刘基谈起梁山好汉的故事，极口称赞，刘基和船家颇有同感，谈得十分投机。船家指着远处的一座土台告诉刘基说：那就是梁山的"分赃台"。刘基望着那座高台，回想着一路所见所闻，不觉又吟道："突兀高台累土成，人言暴客此分赢。饮泉清节今寥落，可但梁山独擅名。"

刘基的感慨是深刻的，两个多月的旅程中，他目睹了整个国家水旱频仍、民不聊生的真实情景。原来，从刘基辞官以后，元朝统治日益陷入无可挽回的危机，灾荒不断，民变日多，而统治集团从上到下的腐败和堕落，则又在加速着整个国家衰亡的进程。仅据《元史·顺帝纪》的记载：至正元年（1341），滨州、河间、莫、沧、晋、涿等处饥荒，两浙大水，山东、燕南饥民群起，大小三百余处。至正二年（1342），顺宁、广平、彰德、卫辉、大同、冀宁等处饥荒，大同等地竟至人相食。至正三年（1343），宝庆、兴国、河南等处饥荒，黄河在白茅决口，山东饥民攻略兖州。至正四年（1344），巩昌、山东、河南、保定、庆元、抚州等处饥荒，正月黄河在曹州决口，又在汴梁决口，五月又决白茅、金堤，曹、济、兖诸州皆被灾，山东地区饥民相食。至正五年（1345），京畿、巩昌、兴国、汴梁、济南、邠州、瑞州等处饥荒，徐州、东平等路饥荒尤甚，人相食。至正六年（1346），就在刘基北上之前的三月，京畿、山东饥民纷纷起事，五月，象州饥民起事，河南、山东大乱。这些饥民起事的情况，刘基沿途已都见到，等船行至东昌，刘基感触更深，为此他写了一篇《过东昌有感》，诗曰："夜发高唐湾，旦及东昌郭。乔树拂疏星，霜飞月将落。仰观天宇清，平见原野廓。白杨号悲风，蔓草杳漠漠。但见荆棘丛，白骨翳寒箨。圣道县日月，斯人非虺蜮。教养既迷方，欲炽性乃凿。展季骨已朽，清风散藜藿。弦歌灭遗音，茧丝尽笼络。鸱啸魍魉凭，螽鸣草虫跃。遂令一变姿，化为跖与跻。况闻太行东，水旱荐为虐。饥民与暴客，表里相倚著。赈恤付群吏，所务惟刻削。征讨乏良谋，乃反恣剽掠。坐令参苓剂，翻成毒肠药。今年秋租登，行止稍有托。余波尚披猖，未敢开一噱。但恐习俗成，何由返初昨。藩宣有重寄，胡不慎远略。往者谅难追，来者犹可作。歌诗附里谣，大猷希圣莫。"刘基的这番感慨，使我们看到了平民百姓是如何变成饥民和暴客的，也使我们了解到各级官吏惟务刻削的情况，同时，刘基又对朝廷的藩、宣大员寄予重望，盼他们能拿出好的办法，千万不要让饥民暴客的造反成为习俗。看到一路上水旱为虐、饥民遍地的情况，刘基不免涌起怀乡之情，好在大都近在眼前了，思乡之情也可暂时搁起。船过景州，刘基又吟诗一首道："澹澹夕风作，萧萧芦叶鸣。林间众鸟息，河上一舟行。海近云常湿，天虚月更清。神京看渐近，且缓望乡情。"

经过两三个月的艰苦旅程，刘基终于在文明门外下了船。来到京师，望着京师车水马龙的繁华景象，想到自己来京的目的，刘基心中又燃起了希望。

但是，刘基的希望很快就为失望所代替。他到揭傒斯府上去拜访时才知道，揭先生已在至正四年去世了。这是刘基所没有料到的，他满怀的热望一时无处宣泄，他在京都徘徊，两三个月来沿途的见闻使他的心情不能平静，他又将心中奔涌的思绪写成一首长诗《北上感怀》。诗曰：

倦鸟思一枝，枥马志千里。营营劳生心，出入靡定止。伊余朽钝材，懒拙更无比。才疏乏世用，嗜僻惟书史。虽非济时具，颇识素餐耻。既怀黎民忧，妄意古人企。宁知乖圆方，举足辄伤趾。尖埃百病侵，贪窭万感累。艰难幸息肩，迟莫窃所喜……

刘基的这首长诗，洋洋五百七十字，一气呵成。他叙述了自己的经历，表达了自己的志向，描绘了沿途所见哀鸿遍野的情况，指斥办事不力的地方官吏，对朝廷寄予厚望，希望当政者采取得力的措施，不要以为这是癣疥之疾而不在意，最后将自己比作贾谊，深感怀才不遇，他期盼着"何当天门开，清问逮下俚"。

自己要寻找的人已经作古了，刘基感到前途塞满荆棘，怎么办呢？他在京师徘徊，心情郁闷。他漫步在白塔寺，吟咏着"物换星移事已迷，从来此地惑东西。可怜如镜中天月，独照城乌夜夜啼"。

他东行到渤海之滨，望着海上的雾气，吟咏着"海上苦多雾，北风吹更长。才交积水气，已翳太阳光。浅乱洲渚色，深迷鸿雁行。神奸冯出入，君子慎周防"。

他徜徉于京西南的涞水县，涞水县古为范阳遒县，是东晋北伐名将祖逖的家乡，"闻鸡起舞"和"渡江击楫"的故事使祖逖成为中国古代一个著名的爱国志士。刘基在祖逖故里凭吊，不禁顿生感慨，祖逖立志收复中原，却又受到朝廷掣肘，致使壮志难酬，刘基发出慨叹，为之赋道："污池汀泞兮，蛙黾乐之。大鹏天游兮，燕雀谓奚为？狐狸冠裳兮，枭獭堂宇。支离节疏兮，侧身无所。呜呼将军兮，管葛之伦。遭逢庸愚兮，有志莫伸。委弃九鼎兮，烹饪瓦釜。截梁为杙兮，束橡为柱。伛背泰山兮，依倚培塿。圭璋碔砆兮，沙砾琼玖。山陵暴骨兮，社稷黍离。故臣酸嘶兮，行人涕洟。卧薪尝胆兮，此维时矣。宣光不作兮，吁其悲矣。乌号之彻札兮，无养由以操之。骅骝不逢伯乐兮，与驽骀而并驰。系曰：龙嘘而云兮，夫岂不能自翔。鸿鹄举翮而千里兮，又何必怀此乡？鱼游思故渊兮，鸟栖思故林。吾固知将军之不忍兮，惜庸夫之无心。日暖暖以西倾兮，时靡靡而就逝。雁鹜群而喋呷兮，鸾凤反为所制。世治乱之有数兮，天亦无如之何也。匪将军之不能兮，惜不幸而逢此时也。死有重于泰山兮，系生民之休戚。吾独悲夫将军兮，仰玄穹而太息。"他为祖逖的生不逢时而惋惜，同时也表达出自己才无所用而产生的惆怅之感。

刘基在京师周围徜徉了一段时间，很快他又回到了京师。经过几天的交往，他又遇到了很多当年同科的进士以及一些旧交，更令他高兴的是在这里遇到了在江西时久已闻名但未曾谋面的临江路经历伊克纽尔明德。当时临江路有一伙专门包揽词讼、欺压百姓、横行霸道的"虎狼卒"，他们作案兴讼，为害地方，历任官府都奈何不了他们。伊克纽尔上任后，顶住上下各方面的压力，严厉制裁了这帮虎狼卒，为当地百姓除了一大害，府县秩序也安定下来，伊克纽尔由此而名扬江西。这次伊克纽尔到京是等候中书省重新铨选，他对刘基也是久已闻名，对刘基所作的《官箴》赞佩不已，这次相识之后又读了《北上感怀》，更了解了刘基的才华和为人，两人遂成为知己。伊克纽尔陪同刘基在中书省注册候选，盘桓数日，中书省将二人都分至江浙行省候补，于是刘基决定南归。

刘基是在至正六年（1346）八月初秋时节离京南下的，在京的新老朋友在文明门外为刘基饯行，互道珍重，洒泪而别。朋友们的深情厚谊使刘基至为感动，他回到通州准备上船南下，心中的激情却难以平静，于是他又把这激情化为诗句：

　　旦辞文明门，回首望宫阙。长云拥蓬莱，烟雾中滃郁。相去不崇朝，杳若隔溟渤。扁舟指吴云，离梦萦燕月。虽怀归乡欢，复怆知己别。裁诗寄悠悠，感念深至骨。

　　西风吹青冥，征鸿暮萧萧。一辞都门去，便觉京国遥。轻霜入秋鬓，落英麏寒条。念我同年友，高谊薄九霄。恨我处遐远，不得陪晨朝。绵绵久要心，万里匪为辽。鳣鲂赴清渊，孔翠依兰苕。飞潜各有适，分得无外徼。伫立望阊阖，倾耳聆箫韶。

　　刘基的心情是舒畅愉快的，揭先生过世给他带来的惆怅已经一扫而空，朋友们的高谊使他振奋，即将铨补新的官职给他激励，为了更多地了解天下形势、增加自己的阅历，他决定不走原路，而从淮安奔金陵，游览一下这六朝古都。

　　秋高气爽，一路顺风，刘基在九月下旬到了南京，漫步钟山，徜徉秦淮河，游览蒋山寺，刘基一时又诗兴大发。他在《钟山作十二首》中吟道："九月江南叶未黄，空山松柏夜深凉。玄蝉且莫催徂景，留取幽兰作晚香。"又曰："玄武湖中草自秋，石头城下水长流。繁华过眼成今古，更与牛羊竞一丘。"登山赏景，他吟道："策杖登山信早凉，山花涧草总能香。扪萝抱水归来倦，不扫苍苔卧石床。"游江上白鹭洲，他吟道："白鹭洲边白鹭鸶，一双相对立檼檿。日斜隔水分明见，不分人间有别离。"在秦淮河边，他慨叹："淮水东迟旧六朝，琼楼翠馆白云销。于今只有垂杨柳，犹似当时舞细腰。"在蒋山寺，他吟道："王母桃花此地栽，风霜摇落为谁开。琳宫玉座同黄土，绛蕊丹跗自绿苔。度朔烟霞违梦想，武陵云水怨归来。残蜂剩蝶相逢浅，黄菊芙蓉莫浪猜。"只此一首，意犹未尽，刘基又作一首《蝶恋花》吟咏蒋山寺的十月桃花，词曰："度朔移来天上种，绛蕊丹跗，王母亲曾弄。青女素娥为侍从，婵娟独擅三千宠。   回首欢娱谁与共，荒草残烟，冷落秦源洞。阆苑风高迷彩凤，断魂飞入韩凭梦。"在半山寺，他吟道："王家废寺旧闻名，荆棘花开鸟自鸣。深夜狐狸穿破家，佛灯争似鬼灯明。"

金陵的古迹名胜差不多都看遍了，刘基徘徊在旅馆的庭院之中，思绪翻腾，古今多少兴亡事，如今都已过去了，时间把眼前的一切都化为陈迹，他从心底发出感叹，吟出《无题三首》：

一片浮云万里心，海波无底未为深。虞渊险迫羲和疾，空使傍人诧邓林。

玉树沉沉结夜愁，金陵蔓草没荒丘。谁言锦缆江都去，不见金陵蔓草秋。

黄鹄高飞云路遐，野兔谋食但泥沙。山中樗栎年年在，看尽西风木槿花。

深秋了，天上的鸿雁纷纷南飞，雁叫声声，不禁勾起刘基无限的乡情。他离开金陵，经丹徒、丹阳、苏州等处，返回浙江杭州，到达杭州时已经下了几场雪了。在江浙行省衙门打听了一下铨选的情况，行省官员告知说中书省的公函还未到，让他先回家等候，于是刘基离开杭州返回青田，在至正七年

（1347）春天回到了家乡。

四、江浙儒学副提举

经过一年半的远游，刘基重又回到了家乡。全家人喜出望外，左邻右舍也都纷纷前来问候，这一切使刘基感到分外亲切。晚上用过晚饭后，一家人坐在客厅里，听刘基讲述着北上的见闻，听到中原大地民不聊生时，老夫人和富氏、陈氏都纷纷落泪，弟弟刘升在一旁不免扼腕愤叹。当刘基讲述沿途所欣赏的山光水色、自然风光的美丽时，全家人都如同亲眼见到了一般。

远行的游子回来了，一家人在一起重叙天伦之乐。当晚刘基在二夫人房里歇息时，陈氏竟然高兴得哭了起来，刘基抚摸着妻子柔嫩的肩膀，温存地安慰着她，曲尽儿女之情。

刘基在家里住了有一年的时光。至正七年年底，江浙行中书省给刘基发来公函，要他到省城等候铨选，刘基看看年关将近，便决定在至正八年（1348）春节过后动身赴杭州。

老夫人颇知书史，深明大义，对儿子的再次出仕非常支持，勉励他以天下为己任，为国家效力，为民众做实事。大夫人对丈夫的志向很了解，她支持丈夫出仕，并告诉刘基，家里有她照料母亲，你尽可以放心前去。二夫人这时已有了三个月的身孕，刘基怕她旅途劳顿，想让她留在家里等孩子出世，以后再来接她，可是二夫人执意不肯，她也希望能好好照料刘基的生活。老夫人理解陈氏的心情，也觉得儿子一人在外太辛苦，便同意陈氏随刘基一起赴杭州，并嘱咐刘基到杭州后寻一个保姆，帮助陈氏料理家务。

过了正月十五，刘基携二夫人启程了。老夫人、大夫人、弟弟刘升一家以及武阳村的主首等一行人相送至村口，挥手道别。老夫人早已不再叮嘱什么了，儿子已届不惑之年，再次宦游，一切自都会料理好的，所以老夫人和富氏只是嘱咐了一下陈氏保重身体。挑夫已经前行，刘基和陈氏挥手告别家人和乡亲，转身离去。

杭州古名钱塘，又称武林，隋文帝时置杭州，以后唐代虽改称过余杭郡，但仍称为杭州。南宋小朝廷偏安于此，又改称为"临安府"，入元后改称杭州路，江浙行中书省的治所就设在这里。杭州城左滨钱塘江，右临西湖水，居民稠密，商业繁华，为东南第一都会，虽经至正元年、二年两次火灾，但仍盛况不减当年。二夫人陈氏是第一次出远门，还在来杭州的路上，刘基已将沿途的景观和杭州的繁盛向二夫人做了描述，夫妻俩一路兴致勃勃，自有一番情趣。

到了杭州城，刘基先在行中书省的官署暂住了一段时日，后因铨选之事尚无着落，便在钱塘江畔、白塔岭下寻了一个住所，安顿住下。当刘基再次去行中书省时，竟意外地碰见了在江西时的老友葛元哲，原来葛元哲这时已由中书省铨注到江浙行省，江浙行省授葛元哲为职官掾史，掌管簿书典册，这时他正来上任。两位老友不期然的相遇，使二人感到分外高兴，此后他们经常在一起论文谈史、饮酒赋诗，尽得知己相交之乐。

在杭州等待铨选期间，刘基又结识了浙江名士陶凯。陶凯是台州（今浙江临海）人，字中立，博闻强记，过目成诵，文章颇负盛名。刘基和葛元哲早就听说陶凯父子均是孝友之人，原来中国古代称善事父母曰孝，善事兄弟曰友。陶凯之父名忱仲，八岁时生母就去世了，继母对陶忱仲非常不好，忱仲长大后娶吴氏女为妻，夫妻二人谨慎地侍奉继母，继母仍不能容，不得不分家另过，但仍不忘朝夕回家探望请安。陶忱仲的继母不善持家，家庭生活越来越困难，以至于他继母所生的子女连婚嫁之资都筹办不起。陶忱仲见父亲和继母一家生活这样窘迫，便将父亲和继母接到自己家中奉养，又用自己辛勤积攒的钱为继母所生的弟弟娶了媳妇、妹妹嫁了人，他的继母这才感到自己对不起陶忱仲。陶忱仲的岳父去世早，岳母晚年无所依靠，他也将其接至家中，和妻子一起养老送终。陶凯幼年因家境贫寒，学习非常刻苦，长大后家境才好起来。陶凯别无兄弟，只有一妹妹，嫁给顾姓人家，不幸早卒，陶凯便将妹妹所生一子一女接至家中，抚养成人。由于陶氏父子为人孝友，陶凯文章又写得好，葛元哲提议将陶凯家名为"孝友堂"，刘基便为陶凯作《孝友堂记》，极力称赞陶氏父子的品行，他说："若陶君者，真可以当孝友之名矣乎！方其家之富也，见弃于亲，甘远身而不失于礼。及其贫也，弟妹无所托，又竭力自任而不贻父母忧。呜呼！难哉！若陶君，可谓能尽孝友之道矣，抑亦可谓能处人伦之变矣！

君陈、张仲，皆以孝友施于政而达于天下。陶君无其位，不得流其泽于民，而独行于家，至其子又克类，天将昌陶氏乎！子类父，孙类子，绳绳焉而不绝，能无昌乎！善之有后，天之道也。"刘基对陶家品德的称赞，实际上也表达了他自己和中国古代知识阶层对家庭、人伦关系的基本看法。

通过陶凯的介绍，刘基又结识了刘显仁、贾希贤等一班文友。

当刘基在等候行省的铨选、与诸位友人谈学论道时，一桩喜事降临了：二夫人陈氏十月怀胎期满，在至正八年（1348）秋天生了一个白白胖胖的大儿子，刘基十分高兴，急忙派人回青田老家报喜。老夫人、大夫人以及弟弟刘升一家闻讯后，也十分高兴，老夫人和大夫人非要来杭州看看孩子不可，于是由刘升送老夫人和大夫人，在初冬时节到了杭州。孩子已经过了百日，老夫人和大夫人、刘升这个抱过来，那个抱过去，高兴得合不拢嘴。老夫人问：给孩子取什么名字？刘基告诉母亲，给孩子起了个单名叫琏，字孟藻。

全家人在杭州高高兴兴地过了个春节，至正九年（1349）春，刘基的任命下来了，他以文散官从仕郎之阶被任命为江浙行省儒学副提举。

元朝在各处行省所在地都设有儒学提举司，掌管各路、府、州、县的学校、祭祀、教养、钱粮等事，以及考校后进、著述、文字等。每司设提举一员，从五品；副提举一员，从七品；还有吏目一人，司吏二人。刘基在任儒学副提举的同时，又出任行省考试官，他兢兢业业、奖掖后学、倡办义学、主持乡试，并为许多学子披阅文章，为杭州的儒学讲经论策，公务十分繁忙。这时杭州府儒学教导的职务废弛已久，在选人时不是靠有权力的人推荐，就是行贿而谋得，及至刘基出任儒学副提举之后，这些人自感不称职，都惶恐辞退。于是刘基和府官一起选拔那些文学之士、不事奔兢者，以礼聘任，在受聘者中就有四明人刘显仁，由是而使杭州府儒学的面貌为之一新。

从自己的成长和切身经历中，刘基深感兴学立教是功在千秋的国之大事，因此，在他出任儒学副提举后，大力倡导兴办义塾，仅据保存在《诚意伯文集》中的资料来看，他积极支持和表彰的义学就有三所。至正九年刘基上任不久，他知道刘显仁将去执教的海宁州义塾是由海宁大家贾希贤所创办的，非常赞赏，他在为《贾希贤义塾诗》所写的序中称赞道："贾氏为海宁大家，而希贤益厚。念邑之子弟多不知学，或贫不能自致师以学，乃构宇买田，招名儒以为师，俾乡里之俊秀与闾巷之童儿莫不来学，其食饮器用咸取给于贾氏。呜呼！……今天下学校责在守令，往往不暇顾而视为文具，至考满不能备六事而阻其仕进者不少，则今之官海宁者一何幸耶，得贾氏以为其民！州之子弟得贾氏而皆振起于学，彼为守令者从而收其功，则不惟有功于其州之人，而为之司牧者亦有赖焉。其为利岂不博哉！使人人效之而不见三代之化，吾不信也。"

至正十年（1350），刘基乡人洪应求来杭州，看望刘基时向他讲述了家乡季氏兴办湖山义塾的情况，并请刘基为之作记，刘基大为高兴，欣然命笔道："（季氏）有名谦字伯益者，好学尚义，故其家日裕，乃谓其人曰：'人孰不爱其子孙，而不知所以爱之者。今有良田美宅，绵亘阡陌，堆金积帛，充斥梁栋。自以为用之不竭，享之无穷也，一旦光销影铄而无纤芥之留者，何耶？骄淫生于富溢，而纵欲败度之子，常由不窬前人成败之迹而自视偾然大也，及其颠连困厄于垂老之际，彷徨无所容其身，虽欲效织蒲补履以食其余年且不可得，若是者虽其人之不肖，抑亦其父兄处之不得其道也。今予幸藉先人余业以自免于冻馁，未尝不惴惴于吾身，况能保于其子孙？故愿制产以建读书之所，延名儒为师，以训子弟以及族姻之人，咸知所学。大则修身齐家以用于时，小亦不失为乡里之善士，不亦可乎！'"刘基从人应该怎样爱护子孙立论，用季氏的话表达出自己的观点并大加赞赏道："呜呼！若季氏者真知爱其子孙哉。由是达于一乡一邑，以播于天下，使人人闻而效其所为，则将见比屋皆为贤士大夫，而愚不肖者寡矣。"这是刘基在至正十年夏五月发出的号召。

到至正十一年（1351）春三月，这时刘基已经辞去了儒学副提举的职务，但仍为《沙班子中兴义塾诗》作序，着重宣传了沙班子中办义塾的目的在于"学成而以措诸用"，用沙班子中的话对当时的官办学校提出批评说："今之学，主以文墨为教，弟子上者华而鲜实，下者习字画以资刀笔官司，应酬廪粟之外无他用心。"沙班子中要按儒家理想培养学生，让学生学为圣人之道，并将穷毕生精力来兴办这所义塾，刘基"闻而壮之"，特意写了这篇序。

除了对义学的支持和鼓励外，刘基对郡县学的建设也很关注。至正九年，永嘉洪元诚出任富阳县儒学训导，十年冬，泰兴丁良卿任富阳县令，他们一起对富阳县的文庙、学官进行了彻底的修整，由于学田岁入不足以供修整之费用，丁县尹、洪训导以及县里的其他官吏各自捐出自己的俸禄，又征得县中好义之士的赞助，终于使县学校舍焕然一新。此后丁县尹又将被豪民夺占的学田一百八十六亩返给学校，又增加新涨田一百多亩，使办学经费有了保障。这一修葺学校之事从刘基上任后开始酝酿，历时两年多，直到至正十一年六月完工，刘基一直给以关注，完工之时刘基已经辞职闲住，仍欣然为之作记，他特别强调："学校兴替，居考绩之一，为守令者可不夙夜钦承之哉！"他感慨地说："今之食其食而能尽其职者，天下几人哉？"最后他着重指出：《大学》曰：'一家仁，一国兴仁。'使教化之行由一邑而达于远，上以副朝廷之委任，而下以发高贤之潜德，不亦伟哉！"这也是中国古代知识分子对于兴学校、广教化的社会作用的一贯认识，也是儒家思想、孔子之道之所以能够深入人心的一条主要途径。

刘基对那些能为民除害、广行善政的官员十分敬重，当时已任江浙行省参知政事两年多的苏天爵就是其中之一。苏天爵字伯修，河北真定人，他以国子生而出仕，几年之间，做到江南行台监察御史。他巡行湖北时，冒着盛暑瘴毒，每天晚上都在灯下翻阅案卷，对每一个案件都仔细推敲，结果平反了八起冤狱，又惩处了几件豪强地主把持官府、枉法害民之事，一时间声名远播。国子博士黄先生特地写了一篇《苏伯修御史断狱记》，刘基当时读到这篇断狱记，非常赞佩，当即写了一篇读后感，他感慨道："以一湖北之地，公一巡历，而所平反者八事，所摘豪右之持吏而泥法者又数事。岂他道之无冤民耶？无苏公而已矣！"他指斥那些号称能"简讼"的官吏，"徐而访于其乡，察其田里之间，则强梁横行，怨声盈路。问其故，曰：'官不受词，无所诉。受之而已矣。'大吏至则曰：'官能不生事，民哗非官罪也。'则皆扶出之，诉者悉含诉去，则转以相告，无复来者，由是卒获简讼之名"。而这些号称简讼的官吏一旦得到朝廷的奖赏，则必使"怨愤之气拗而为斗杀，激而为盗贼，郁而为灾渗，上应乎天，谁之咎哉"，刘基希望天子能多多任用像苏天爵这样的官员，所以当至正九年冬，苏天爵从江浙行省参政被召任为大都路总管时，刘基为之作诗相送，在序言中说道："京尹冠冕守令，远近之所观式，得其人则由中达外，四方将以之而化，不亦伟哉！以公之宏才大德，与其施之于一方，孰若达之于四海也。"苏天爵为学广博，熟知元朝文献典章，曾参加撰修《武宗实录》，文章写得好，《元史》称赞他"中原前辈，凋谢殆尽，天爵独身任一代文献之寄，讨论讲辩，虽老不倦"。因此他和刘基、葛元哲等人虽然地位悬殊，参政为从二品，掾史和副提举均为从七品，但他们相处甚为融洽，及至苏参政调至大都，刘基在行省中失去了一个有力的支持者。

在刘基出任儒学副提举时，他北上京师时相识的伊克纽尔也同时被选任为江浙行省的财赋副总管，两人在杭州再次相逢，并在一起共事，因而相与为文字交，彼此甚为相得。另外，行省职官掾史高明也是刘基的一位知己。高明，字则诚，温州府瑞安人。他少负才气，但仕进很晚，直到至正五年四十岁时才考中进士，授为处州府录事，后来行省闻其廉能，又辟为职官掾史。他与刘基、葛元哲等人意气相投，诗文唱和，给各自的宦游生涯增添了许多花絮。

当至正八年刘基刚到杭州不久，就遇到了在江西时结识的好友郑希道，以后通过郑希道又结识了杭州万松岭寿宁寺的住持照玄上人。至正九年十月，刘基出任儒学副提举半年多了，由于操劳过度，身体欠佳，正在家里养病，老友钱士能又来到了杭州，几个在江西时志趣相投的朋友又在杭州聚首了。这时的钱士能正是官运亨通之际，当年他和刘基同任江西行省职官掾史，均为从七品，现在则已是官位五品的建昌知州了。由于钱士能要赶赴任所，行旅匆忙，不能久留，几个好友刘基、葛元哲、郑希道等一起设宴招待钱士能，席间不免诗文唱和，并推刘基为之作序，刘基序道："往时予与钱君士能同日辟掾江西行省，故其交为最厚。岁余，士能与幕官论事不合，拂衣去。未几，余亦以朽钝辞归，不得见者九年矣。乃今年十月遇于杭，予以从仕郎为儒学副提举，又以疾谢事，而士能以奉议大夫为建昌知州……九年之间，相去越五等，何悬绝耶！今既见而喜，喜而思语故旧，则凄以悲，又自庆其相逢于未老而俱无恙也。……今士能以长才方为世用，而余之朽且钝愈加于昔日。天将全之，俾各获其志，则一进而一止，岂不俱洋洋也哉！勉哉，士能！知者劳之，愚者安之，予亦有赖于君矣！"

这篇序文不长，既叙述了故人情谊，又对各自的进止发出了感慨，同时也反映出刘基达观的人生态度。另外，刘基也表达了一种自知之明，他感到自己的"朽且钝愈加于昔日"，其实，这种"朽且钝"，是刘基对自己不能适应元末官场腐败、黑暗的一种委婉说法。刘基为人刚直嫉恶，克己奉公，尽职尽责，而元末的整个政治风气是日趋腐化没落，这样的形势，绝非个别正直忠诚的官员所能扭转的，刘基此时还没意识到这一点。但他认为自己"朽且钝愈加于昔日"，又表达了他不与世俗同流合污的刚正品格，使我们更加深了对刘基性格、人品的了解。果然，时隔不久，刘基以刚直不阿、不畏强御的人生品格，向行省上书，指责、批评了监察御史失职的几件事，由此而触怒了江南诸道行御史台。

原来元朝在中央设御史台，在各地设有行御史台。御史台下有察院，其监察御史三十二员，是朝廷耳目之所寄，专任刺举之事。行御史台设官与中央相同，其监察御史掌监察弹劾行省以下大小官府的官吏、检校诸司的文卷，权力很大。现在一个从七品的儒学副提举竟敢指斥监察御史，这是整个行御史台监察部门所不能容忍的，为此刘基受到了行御史台御史们的抨击。刘基对于御史们的官官相护感到愤怒，但他无力扭转这种局面，于是在至正十年他再次提出了辞呈，向行省辞去了儒学副提举的职务。

五、退隐杭州

刘基在江浙行省儒学副提举任上任职不到两年，辞职以后直到至正十一年底离杭州还乡，他一直在杭州闲居，与士子们吟诗论文，与家人妻子共度良辰。

刘基从至正八年春天带着二夫人陈氏来到杭州，秋天长子琏出生，入冬后老夫人、大夫人和弟弟刘升来到杭州，一家人在杭州过了一个春节。这期间刘基尚无公务，陪老夫人游览了杭州的各处名胜，开春以后，老夫人住不惯繁华的闹市，由弟弟刘升陪着回青田老家去了。大夫人富氏本也想陪婆婆回老家，但刘基和二夫人都舍不得让她走，老夫人也体谅大夫人的心情，便让大夫人留在了杭州。这样，刘基和妻妾儿子一家四口便在杭州住下了。富氏和陈氏相处很好，对孩子非常疼爱，一家人生活得和和美美。至正十年九月，刘基辞去儒学副提举后不久，陈氏又生了第二个儿子，给闲居的生活又增添了许多乐趣。刘基为次子取名叫璟，字仲璟。

这次刘基辞官之后，虽然也感到轻松，但和前次不同，他心中增长了一种无名的惆怅，他感到一种失落。他这次辞职其实是对整个监察机构的一种抗争，他不愿看到元朝统治没落下去，他想挽救。在他眼里，皇帝和中枢机构的要员还是好的，只是下边具体办事的官吏出了问题。这种看法在他的《送海宁尹知州之官序》中表达得最明确，他说："国家怜黔首之未宁，乃大选守令以熙庶绩，非名实素闻于上下者弗任，且以六事考核其殿最，责至重也。……今天下乂安而盗贼奸宄窃发不禁，何哉？为守令者非其人耳！天子有民不能遍治，故托之守令，故守令谓之民牧。夫牧也者，受人之牛羊而牧之，必为之丰其水草，适其寝讹，去其瘰蠹，驱其豺狼，然后物生遂而牧之道得矣。是故悍卒猾吏，民虎狼也；苛徭横敛，民瘰蠹也。虎狼不屏，瘰蠹日生，寝讹失时，水草乏绝，则亦日就死亡而已矣，恶在其为牧也。夫好安乐而恶忧患，人情同之。盗贼之刑，自死而族，人岂愿为之哉？必有大不得已，然后宁蹈不测以苟旦夕之命。诚能顺而抚之，吾未见其弗宁也。海宁为濒海邑，民劳而贫久矣。孟子曰：'饥者易为食，渴者易为饮。'于今之时，抑亦可以谓之易而非难矣。行矣尹侯，国家之寄，朋友之祝，百姓之望，皆于是乎在。他日惠政之碑，又当为君书也。"刘基之所以敢于弹劾御史的失职，就是出于对皇帝的赤诚、对朝廷的忠心，但自己的一片赤诚之心却没有被上层接受，所以他愤而辞官。官虽然辞了，可是他的心里仍然为天下担忧，所以他每每对新上任的地方官寄予厚望，为尹知州上任而写的序就表达了他的这种期望。

刘基在杭州闲居了一年多的时间，他经常往来的朋友有葛元哲、高则诚、陶凯、伊克纽尔、郑士亨、熊文彦、刘显仁、贾希贤等人；因刘基通音律、善绘画，又和著名画家吴镇、赵天泽及精通音乐的道士冷谦、和尚竹川多有交往；此外还有方外人士如物外上人、照玄上人、别灯和尚、柯上人、弘上人，精通棋艺的相子先、儒医忻生、隐士徐舫、皇甫秀才，等等。在《诚意伯文集》中，有很多和这些朋友唱和的文字以及为朋友们作的序、写的记、墓志铭等。从这些广泛的交往中，可以看出刘基本人的多才多艺，也可以看出他豪放磊落的性格。

刘基和朋友们游览西湖，面对已经有些衰败的西湖十景，一行人不禁顿生兴亡之感，互相赋诗唱和，抒发情怀。刘基分韵得吴字，他吟咏道："泽国繁华地，前朝旧此都。青山弥百粤，白水入三吴。艮岳销王气，坤灵肇帝图。两宫千里恨，九子一身孤。设险凭天堑，偷安负海隅。云霞行殿起，荆棘寝园芜。币帛敦和议，弓刀抑武夫。但闻当宁奏，不见立庭呼。鬼蜮昭华衮，忠良赐属镂。何劳问社稷，且自作欢娱。粳稻来吴会，鱼鼋出具区。至尊巍北阙，多士乐西湖。鹢首驰文舫，龙鳞舞绣襦。暖波摇璧积，凉月浸氍毹。紫桂秋风老，红莲晓露濡。巨螯擎拥剑，香饭洒雕胡。蜗角乾坤大，鳌头气势殊。秦庭迷指鹿，周室叹瞻乌。玉马违京辇，铜驼掷路衢。含容天地广，养育羽毛俱。橘柚驰包贡，涂泥赋上腴。断犀埋越棘，照乘走隋珠。吊古江山在，怀今岁月逾。鲸鲵空渤澥，歌咏已唐虞。鸥革愁何极，羊裘钓不迂。征鸿暮南去，回首忆莼鲈。"这首诗对南宋小朝廷偏安一隅、不思振作提出批评，同时也表达了刘基对当时元朝社会状况的一种担忧。

在岳飞墓前，刘基发出慨叹，他赋道："木之颠兮，其根必伤。人之将死兮，俞扁以为不祥。呜呼将军，夫何为哉！天地易位兮，江河倒流。凤凰天殂兮，豺狼冕旒。臣不知有其君兮，子不知其有父。呜呼将军兮，独衔冤而怀苦。仇何爱而可亲兮，忠何辜而可戮。父兄且犹不顾兮，何忠良之能育。臣竭心以为主兮，又何可以为仇也。天之所废不可植兮，亦将军之尤也。乌伤弓而欲殒兮，群哑哑而拊翼。猿狄縻于机槛兮，羁悲鸣而不食。相伊人之有心兮，曾鸟兽之不如。忘戴天之大耻兮，安峻宇而高居。信谗邪之矫枉兮，委九庙于狐狸。甘卑辞以臣妾兮，苟残喘以娱嬉。焚舟楫于洪流兮，烹骓骝于中路。庸夫亦知其至愚兮，羌独迷而弗寤。捐薄躯以报主兮，乃忠臣之素心。纵狂瞽之弗思兮，又何必以之为禽。屈原贞而见逐兮，伍子忠而获戾。固将军之不辰兮，哀中原之芜秽。吊孤坟于湖滨兮，见思陵之牛羊。寄遥情于悲歌兮，识忘亲之不臧。"这篇《吊岳将军赋》深沉哀痛，指斥南宋小朝廷鸟兽不如，"忘戴天之大耻"，信任谗邪、苟延残喘，不识忠臣报国之素心，其实这也是刘基当时心情的一种写照，惟其怀有同样的报国之心，才能发出如此深重的慨叹！

从至正八年春来杭州到至正十一年底返回青田老家，刘基在杭州住了三年多的时间，这是他宦游生涯中比较丰富的三年，他和朋友们唱和的诗文很多是作于这一时期。但最能代表刘基文学成就的，当数散文《卖柑者言》，文章不长，今录之如下：

杭有卖果者，善藏柑，涉寒暑不溃，出之烨然，玉质而金色，置于市，贾十倍，人争鬻之。予贸得其一，剖之如有烟扑口鼻，视其中则干若败絮。予怪而问之曰："若所市于人者，将以实笾豆、奉祭祀、供宾客乎？将炫外以惑愚瞽也？甚矣哉为欺也！"卖者笑曰："吾业是有年矣，吾赖是以食吾躯，吾售之，人取之，未尝有言，而独不足子所乎？世之为欺者不寡矣，而独我也乎？吾子未之思也。今夫佩虎符、坐皋比者，洸洸乎干城之具也，果能授孙吴之略耶？峨大冠、拖长绅者，昂昂乎庙堂之器也，果能建伊皋之业耶？盗起而不知御，民困而不知救，吏奸而不知禁，法斁而不知理，坐縻廪粟而不知耻，观其坐高堂、骑大马、醉醇醴而饫肥鲜者，孰不巍巍乎可畏，赫赫乎可象也？又何往而不金玉其外、败絮其中也哉？今子是之不察而以察吾柑！"予默然无以应，退而思其言，类东方生滑稽之流，岂其愤世疾邪者耶？而托于柑以讽耶？

这篇散文，借卖柑者之口，揭露和鞭挞了元朝官吏"金玉其外、败絮其中"的状况，说明刘基对元末统治阶级腐败、黑暗的政治状况已有了桕当深刻的认识。

在各种关于刘基的传记、行状中，都有一条刘基在"西湖见异云"的描述。如《诚意伯文集·故诚意伯刘公行状》中说："（刘基）尝游西湖，有异云起西北，光映湖水中。时鲁道原、宇文公谅诸同游者皆以为庆云，将分韵赋诗，公独纵饮不顾，乃大言曰：'此天子气也，应在金陵，十年后有王者起其下，我当辅之。'时杭城犹全盛，诸老大骇，以为狂，且曰：'欲累我族灭乎！'悉去之。公独呼门人沈与京置酒亭上，放歌极醉而罢。时无能知者，惟西蜀赵天泽知公才器，以为诸葛孔明之流。"这一记载不见于元人的记述，况且当时刘基对元朝尚未失去信心，他后来曾两次出任都事，参与戎政，实是有扶持元朝、起衰振敝之意。至于黄伯生在洪武十六年（1383）为刘基所撰《行状》中的描述，显系出于附会。清朝人朱彝尊在《静志居诗话》中分析道："公在元时，有和王文明绝句云：'夜凉月白西湖水，坐看三台上将星。'好事者遂傅会之，谓公望西湖云气，语坐客云：'后十年有帝者起，吾当辅之。'此妄也。〔案〕《明史·孙炎传》克处州，授总制，以礼招聘刘基、章溢、叶琛等。基不肯出，炎使再往，基遗以宝剑，炎作诗赠基，言剑当献天子，斩不顺命者，非人臣所宜用。封还之，且遗书数千言，基始就见。会太祖来聘，遂送诣建康。然则公之初意非欲辅明祖也决矣。第元既不能用公，明之君臣再三来聘，公以天下生民为念，知其可辅，则出而辅之。其心事如青天白日，岂有一毫希觊之私哉？论者或以伊尹比公，虽颇相似而实亦不同。伊尹之就汤就桀，以汤固桀之臣也。若明祖起兵之初，早已与元为敌矣。使非深知元之不可复辅，则岂能苟焉就明之聘乎？盖公之心即伊尹相汤之心，而其事则与微子归周、管仲事桓实相类，观于孔子之仁，微管可以知公之心矣。王气之谈，必无之事也，至所称客说之词，尤谬妄不足辨。"正因这一说法出于后人附会，所以清朝人修《明史》，在《刘基传》中并不采用"西湖见异云"之说，只说他"精象纬之学"而已。

当刘基在杭州闲居之时，元末农民大起义爆发了。早在至正八年，已有台州黄岩人方国珍聚众起事，攻略浙东温、台、庆元等沿海地区。至正十一年五月，颍州人刘福通利用白莲教发动起义，起义军头裹红巾为标志，因而号称红巾军，攻略颍州、罗山一带。八月，萧县人李二烧香聚众起义，攻拔徐州。罗田人徐寿辉等起义，也烧香聚众，以红巾为号。一时间，天下大乱，元末社会动荡起来。

刘基的几位好友也相继离开了杭州。早在至正十一年初，陶凯便离杭州游学江东去了，自此以后刘基和他的联系就断了。四五年后刘基接到陶凯的信，心潮澎湃，写下长诗《寄陶中立郭秉心叙旧言怀》。

至正十一年正月，朝廷命江浙行省左丞孛罗帖木儿征讨方国珍，因为高则诚是温州人，行省派高则诚随军参与军事。二月，刘基和众位朋友为高则诚送行，写下了《从军诗五首送高则诚南征》。其二云："江乡积阴气，二月春风寒。壮士缦胡缨，伐鼓开洪澜。长风翼万轴，撇若横海翰。马御伏辕门，翊卫森牙官。仗钺指天狼，怒发冲危冠。"其三云："按节肃徒旅，神剑宵有声。挥挥大旗动，烈烈刁斗鸣。仰看太白高，俯视沧波平。王师古无战，蟣虱安足烹。"其四云："人言从军恶，我言从军好。用兵非圣意，伐罪乃天讨。运筹中坚内，决胜千里道。雷霆馘蛟鼍，雨露泽枯槁。怀柔首茕独，延访及黎老。牧羊必除狼，种谷当去草。凯歌奏大廷，天子长寿考。"从这些诗句中我们能强烈地感受到刘基身在草莽、心忧天下的心情，以及他对军旅生活的渴望。

伊克纽尔与刘基同时获选为江浙财赋副总管，因有足疾，伊克纽尔于至正十一年六月辞官归乡，朋友们在北门外设宴相送。"酒酣，有起而歌者曰：'湛卢可以断犀而以之割鸡，隋珠可以照车而以之弹乌，吁嗟兮吾安所如。'客有和之曰：'松柏在山兮匠石求之，夜光在璞兮卜和识之，物固有遇兮遇当有时。'因相顾大笑，赋诗为别。"刘基为这次相送写了《送伊克纽尔明德江浙府总管谢病去官序》。

至正十一年底，红巾军大起义正如火如荼地发展着，看着这动乱的时局，寓居外地的人们纷纷归家。郑士亨和熊文彦也要回江西去，刘基为他们设酒饯行，鼓励他们勤奋力学，他在《送熊文彦归江西序》中写道："岁月如流，时不再得。耨之不勤，其实不栗。筑之不多，其基不巩。"刘基鼓励他们要以孔子、卫武公等好学之人为榜样，期待日后"幸相逢于未耄而学业俱若是焉，朋友之心遂矣"。

年关将近，时局动荡，刘基和葛元哲也决定各自回乡。两位老朋友就要再次分手了，这一别更不知何时再能相见，刘基激情难捺，写下《送葛元哲归江西》一诗。诗中说："豫章江上一逢君，矫矫鸡群一孤凤。城头月出明星稀，开门望月露沾衣。文章绣衣郎，谈屑天葩霏。得句即高歌，惊起乌鹊穿林飞。星流云散隔吴楚，有时梦君诗上语。座中百谷含清晖，窗外飘风度疏雨。我住青山耕晚霞，君去蟾宫折桂华。别来八见秋雁过，忽然会合增长嗟。江南二月草未秀，雪阵如涛衮清昼。投壶命觞尽文友，此乐百年何日又。一朝复一朝，三岁如过电。四牡彭彭子独贤，江东山水应看遍。人间事，万不齐，我马向南君向西。海门日照渔浦白，骊歌欲断吴云低。括苍山，临川水，相思迢迢一千里。山高高兮水深深，极望不见愁人心。应将魂梦化为鹤，永夜月明怀好音。"

诗中对老朋友大加赞美，对两人的友情十分珍惜，读来感人至深。

送走了葛元哲，刘基也打点行李，雇好了船只，就要启程了。不料深冬忽然下起了雨，只得暂缓几日启程，刘基心情有些抑郁，写下了《辛卯仲冬雨中作二首》，诗云：

江城积阴愁玄冬，千家万家云水中。乌啼黄昏雁叫夜，鼓角惨淡愁悲风。青灯无光掩关坐，饥鼠相衔啼过我。读罢残书有所思，冻雨霏霏泪交堕。

岁云暮矣风萧萧，木叶脱落惟空条。云浓雨细白日短，惨惨不辨昏与朝。雨中行人足斛觫，去与公家制戎服。中原豺虎正横戈，天寒风急奈尔何。

天晴了，刘基一家五口正准备行装时，门人褚夬忽然领着杭州福严寺的实庵和尚来了，原来是为福严寺的建成来求一篇碑文，可是刘基一家已准备登程了，求撰碑文之事只好暂时搁下。褚夬、实庵和尚以及杭州的其他友人将刘基一家送上了船，刘基站在船头，和送行的人挥手道别。朋友们互道珍重，船离开了码头，刘基和妻子孩子们踏上了归程。

第三章　军旅生涯

一、方国珍起兵反元

元至正八年（1348）十一月，方国珍兄弟聚众起事，攻略海上。

方国珍是台州黄岩人，身材七尺有余，黑红色的脸膛，身上皮肤却很白，膂力过人，性格刚强，沉勇有智略。弟兄五个人，都以务农和下海贩盐谋生。他父亲方伯奇性格怯懦，在家务农，经常受人欺侮。当地风俗是佃户见到田主，要像侍奉官府的人一样。方伯奇见到田主更是唯唯诺诺，以致不知如何是好，为此他经常受到乡里人的嘲笑。方国珍每见其父如此，便瞪着眼睛说："他也是人，有什么高低，让你自己低三下四的！"以后再有人嘲笑方伯奇时，方伯奇就让知己的朋友告诉别人："我儿子可不让人。"方伯奇死后，国珍兄弟齐心合力，务农贩盐，在当地成为很有影响的人物，家境也逐渐宽裕起来。有一天，田主来到方国珍家里，还像过去对待方伯奇那样，趾高气扬、不可一世，对方国珍兄弟也声色俱厉，像对待猪狗一样。方国珍怒火中烧，不堪忍受，便假意杀鸡买酒，把田主灌醉后杀死了，出了一口恶气。方国珍同乡有个人叫蔡乱头，看到当时海盗头子李大翁聚众造反，劫掠元朝漕运的海船，杀了很多朝廷派来的使者，出没于海岛之间，朝廷久捕不获，没有办法，只好暂且不去管他。蔡乱头感到朝廷没什么可怕的，也聚集起一群不务正业的地痞恶少年，劫掠海上。可是蔡乱头无勇无谋，很快就被官府抓住了，严刑拷打之下，受到株连的人很多。方国珍本与蔡乱头毫无瓜葛，但他和同乡陈家结有仇怨，于是陈家人就向官府诬告方国珍是蔡乱头同党，方国珍一怒之下又把陈家人给杀了，陈家亲属就领着官府的捕快前来方家抓捕方国珍。当时方国珍正在家里吃饭，见捕快进来，情知不好，便把桌子举起来砸了过去，在捕快躲避的刹那，方家兄弟抓起身边的刀剑，一拥上前，把这捕快杀死了。这样一来在家里就待不下去了，方国珍对几个弟兄说："现在朝廷失政，总兵者玩寇，连区区李大翁那样的小丑都平定不了，大乱就将开始。如今这些酷吏借口捕寇，祸害良民百姓，我们如果束手就擒，一家人枉作泉下之鬼，不如趁早下海造反，倒可得条生路。"方氏家族和同乡一些受到牵连的人闻听此言，全都赞同，于是一起登上贩私盐的海船，下海造反了。

方国珍起兵之后，朝廷地方官追捕不获，为了逃避失职的责任，就到处抓捕一些普通百姓，冒充方氏之党以塞责。这样一来，把那些本来是安分守己的良民百姓也逼迫得铤而走险了，他们相约投奔到方国珍的麾下，不及十天，已聚集起数千人的队伍。方国珍率领这支队伍，劫掠元朝运粮的海船，俘获了海道运粮千户德留于实，一时间声势大振。

元廷得知方国珍起兵的消息后，马上命令江浙行省参政朵儿只班率领舟师前来追捕。方国珍这时势力还小，一则缺乏武器装备，二则缺乏战斗力，被朝廷军队一直追击到福州的五虎门，队伍几乎被打散了。方国珍看到形势危急，将打坏的船只集中到一起烧毁，打算驾剩下的好船远遁，忽然官军内部不知什么缘故大乱起来，士卒纷纷溃散。方国珍抓住这难得的机会率领自己的人冲上来，把官军打败，抓获了朵儿只班。朵儿只班为了活命，表示愿意奏请朝廷，招安方国珍。于是上表朝廷，建议招安，元廷为了保证海上漕运道路的通畅，批准了朵儿只班的建议，诏授方国珍庆元定海尉。方国珍接受招安之后，既不解散他的军队，也不去任所上任，仍然带着队伍出没海上，势力更加发展起来。

方国珍的起兵，是元朝天下行将大乱的先声。这时的元朝已入末期，上下蒙蔽，政治腐败，贪污贿赂之风盛行。元朝统治者骄奢淫逸，大作佛事，肆意挥霍浪费，造成国库空虚，财政极其困难。为了解决财政危机，元朝政府一方面加重赋税；另一方面又滥发纸币、掠夺百姓，造成恶性通货膨胀，人民生活极其痛苦。而政府则卖官鬻爵，各级官吏无不贪污勒索，搜刮钱财的名目花样繁多。如下属第一次参见上司要有拜见钱，无事白要叫撒花钱，逢年过节要追节钱，过生日要生日钱，找管事的人办事要交常例钱，迎来送往要出人情钱，报官追捕人犯要交赍发钱，打官司要交公事钱，等等，不一而足。就连那职掌纠察百官善恶、政治得失的肃政廉访司官，每当巡行州县，"各带库子检钞秤银"①，就如同商人在市场上一样。当时民间流行一首《醉太平》小令唱道："堂堂大元，奸佞专权，开河变钞祸根源，惹红巾万千。官法滥、刑法重，黎民

————————————————————
① 明·叶子奇：《草木子》卷四《杂俎篇》。

怨。人吃人，钞买钞，何曾见！贼做官，官做贼，混愚贤，哀哉可怜。"形象地刻画出元朝末世的景象。方国珍起兵之后就被招安，可是他仍旧带着队伍在海上劫掠商贾，横行浙江沿海一带，引起当地人的不满。元朝有个万户萧载之就和这些不满方国珍的当地人谋划，想趁方国珍回家驻扎之时袭杀他，结果事情没有成功，方国珍重又拉起反叛的旗帜，阻断了元朝海运漕粮的通道。至正十年（1350）十二月，方国珍又率领队伍向温州发起进攻。温州是府治所在地，有五十余万人口，方国珍虽未能攻下，但却造成很大影响。

至正十一年（1351）正月，元廷见方国珍重新反叛，便命江浙行省左丞孛罗帖木儿统兵至庆元，进行征讨。刘基为送好友高则诚从军，写下了五首诗，已于前述，他对这次出征寄予很大希望。孛罗帖木儿知道泰不华熟悉敌情，就任命他为浙东道宣慰使都元帅，分兵于温州，使之夹攻方国珍。不久，方国珍再攻温州，被泰不华以火攻打败。此后，孛罗帖木儿和泰不华约定在六月十七日合兵夹攻方国珍，结果孛罗帖木儿在六月十四日先率军到达大闾洋，给方国珍造成了各个击破的机会。方国珍在孛罗帖木儿到达的当天夜里，率领自己的精兵来到元军营前，纵火擂鼓，齐声呐喊，元军从梦中惊醒，不战自乱，赴水而死者超过一半，方国珍乘势进攻，将孛罗帖木儿俘获。和孛罗帖木儿同时被俘的有一个郝万户，是顺帝高丽皇后的家人，方国珍将这两人拘置在舟中，让他们上奏朝廷，再降招安之旨。于是，孛罗帖木儿上奏中书省，将自己兵败被俘之事掩饰起来，又替方国珍开脱，请朝廷招安；郝万户则写信给高丽皇后，让她向顺帝进言招安。元廷不辨真假，竟然特旨招安，并派大司农达识帖睦迩、江浙行省参知政事樊执敬到黄岩来招谕，方国珍兄弟都从船上登岸罗拜，晚上就在一家民间小楼歇宿。这一天恰好是中秋之夜，泰不华想乘方氏兄弟不备，令壮士袭杀之，正好达识帖睦迩夜晚路过，泰不华就把自己的计划告诉了他，达识帖睦迩很生气地说："我受诏招安耳，公欲擅命耶？"由于达识帖睦迩的反对，泰不华只好停止袭杀方国珍的计划。接着，达识帖睦迩又命令泰不华亲自到海滨，"散其徒众，拘其器舟"，方氏兄弟又接受了朝廷授予的官职。

方国珍起兵以来三年多的时间，正是刘基寓居杭州的时间，居住在江浙行省的首府，各方面的消息自然十分灵通。方国珍对于元朝政府的时叛时降；元廷为征讨方国珍而屡次出兵，结果却是屡战屡败；别看元朝军队和方国珍作战尽打败仗，可欺侮起老百姓却如狼似虎，温、台、庆元一带的官军掠民钱财，杀良冒功，殴打百姓的情况十分普遍，以至老百姓相率造反，据寨自守，那寨边的大旗上写着："天高皇帝远，民少相公多。一日三遍打，不反待如何？"这一切刘基在省城都听到了，连中原地区红巾军大起义的情况，他也了解了许多，中原地区流传的民间歌谣在杭州也到处流传："天遣魔军杀不平，不平人杀不平人。不平人杀不平者，杀尽不平方太平。"刘基这时虽已赋闲在家，但朋友们对天下大势都很关心，每次聚会都要谈论一些时局的情况，当听说朝廷要招安方国珍时，无不扼腕愤叹朝廷之失策；当听说泰不华元帅因为对孛罗帖木儿为方国珍饰词上闻之事感到愤慨，乃至绝食数日以示抗议时，无不对泰不华元帅肃然起敬。

天下大乱了，这是刘基和他的朋友们一致的感觉。中国古人早就有一种说法：小乱居城，大乱居乡。朋友们纷纷离杭回家，刘基也在至正十一年底携带家口回到了南田老家。

二、刘基出任都事

刘基是在至正十一年底携家回到武阳村的。经过三年多的宦游生涯，刘基已是四十一岁了，当他至正八年离家时只是他和陈氏夫人，现在回家，除了他和两位夫人外，又添了两位公子，全家人欣喜异常。大公子刘琏三周岁多了，回到老家对什么都感到新鲜，牵着大夫人富氏的手屋里屋外地跑；二公子刘璟刚满周岁不久，从陈氏的怀里传到老夫人的怀里，又传到婶婶的怀里，被叔叔刘升接住，一家人尽情地享受着天伦之乐。

过年了，全家人一齐动手，你忙这个，他忙那个，除夕夜吃年夜饭，初一和乡亲们互相拜年，一直忙到正月十五闹花灯。此后一直到开春，刘基在老家过了几个月的平静生活。这段时间里，他把前几年所作的《百战奇略》又重新作了整理、梳理、归纳、完善，最后编辑成册，誊写清楚。他在准备着，等待着机会施展自己的文韬武略。

刘基身在南田，心中却时时关注着山外的时局，这时的天下形势又发生了很大的变化。

至正十二年（1352）正月，徐寿辉部红巾军连克汉阳、兴国府、武昌、安陆府、沔阳府、中兴路；二月，定远人郭子兴和孙德崖、俞某、鲁某、潘某等起兵，自称元帅，攻拔濠州，据城守之。徐寿辉部红巾军又攻下江州、南康路、岳州、袁州；三月，徐寿辉部又攻下瑞州、饶州、徽州、信州等地，兵锋所向，势如破竹。

元廷为了加强在江南地区的统治，在至正十二年二月以御史大夫纳麟为江南行台御史大夫，仍兼太尉衔。三月，为了征讨徐州芝麻李的红巾军，命江浙行省守臣募集船只，防守长江。这一举措使方国珍顿感恐慌，他认为元廷募集舟师是为了消灭他，急忙又拉起队伍，重新下海造反，占据了黄岩港。台州路达鲁花赤泰不华元帅知道情况后，发兵扼守黄岩之澄江，然后派遣义士王大用到方国珍那里，示以约信，要求他再回来。此时方国珍已是疑虑重重，他扣留了王大用，以小舸二百突海门，入州港，犯马鞍诸山，同时派他的部下陈仲达到泰不华处诈言可降，引诱泰不华前去受降。泰不华率领部众，张起受降旗乘潮而进，忽遇沙滩搁浅，被方国珍包围。泰不华手斩陈仲达，奋勇杀向敌船，以一儒将连斩敌十余人，被敌攒槊刺死，尸体投入海中。

泰不华在当时江南士大夫阶层中是个很有影响的人物，他出身于蒙古伯牙吾台氏，由于父亲塔不台任台州录事判官，家就安在了台州。泰不华在英宗至治元年（1321）进士及第，考中第一，至正初年参与修宋、辽、金史，官至礼部尚书兼会同馆事，至正十一年任浙东道宣慰使都元帅。他为人尚气节，刚直嫉恶，对朝廷忠心耿耿。刘基中进士后，经揭傒斯先生介绍和他相识，两人谈得十分投机，只是后来各自宦游，再没碰到一起，但刘基对泰不华的为人和志向十分尊敬。这次泰不华战死疆场，对江浙一带震动很大，刘基在南田老家听到这个消息，深感哀痛，他对忠臣义士之死感到惋惜，对元朝纲纪不振、黜陟不明感到愤懑，最后，他心中翻滚的思绪凝聚笔端，写成一篇《吊泰不华元帅赋》。赋中写道："世有作忠以致怨兮，曾不知其故然。怀先生之耿介兮，遭时命之可怜。上壅蔽而不昭兮，下贪婪而不贞。权不能以自制兮，谋不能以独成。进欲陈而无阶兮，退欲往而无路。忠沉沉而不白兮，心摇摇而不固。……吁嗟先生兮，何逢时之不辰！生不能遂其心兮，死又抑而不伸。奸何为而可长兮，忠何为而可尤。尸比干而奖恶来兮，白日为之昧幽。重曰：呜呼哀哉！"接着，刘基发出深沉的慨叹："吾安归乎？獀獀升堂兮，驺虞以为妖。殪凤凰而斫麒麟兮，糜粱肉以养枭。吠狗遭烹兮，捕猫蒙醢。雄鸡晨鸣兮，众以为罪。忠固不求人知兮，于先生其何伤。国有忠而不知兮，喟皇天之不祥。乱曰：莽莽崇丘阒无人兮，天高听邈疏不得亲兮，松柏摧折荆棘长兮，轩于菼蔬充佩缠兮，浮云虹霓纷纵横兮，上下阻隔幽不能明兮，嗟苦先生卒罹殃兮，奸邪矫枉归罪愆兮，咎由不作谁与平兮，跖犬噬尧理则然兮，麒麟豺狼不同群兮，自古有之吾又何嗟兮。"

方国珍的再次造反，泰不华的战死疆场，使元朝浙东地区的形势骤然紧张，元廷急需文武人才。这时，江南行台御史大夫纳麟已经到达杭州，朝廷又重新任命苏天爵为江浙行省参知政事，两人到任后，即着手整顿队伍，起用人才。

刘基在北上京师时，已与纳麟相识，纳麟对刘基的文才武略很赏识。苏天爵是刘基的老上司，对刘基更是了解。鉴于浙东地区形势吃紧，二人商定，任命刘基为浙东元帅府都事，加强浙东地区的力量。

至正十二年三月末，刘基接到省檄，他再次打点行装，赶赴杭州。所不同的是，前两次出仕都是任文职官吏，这次却是参与戎政。要从军了，老夫人和富氏、陈氏不免有些担心，弟弟刘升一家也为刘基牵肠挂肚。刘基告诉家里人尽管放心，不论到哪里自己都会小心在意的，况且大丈夫生逢乱世，自当为国分忧、为民除害，立功扬名，岂可留恋妻儿家小、贪图享乐，那样就空负自己平生之所学了。经这样一说，家里人心胸都豁亮了，老夫人特地为刘基准备了壮行酒，一家人把酒话别。刘基踏上了征程。

闰三月上旬，刘基赶到杭州，先到行省报了到，又分别拜见了苏天爵和纳麟，了解了浙东的情况，然后准备赴浙东。在杭州盘桓、筹备一些事情时，刘基又碰见了一个江西的朋友孔世川，他当时正准备赴任江西儒学提举。老友相见，互叙旧情，临分手时，刘基赋诗道："镜湖荷花发，耶溪菱叶生。送君何所之，去作西江行。西江大藩地，卓荦多豪英。文能绚云汉，武能壮干城。浩荡吴楚间，颓波障东倾。凤凰不妄集，梧桐匪空荣。行行勿惮远，亹亹崇令名。""我辞西江归，倏忽十二秋。每望西江云，思心怅悠悠。恨无排风翼，安能凌虚游。故人渺天末，可梦不可求。邂逅送子行，感我涕泗流。登山有修蛇，涉水有长虬。逝者如零雨，一落谁能收。"刘基对自己初入仕途时的江西始终怀有深深的眷恋，时常想起那里的友人。送走了孔世川，刘基筹措军务停当，便带着仆从人等奔赴台州。

台州（今浙江临海）为春秋时期越国之地，三国时东吴在这里设置临海郡，唐初改为海州，后又改为临海郡，设德化军，为宋所因袭。元朝至元十三年在这里开军门，设置安抚使司。十四年设台州路总管府，下辖一司，临海、仙居、宁海、天台四县，黄岩一州，路治设在临海。

刘基一行在四月到达台州，守臣布延呼图克接待了他们，又见过了浙东元帅府及临海县的官吏，刘基便投入了台州路的防务之中。

早在刘基来台州之前，他刚正廉直的人品已为这里正直的士人所钦佩，他为高则诚出征所写的五首诗受到台州军民的赞叹。刘基到台州后，人们纷纷向他介绍台州、临海的一些情况，其中临海县典史柯遂卿"抗言释诬囚"一事使刘基非常感佩，他想起自己当年在新昌州复审人命案之事，感到柯遂卿是个值得大力表彰的人，于是挥笔写下一诗《赠柯遂卿一首》。在序中刘基写道："今年夏四月余至台，闻柯遂卿抗言释诬囚事，甚异而伟之。夫天下之大，岂无慷慨激烈之士、见义而勇为之者哉！其作也非有私，其进也非有求，触于其心、形于其言，发于其言、信于其事，可不谓之大丈夫哉！惜其晦而弗彰也，于是乎为之诗。"接着刘基在诗中写道："雷霆蛰神威，妖屠跃海滨。将军战败死，玉帐空无人。腥涎之所被，蛭蚓皆蛇鳞。天弧不张弦，民情曷由申。……俄然齿发躯，化作豺狼身。剽金既无畏，况复枉平民。壮哉柯夫子，义气冲九旻。曳裾公府门，抗论回星辰。坐令霜雪间，朽骨生阳春。睨视夸毗儿，精魂散飞尘。我忽耳闻之，肝胆张轮囷。安得似卿辈，落落千百人。出应休明时，翊赞皋陶臣。旌别鸾与枭，再使权衡均。上天意茫茫，感叹空悲辛。"这首诗叙述了泰不华战死后，平民百姓遭到奸宄之徒诬陷，柯遂卿抗论公府的经过，希望有千百个像柯遂卿这样的人，出来赞辅国家、均平权衡。此诗一出，使刘基赢得了台州军民的尊敬，不论是守臣布延呼图克，还是浙东元帅也忒迷失、福建元帅黑的儿，有重要的事情都要找刘基商量，刘基成为浙东元帅府的重要人物。

四月，元廷下诏，令全国各地完城廓、筑堤防，以防备农民军的进攻。五月，江南行台御史大夫纳麟带着朝廷发给的十余道宣敕来到台州，动员当地豪民陈子由、杨恕卿、赵士正、戴甲等，让他们召集民丁，夹攻方国珍。刘基协助纳麟，召集义兵，训练军队，加强防务。没过几天，方国珍就领其部众向台州发动了进攻。陈、杨、赵、戴几家尽出家财，招募勇士，组织民壮抵御，战斗打得很激烈，城外的天妃庙以及很多民房都被方国珍烧毁。在城内军民的奋力抵抗下，方国珍率部撤退了。战斗过后，台州守臣认识到了坚固城防的重要性，于是刘基和守臣布延呼图克、元帅也忒迷失、黑的儿以及御史大夫纳麟等人一起踏勘城墙毁坏情况，城濠疏浚走向，制定了详细规划。元廷这几位大臣由于承平已久，对这些事务一窍不通，一应规划全由刘基出谋，守臣们对刘基佩服不已。踏勘好了之后，修城工作从六月开始，起初进展并不快，后来七月里发生了杭州失守之事，使台州军民震动很大，修城进度大大加快，到八月便竣工了。

原来，七月，徐寿辉派其将项普略引兵自徽、饶诸州逾昱岭关，攻杭州。城中人毫无防备，城墙毁坏已久，无法抵御，参政樊执敬仓促集合队伍出城迎敌，因元军毫无战斗力，樊执敬中枪而死，杭州遂陷。刘基听到杭州失守的消息，大为震动，写下了《悲杭城》一诗。诗云：“观音渡头天狗落，北关门外尘沙恶。健儿披发走如风，女哭男啼撼城廓。忆昔江南十五州，钱塘富庶称第一。高门画戟拥雄藩，艳舞清歌乐终日。割膻进酒皆俊郎，呵叱闲人气骄逸。一朝奔迸各西东，玉斝金杯散蓬荜。清都太微天听高，虎略龙韬缄石室。长夜风吹血腥入，吴山浙河惨萧瑟。城上阵云凝不飞，独客无声泪交溢。”

台州城修好了，浙东军民加强防守，严阵以待，刘基每天都尽职尽责地巡查布防情况，和守臣、元帅们商讨军情，在此期间他写下了《从军五更转》。诗中说：“一更戍鼓鸣，市上断人声。风吹鸿雁过，忆弟复思兄。二更月上城，照见兜鍪光。侧身望山川，泪落百千行。三更悲风起，树上乌鹊鸣。枕戈不能眠，荷戈绕城行。四更城上寒，刁斗鸣不歇。披衣出户视，太白光如月。五更星斗稀，霜叶光烂烂。健儿争先起，拂拭宝刀看。"城中守军传诵着刘基的诗篇，等待敌军进攻。果然，八月，方国珍率其部众再次大举进攻台州，由于城墙坚固，元帅也忒迷失、黑的儿协同作战，方国珍又未能得手，兵败而退。刘基在修城、守城中起了重要作用，因而他赢得帅府上下的尊敬，成了帅府的核心人物。

在台州守城的战斗中，刘基看到元军由于久不训练，缺乏战斗力，特别是缺少精通各种兵器和武艺的勇将，为此他特别留心寻访这类人才。方国珍刚一退兵，有人向刘基推荐了一位横舟和尚，此人善用矛、戟、弓、弩、刀、剑、戈、槊、挝、挺等兵器，武艺高强。刘基立即与守臣、元帅们商量，以礼聘请他来台州。为此，浙东元帅府派刘基去请横舟和尚，刘基便在八月底出发去永嘉，路上翻越苍岭，山路难行，刘基吟诗道："昨暮辞赤城，今朝度苍岭。山峻路屈盘，峡束迷暑景……"到了永嘉，盘桓数日，又到九月中旬，看到各处的战乱，刘基心绪更加沉重，他吟诗道："高屋集飞雨，萧条生早寒。我来复几时，明月缺已团。浮云蔽青天，山川杳漫漫。狐狸啸悲风，鲸鲵喷重澜。孤雁号南飞，音声凄以酸。顾瞻望桑梓，慷慨起长叹。愿欲凌风翔，惜哉无羽翰。中夜百感生，展转不遑安。枯荷响西池，槁叶鸣林端。寥寥天宇空，冉冉时节阑。举俗爱文身，谁识章甫冠。河流未到海，平陆皆惊湍。旗帜满山泽，呜呼行路难。"望着天上的明月，听着孤雁的悲鸣，想起家乡的亲人，刘基深深感到战乱给人民带来的苦难。他想要施展自己胸中的抱负，可是自己沉滞下僚，有志难伸，为此他辗转不安。

请得横舟和尚回到台州，已是九月底的深秋时节了，刘基通过天宁寺住持舜田，把横舟和尚暂时安顿在三学寺居住，然后又忙着处理军务。十月，温州又传来消息，方国珍率领区区二百多人，乘船入瑞安飞云江，沿途杀掠二十余日才退走，给温州路、瑞安州一带造成了极大的威胁。刘基听到这些消息，感到对方国珍不能姑息，必须尽快剿灭。另外，他这次永嘉之行，看到各处州县城廓破坏很厉害，一旦受到围攻将无法抵御，回到台州后，刘基又写了《筑城词》一首，将他总结的御敌之策用诗歌的形式通俗浅显地表达出来，以期引起执政者的重视。词中写道："君不见杭州无城贼直入，台州有城贼不入。重门击柝自古来，而况四郊多警急。愚民莫可与虑始，见说筑城俱不喜。一朝城成不可逾，挈家却向城中居。寄语筑城人，城高固自好，更须足食仍足兵，不然剑阁潼关且难保。独不念至元延祐年，天下无城亦不盗。"刘基在这首词里告诫人们，光筑城还不行，还要足食足兵，由此才能立于不败之地，在词的最后用至元、延祐年间的和平生活，向人们展示了对天下太平的向往。

十一月，元朝廷为了剿灭方国珍，派出中书省参知政事帖里帖木儿到江浙行省，担任江浙行省添设左丞，领海右征讨事，统大军讨伐方国珍。帖里帖木儿到杭州后，得知浙东元帅府都事刘基是个文武全才，为台州军民打败方国珍立下汗马功劳，便写下手谕，召刘基前往杭州商议军机大事。

刘基在十二月里接到了帖里帖木儿的手谕，立即整顿启程，从临海取道天台、新昌、嵊县、绍兴、萧山到达杭州。

这时的杭州已非一年以前刘基离开时的景象，七月间红巾军攻破杭州时，并没有大杀大砍，只是将行省府库中的金帛财物尽数掠走。可是当江浙行省平章教化遣部将董搏霄打败红巾军后，教化率军回到杭州，倒是烧杀了一阵，杭州城由此一片残破的景象。刚到杭州没几天，饶州、信州方面又传来噩耗，刘基一向敬重的苏天爵参政，在刘基赴台州以后也统兵出征，克复饶、信方面一路六县，入冬以后由于忧深病积，卒于军中，终年五十九岁。这一消息使刘基深感悲痛，他把满腔的悲痛化为诗句，写下了《癸巳正月在杭州作》，诗曰：

春阳动万物，众草皆已抽。嘤鸣亦和悦，我何独怀忧。鲸鲵未菹醢，豺狼满山丘。凤凰窜荆棘，乌鸢自相求。浮云蔽苍穹，天路阻且修。风沙日暮起，铩羽安所投。悲来怛中怀，泣涕纵横流。

江城阴气凝，积雨春凄凉。出门何所见，但见瓦砾场。新庐各有前，店舍亦已张。市人半荷戈，使客尽戎装。回首旧游地，惨淡寒烟黄。怅焉念所思，恻怆心中伤。

徘徊西湖上，怆恨有所思。所思不可见，涕泪下沾衣。死生一瞬息，逝者安可追。狼瞫信君子，李陵非男儿。

锻铁当用椎，析薪当用斧。拔蓼而植茶，去辛还得苦。峨峨九阳门，卫以豹与虎。微微蝼蚁忱，郁郁不得吐。

这里，刘基既表达了自己为国献身的志向，又为自己有志不得申、有才不能用而感到痛苦。

帖里帖木儿左丞召刘基商议军情，朝廷即将发大兵进攻的消息，早已为方国珍的谍报人员获得，飞速报知方国珍。方国珍自知现在力量还小，不足以和朝廷大军为敌，又对刘基的军事才能感到畏惧，去年在台州已经吃了苦头，想来想去，方国珍又采取了乞降的办法。他用重金买通了温州守帅吴世显，在吴世显的疏通下，至正十三年（1353）正月初七，方国珍的使者带着厚礼来到杭州，向行省官员表示，只要朝廷授予官职，他就投降。帖里帖木儿和纳麟等人不敢擅作决定，赶快将方国珍乞降之事上奏朝廷。三月初，朝廷降旨，命江浙行省左丞帖里帖木儿、江南行台侍御史左答纳失里一同前往巡察，便宜以行招讨事宜。

接到朝廷便宜行事的诏书，帖里帖木儿和左答纳失里有些犯难，他们一时拿不准该怎么办，于是便召刘基前来商议。刘基对这些经过早已知悉，见两位行省长官垂询，便将自己的谋划和盘托出。他认为：对待方国珍这伙人，应该招、捕兼用。方国珍是首先倡乱之人，掠平民、杀官吏，他们兄弟几个都应捕获斩首示众。他的余党都属胁从之人，可以行招安之议。刘基的计策非常正确，它可以分化瓦解敌人，又不致滥杀无辜，扩大打击面。帖里帖木儿和左答纳失里非常赞赏，准备据以上奏朝廷，作为便宜招讨的主要谋略。方国珍探听到这些消息后大为恐慌，急忙派人持重金贿赂刘基，想让刘基改变计策，从行省撤回前议。刘基严词拒绝了方氏的贿赂，更加认清方氏兄弟是祸乱之首，坚决主张剿灭他们。帖里帖木儿了解到这些情况后，更加信任刘基，于是下令将刘基从浙东元帅府调到行省任都事，参议军机，策划剿灭方国珍事宜。

帖里帖木儿和左答纳失里以刘基参谋军事，决定以剿为主，在三月底率大军向台州进发。为了取得朝廷对剿捕的支持，帖里帖木儿又派他任省都镇抚的哥哥亲自前往大都，将刘基的计策和行省的决定向朝廷汇报。这里大军到达台州，安营扎寨已毕，便开始筹集粮草军资，准备大战。

为了使将来作战时各地能互相呼应、支援，也为了筹集足够的军资，刘基又陪同帖里帖木儿巡视庆元路。庆元路在秦汉魏晋乃至隋时皆属会稽郡，唐为鄞州，又为明州，又为余姚郡。宋升庆元府。元至元十三年改置宣慰司。十四年改为庆元路总管府。领有四县：鄞县、象山、慈溪、定海，二州：奉化州、昌国州，路治设在鄞县，浙东道宣慰司都元帅府也设在这里。当时在这里挂都元帅印的是浙东道肃政廉访使、中奉大夫纳琳哈剌。

纳琳哈剌对刘基在台州的功绩早有耳闻，见面之后不免向刘基询问拒敌之策，刘基给他看了自己写的《筑城词》，讲了坚固城防的重要性，纳琳哈剌大为赞赏，便请刘基为之踏勘、规划，开始修筑庆元城。经刘基设计、规划的庆元城，城周十八里，高有一丈八尺，城上女墙环列，建盾戟、罗戈槊，埋伏弓弩炮石，在城的四周开有六门，门上有楼，共有一百九十二间房屋，用来置放军器、休息士卒，以便能昼夜巡逻。又新修了西南方两个旧水门，东边、北边也有因江凿濠、修筑堤坝。修整后的庆元城焕然一新，易守难攻，以后江东、浙西诸郡都因为没有城廓而失守，庆元则由于城防坚固而未被攻破。

当刘基忙于军务之时，朝廷方面的政策又发生了变化。本来江浙行省已采纳了刘基的建议，准备武力进剿，一举消灭方国珍。方国珍一则惧怕朝廷真的动用大军，寡不敌众；二则惧怕刘基的谋略，看到台州、庆元诸郡县均已城垣完固，更使他感到丧气。为了避免被消灭，他开始向元廷施展贿赂的手段。他派人从海路进京，用重金贿赂中书省、御史台、枢密院的当权者，又通过郝万户给高丽皇后送礼，由此而打通了各路关节，从皇帝到省、台、院的官员都主张招抚方国珍，驳回了行省剿捕的建议，令其重议。

在庆元筑城正紧张之际，刘基和帖里帖木儿又回到台州，再次商议对策。刘基对朝廷的决策大为愤慨，他力争道：方氏兄弟是天下首叛之人，必须捕斩，不能赦免，朝廷的政策是教百姓造反。帖里帖木儿赞成刘基的意见，纳麟则没有表态，于是帖里帖木儿便以刘基的意见上奏朝廷。

炎热的夏日，刘基思绪翻腾，为了排遣忧闷的心情，他又写下了《夏夜台州城中作》一首长诗。诗云：

江上火云蒸热风，欲雨不雨天薔薔。良田半作龟兆拆，粳稻日夕

成蒿蓬。去年海贼杀元帅，黎民星散劫火红。耕牛剥皮作战具，锄犁

化尽刀剑锋。农夫有田不得种，白日惨淡衡茅空。将军虎毛深玉帐，野哭不入辕门中。健儿斗死乌自食，何人幕下矜奇功。今年大军荡淮甸，分命上宰麾元戎。舞干再见有苗格，山川鬼神当效忠。胡为旱魃还肆虐，坐令毒沴伤和冲。传闻逆党尚攻剽，所过丘垅皆成童。阃司恐畏破和议，斥堠悉罢云边烽。杀降共说有大禁，无人更敢弯弧弓。山中悲啼海中笑，蜃气绕日生长虹。古时东海辟孝妇，草木枯瘁连三冬。六月降霜良有以，天公未必长喑聋。只今幅员广无外，东至日出西太蒙。一民一物吾肺腑，仁者自是哀鳏惸。养枭殉凤天所厌，谁能抗疏回宸衷。夜凉木末挂河汉，海峤月出光玲珑。仰视皇天转北斗，鸣呼愁叹何时终。

这首长诗思路开阔，从浙东地区的战乱讲到脱脱和贾鲁统兵镇压中原刘福通部红巾军，讲到元廷征用苗、蛮等少数民族军队镇压红巾军，讲到朝廷主持和议的情况，并表达出刘基的见解，读罢之后，刘基满怀仁爱之心、忧国忧民的形象跃然纸上。

九月，南台御史大夫纳麟以老病为由，向朝廷提出辞职，朝廷批准了。十月，朝廷下诏：准予方国珍投降，授方国珍徽州路治中，方国璋广德路治中，方国瑛信州路治中；同时，诏书中又驳斥刘基的建议，责备他擅作威福，有伤朝廷好生之德，下令将刘基羁管于绍兴；诏书还罢免了帖里帖木儿江浙行省左丞的官职。

对于朝廷的处分，刘基感到悲愤异常，很多史书上都说他愤怒得吐了血，如《行状》说他："发愤恸哭，呕血数升，欲自杀。家人叶性等力阻之。门人穆尔萨曰：'今是非混淆，岂公自经于沟渎之时耶？且太夫人在堂，将何依乎？'遂抱持。公不得死，因有痰气疾。"这里关于刘基悲愤得想要自杀的说法未必真实，刘基对元朝虽怀有儒家的忠义之心，但元朝从上到下的腐败情况他也了解得很多，很难想象胸怀黎民之忧的刘基要为一个腐败、没落、行将灭亡的朝廷殉葬，观其入明后虽立有大功却仍然辞官回乡之举，自杀之说更令人难以置信。

不过从这一年多的军事生涯中，刘基对元朝的腐朽已有了更深的认识。即以帖里帖木儿和纳麟、左答纳失里来说，也已是身陷腐败而不能拔。当纳麟带着朝廷给的宣敕去台州动员民众募集民壮时，赵家、戴家、陈家等皆倾家募士，与方国珍战斗，结果兄弟子侄很多人战死疆场，可是这些人却得不到朝廷的功勋表彰，立功的人也得不到官职。因为元朝规定：立功得官之人，没有御史台、侍御史复核的牒文，不许命官。那些宪使招权纳贿，不送他数千缗钱就不给发出牒文，那些有功无钱者，事从中辍，皆抱怨望。帖里帖木儿也是如此。鄞县令许广大勤政爱民，兵兴以后，行省命供军实兵器，使者接踵不断，庆元又筑城浚濠，百役并作。许县令让人民均平力役，毫发不容有所私，见事有不可行者，就挺身陈说利害，虽然多次触忤上官之意，他也毫不顾忌。不久因事得罪了行省左丞，左丞就用心陷害他，让他带着军资下海却不拨给大军保护，结果保护军资的元朝军队很少，遇到方国珍的队伍后诸军溃散，军资尽失，左丞却专门责令许县令赔偿，想置他于死地。鄞县父老闻听此信，哭诉于纳琳哈刺，经纳琳哈刺和刘基的斡旋，事情得以稍缓，直到左丞因商议军情而回台州了，许县令才重新入县衙理事。这些都是刘基亲眼所见之事，纳麟和帖里帖木儿又是他的上司，由此而使刘基对元朝的腐败有了更深的了解。

刘基怀着复杂的心情离开台州，返回家乡接妻儿同赴绍兴。他取道温州，由瓯江乘船溯流而上奔青田。在温州，他下榻于浙东元帅府同知周应奎家，周应奎之子周宗道曾到台州向帖里帖木儿进言献计，但未被采纳，所以他和刘基相熟。盘桓数日，两人谈得十分投机，说起温州地区平阳县官逼民反的情况，不禁都扼腕愤叹，为此刘基写下长诗《赠周宗道六十四韵》。长诗颇能反映刘基的心情和当时的社会状况，今录之如下：

天弓拨其弦，平地跃虎狼。腥风扇九泽，浊雾干太阳。琐琐蚊与虻，亦沸如蜩螗。帝阍隔蓬莱，弱水不可航。蝼蚁有微忱，抑塞无由扬。遥遥草茅臣，怒切忠愤肠。披衣款军门，披腹陈否臧。曰走居海隅，诗书传世芳。感荷帝王恩，禄食厕朝行。走身非己躯，安得缄其肮。走有目击事，敢布之庙堂。永嘉浙名郡，有州曰平阳。面海负山林，实维瓯闽疆。闽寇不到瓯，倚兹为保障。官司职防虞，当念怀善良。用民作手足，爱抚勿害伤。所以获众心，即此是仞墙。奈何纵毒淫，反肆其贪攘。破廥取菽粟，夷垣劫牛羊。朝出系空橐，暮归荷丰囊。丁男跳上山，妻女不得将。稍或违所求，便以贼见戕。负屈无处诉，哀号动穹苍。斩木为戈矛，染红作巾裳。鸣锣撼严谷，聚众守杜乡。官司大惊怕，弃鼓撤旗枪。窜伏草莽间，股栗面玄黄。窥伺不见人，喘汗走怅怅。可中得火伴，约束归营场。顺途劫寡弱，又各夸身强。将吏悉有献，欢喜赐酒觞。杀贼不计数，纵横书荐章。民情大不甘，怨气结肾肠。遂令父子恩，化作蛊与蝗。恨不斩官头，别骨取肉尝。累累野田中，拜泣祷天皇。愿得贤宰相，飞笺奏严廊。先封尚方剑，按法诛奸赃。择用忠荩臣，俾之提纪纲。弯弧落鸱枭，剃棘出凤凰。尚可存孑遗，耕稼纳官仓。失今不早计，如水决堤防。而后事堙筑，劳费何可当。走闻疽初生，灼艾最为良。燃成施剸割，所忧动膏肓。边戎大重寄，得人则金汤。龚遂到渤海，盗贼还农桑。张纲入广陵，健儿跪如羊。苟能任仁智，勿使儳邪防。孟门虽险艰，可使成隶庄。走非慕爵赏，自鬻求荐扬。痛惜休明时，消患无其方。又不忍乡里，鞠为狐兔场。陈词未及终，涕泣下滂滂。旁观发上指，侧听心中伤。天路阻且修，不得羽翼翔。可怜涸辙鱼，待汲西江长。况有蛟与虬，磨牙塞川梁。旌丘靡与同，载驰徒慨慷。严冬积玄阴，天色惨以凉。众鸟各自飞，孤鸾独彷徨。冥冥丽山云，木叶殷清霜。子去慎所过，我亦行归藏。

长诗揭示了元末社会动乱的深刻根源，表现出刘基对平民百姓被逼造反的深深的同情，同时他也谈到了自己的施政方针、用人政策以及如何拯救社会变乱的想法，让人们看到了一个忧国忧民、满怀大志的士子形象。

离开温州，乘船经青田入小溪回南田，冬至那天，船泊戈溪，望着远处家乡的山峰，想着几年来的战乱，想到自己将要去的绍兴，刘基的心情十分悲凉，他吟诗道："日薄云阴雪在山，野寒溪静客舟还。乾坤簸荡逾三载，风俗乖张似百蛮。废井衰芜霜后白，空村乔木晓余殷。独怜节序逢冬至，不得安栖学闭关。"

心境虽然悲凉，但总算到家了，又可以享受家人团聚的幸福和甜蜜了，看着已经长大了的儿子，刘基又喜又悲，那首《久别离》真切地表达了他的心情："久别离，别时小儿未解语。今日跙跫庭下来，向人问爷泪如雨。儿知有爷未曾识，爷有母在愁何极。明庭不奏《采薇》诗，久别离，当语谁！"

三、羁管绍兴，放浪山水

至正十四年（1354）正月，十五刚过，刘基便携家来到绍兴，寓居山阴王文明家南楼。

绍兴是个历史悠久的地方，相传大禹曾在这里大会诸侯，防风氏的首领来晚了，竟被大禹下令杀死。春秋末年吴越争霸，越国大夫范蠡、文种辅佐勾践，开始在这里筑城，因此绍兴又称越城、越地、蠡城。汉代，在这里置会稽郡。唐初称为越州，又改会稽郡，但仍称为越州。宋代为绍兴府，分设山阴、会稽两县，这两县在绍兴城内一水相隔，西面为山阴县，属上等县，绍兴路治设在这里；东面为会稽县，是中等县。元朝至元十三年改绍兴府为绍兴路，领一录事司，山阴、会稽、上虞、萧山、嵊县、新昌六县，余姚、诸暨二州。

刘基的房东家居绍兴路山阴县温泉乡，他姓王名麟字文明，祖上是山西太原人，后来从太原徙居庐州（今安徽合肥），随宋室南渡，因而家于会稽之山阴，在南宋时曾有人在将作监做官。宋亡以后，遂隐居不仕，传三世而到王麟。王麟从小就敏慧，七岁开始诵读诗书，即能通晓其义。长大后跟姨夫王振鹏学绘画，跟父亲的挚友李龙光学作诗文，因而他在吴越一带的士大夫中很有影响，很多文人学士都和他往来。刘基住到王文明家后，八个月的交往，两人结下了深厚的友谊，互相唱和的诗文很多，在和刘基切磋的过程中，王文明的诗作大有长进。他得病临死前，还口占为诗，可是当旁边人把笔递给他时，他已经不能写了。

元代的"羁管"是一种什么样的处罚，史无明文。不过从刘基在绍兴的活动来看，可能是受当地政府的监视、不许参与政事、不许擅自离开，但在羁管地辖区内则可以自由活动。刘基被羁管在绍兴，又可以在这里自由活动，因而使他得以放浪山水，与一班文友们诗文唱和，遍览这里的名山宝刹，其实也是很幸运的。不过当他刚刚到这里时，由于他受到的是不公正的处罚，他以忠于朝廷之心却受到惩治，这使他十分难过，他的心境是灰暗、悲凉的。他需要关怀、理解，来抚慰他那颗遭受重创的心。正巧，他刚到绍兴不久，台州好友黄元徽就给他寄来了信函，接信之后刘基感慨万端，读罢信便提笔写下《正月廿三日得台州黄元徽书有感三首》。诗曰：

世乱纲恢恢，斯人亦沦翳。数奇当何如，穷途难为计。盲风振乔木，硕果失其蒂。虎豹落机槛，坐服舆皂制。玄珠迷罔象，白日惨阴曀。涉水水有蛟，入山山有虒。弃马感须无，直道怀柳惠。青冥无羽翼，悲来夜迢递。

结交无疏戚，艰难见平生。金石苟不渝，万里如两楹。重山非云远，邈若辽与荆。嬿婉岂不怀，蛇虺正骄狞。手持故人书，心念故人情。开书问故人，泪下如雨倾。

客从何乡来，遗我尺素书。道路险且艰，故人情友余。妖气晦斗极，黄浊混龙鱼。何荃不为菇，何麟不为貙。殷勤故人心，炯若明月珠。投之千丈泥，万古光不渝。安得致阊阖，以照君王车。

100

　　这三首诗写得情深意长，使人们感到刘基那颗受伤后仍然跳动的心，在收到友人之书后得到抚慰的情景。友人的关怀使刘基心中创伤得到平复的景况，还可以从《寄陶中立郭秉心叙旧言怀》一诗中体现出来。诗曰：

　　为别未五载，恍如生死隔。有时长想愁欲狂，中夜感叹无羽翼。忆昔相逢俱壮年，钱塘柳绿花含烟。粉墙缭绕子云宅，华灯照幕自草玄。春城飞雪满一月，立马敲门马蹄没。铜壶骁箭三十六，易坐更投镞相扤。仰天大笑催命觞，酒多雪急天茫茫。论文握手到尔汝，知有胶漆无参商。君行却向江东去，我亦栖迟广文署。震泽风惊白雁秋，玉山露落青枫暮。井邑萧条劫火余，行人何处问缄书。传闻那得辨真假，引领遥望空嗟吁。今年飘泊越城里，重见手书悲且喜。旧游虽在旧人非，独立看云泪如水。羡君绛帐开海滨，彩衣堂上生阳春。艰危大幸适乐土，况有主翁贤且仁。嗟余数与时不偶，画虎不成只类狗。家乡荡析身转蓬，弃置田园事奔走。豺狼在郊蛇在薮，府县官曹但糊口。藩垣久厌边鄙报，旄丘载驰徒疾首。郭公子，今何如？璞中之玉可照车，委弃土壤惭碔砆。往事转头同过翼，猿鹤虫沙岂终极。南山直干劈雷电，般匠束手无颜色。殷勤寄情素，会面未有期。愿言努力各自慰，莫遣青鬓先成丝。

这首回寄给陶凯和郭秉心的诗，比起前面《正月廿三日得台州黄元徽书有感三首》，情绪上显然已有很大转变，刘基已经从悲凉伤痛的心境中摆脱出来，我们从"愿言努力各自慰"句中能感受到。其实，细细想来，这又何尝不是陶凯、郭秉心在来信中对刘基的理解、安慰所起的作用呢？

刘基是江浙行省的进士，又任过儒学副提举，他的文名早已为江浙士人所景仰。到绍兴后不久，刘基就和这里的学人们有了往来，他们以文会友，"赋诗唱和无虚日"，使刘基客居的生活平添了许多乐趣。据《诚意伯文集》所载：至正十四年春二月，刘基因事至萧山，过故人包与善家，留宿于其家栋萼轩，归家后为包与善写了《栋萼轩记》。在这篇记中刘基着重阐释了兄弟和睦的重要意义，并对包氏兄弟能效法古人、敦睦兄弟进行了赞扬；三月八日，刘基和诸位文友游南镇，分韵赋诗，刘基作有《三月八日偕徐成中、杨澄源、李子庚、吴溥泉、董朝宗、黄中立、程邦民、汤仲谋、王文明游南镇得禽字》。诗曰：

积雨霁芳甸，凯风来远林。逍遥出郊郭，徙倚散烦襟。桂棹荡清涟，长裾曳轻阴。肆览夏王陵，流观秦帝岑。黄熊安所之，荒楚自萧森。仰玩卉木荣，俯聆泉石音。洋洋潭底鱼，喈喈枝上禽。昭融见天德，混瀁怡人心。况有文彦友，温恭比瑶琳。献酬礼不怨，咏歌思弥深。良辰岂易得，嘉会难屡寻。愿作胶与漆，无为商与参。殷勤属此章，冀以代兼金。

　　三月底，刘基和诸位文友及同寓这里的官员到祝茂卿家里观赏牡丹，这些文人士大夫一边赏花，一边饮酒，共同赋诗咏花，诗成之后，由刘基作《牡丹会诗序》。四月二十一日，刘基和诸友人游别峰上人住持的宝林寺，别峰上人的朋友道士张玄中告辞将归桐柏观，于是别峰上人和诸友人分韵赋诗以送道士，刘基分韵得会字。诗成之后，众人又推刘基写序，刘基便写了《送道士张玄中归桐柏观诗序》。第二天，四月二十二日，刘基和朋友们游郊外，在美丽的自然风光中，诸位游客又分韵赋诗，刘基以水字为韵，作诗道："草根蝼蝈鸣，湖上兼葭靡。繁林袅深绿，清池散圆紫。离居昧节序，陶情赖佳士。泛舟出郊甸，缓涉信所履。壶觞展倡酬，及此晴日美。啸歌望山川，慷慨集悲喜。豺狼未鼎镬，郊野尚多垒。铁衣挂儒冠，好爵逮麻屦。吾侪幸味苦，得似道旁李。无思身外忧，适意聊复尔。归云入禹穴，返照射宛委。鸟啼树有风，帆过烟生水。兴尽各言还，月明城角起。"五月三日，刘基在自己的寓所招待诸位友人，席间又分韵赋诗，刘基作《五月三日会王氏南楼得激字》。诗曰：

　　蹇步属时艰，睽违苦多戚。偶寄越城隅，颇喜得幽寂。炎夏天象明，群山皎如涤。况有文献友，同心不离逖。虽无鼎俎盛，斗酒聊相觅。登楼望禹穴，慷慨生感激。玄珠沦赤水，金简不可觌。崩腾六合内，惨淡多羽檄。天弧弛虚彀，封豕逃砧锧。惟见野田中，白骨杂瓦砾。忧来歌一曲，客泪再三滴。晚风吹晴霞，海色映石壁。展诗肆遐眺，严令困劲敌。诸公俱凤麟，愧我独樗栎。危途知骥骉，勉旃树功绩。无然学儿女，怆恨山阳笛。

从这一首首诗中，我们感到刘基的心境开朗了，但是随着心境的开朗，他的忧国忧民之念又重新强烈起来。

羁管的生活看来很轻松，他只要在这里居住，不随意离开就行，又没有公务的繁忙，因此刘基才得与文友们常常聚会。不过既然是一种惩罚，在生活待遇上可能要有很大差别。刘基得自己种菜，王文明家的南园就是他的菜园。刘基在居家力学时已学得了丰富的农业知识，这时全都派上了用场，他把菜园侍弄得整整齐齐，每当浇园时，两位夫人一人拎着一桶水，拿着水瓢细心地浇灌，两个孩子则在菜畦之旁跑着、跳着，捉蟋蟀、逮蝈蝈、抓蝴蝶，刘基则忙着锄草、架秧、掐尖，一家人生活得其乐融融，以致刘基几乎忘却了正在受羁管。从他写的《遣兴六首》中我们可以看到他这时的生活状貌。诗曰：

避地适他乡，息肩谢羁束。生事未有涯，暂止聊自足。南园实清旷，可以永幽独。层楼面群山，俯见湖水绿。杂英被郊甸，鱼鸟得栖宿。登临且慰意，未暇计远躅。圣贤有遗训，知命夫何卜。

积雨兼数旬，天气凉有余。青苔交户庭，始觉人迹疏。地主多闲园，可以种我蔬。儿童四五人，蔓草相与锄。既倦则归休，卧阅床上书。无事且为乐，何者为名誉。

夏日苦太长，夜景良可爱。华月吐层岑，遥天碧如黛。披衣更登楼，稽山正相对。澄湖晶空明，浮云去无碍。遗荣世何人，贺老今不在。凉风吹毛发，坐久增感慨。

溽暑百体倦，晓凉正堪眠。飞蚊何营营，绕鼻鸣相煎。拍之不胜多，挥去还复前。世乱有骨肉，逃生幸完全。细微何足较，此意谁当传。

绿树何阴阴，良苗亦离离。开窗招远风，赤鲤跃清池。云日酿晴光，芰荷有余姿。宴坐偶自得，悠然遂忘饥。富贵不可求，守分勿复疑。

迂疏乏世用，矫情非所安。投簪谢时辈，聊得心中宽。回首望故乡，积棘日以繁。譬彼水上萍，随流且盘桓。楼头好山色，晴雨皆可观。未知明朝事，且尽今日欢。

羁管的生活是安静的，也是清苦的。刘基亲自下田种菜，领着妻儿辛勤劳作，过着一种自给自足的生活。从这辛勤的劳作中，刘基感受到了农民的辛苦，他更深刻地体会到了民生的艰难，进而想到为政者如何才能治国安邦。他在《田家》一诗中写道："田家无所求，所求在衣食。丈夫事耕稼，妇女攻纺绩。侵晨荷锄出，暮夜不遑息。饱暖匪天降，赖尔筋与力。租税所从来，官府宜爱惜。如何恣刻剥，渗漉尽涓滴。怪当休明时，狼藉多盗贼。岂无仁义矛，可以弭锋镝。安得廉循吏，与国共欣戚。清心罢苞苴，养民瘳国脉。"这是刘基思想的升华，对他以后的政治生活有深刻的影响。

转眼之间，刘基来绍兴有一年多了。这一年中他结识了很多朋友，他为王原实的斗室取了"裕轩"之名，又为之作《裕轩记》。他结识了绍兴最著名的画家王冕。王冕，字元章，号老村，诸暨人，以擅长画梅而闻名于时，刘基到绍兴后亲自登门拜访。王冕也久闻刘基大名，两人一见如故，谈画论诗，十分投机。此时刘基四十四岁，王冕已年近古稀，两人遂结为忘年交，王冕拿出自己的诗作请刘基作序，刘基欣然应允，他称赞王冕的诗"直而不绞，质而不俚，豪而不诞，奇而不怪，博而不滥，有忠君爱民之情，去恶拔邪之志，恳恳悃悃，见于词意之表，非徒作也，因大敬焉"。刘基还两次为王冕所作梅花图题诗，并带夫人孩子到王冕所住的九里山水南村游玩，两人相交甚笃。通过王冕刘基又结识了很多画坛朋友，这些朋友纷纷拿出自家收藏的前人名画请刘基题诗。据《诚意伯文集》所收录的题画诗，得到刘基题诗的名画就有：李公麟的《渊明归来图》，米友仁的《潇湘图》《小景》，赵孟頫的《色竹图》《松图》，赵雍的《马》《画眉图》，钱选的《马图》《折枝山茶》，李衎的《墨竹》，柯九思的两幅《墨竹花石》，等等。这些名士将自己珍藏的前人名画拿出来请刘基题诗，说明刘基在绍兴士人的心目中，已经成为公认的文坛泰斗。

刘基在绍兴不仅结交了许多儒家士人，还结交了许多方外之人，从他诗文唱和中知道的就有：宝林寺别峰上人、衍上人、同讲师；开元寺僧玄中、圆中（机上人）；能仁寺懒翁禅师；崇福寺俦上人；永福寺善启上人；灵秘寺守基上人、僧玄旨；法华山弘上人；灵峰寺奎上人；善济寺砥上人、恭行巳上人；深居精舍若上人；宗上人、瑞上人、谦上人；浙西用章上人；桐柏观张玄中道士；新罗严上人；等等。刘基本人并不信佛、道，他是个纯粹的儒家士子，但他择友却不分三教，他在《送道士张玄中归桐柏观诗序》中阐明了自己的观点。他说："予尝见世俗以儒与僧、道为三教，谓当各道其道，各志其志，言不得同词，行不得同躅，衣服不得同制度也。今于是乎相从游而赠以诗，何独异乎人之言耶？盖吾徒之所以与上人游者，非欲求其道也。上人能赋诗而乐贤士，寺之胜足以资吾游，道士又远来，见吾徒而欣慕焉，吾安得而拒之。三王世远，天下之为民者不易矣。怀才抱志之士，遗其身于方外，以远害而离尤，岂得已哉！"这里刘基谈到了儒士与僧道之间对诗歌的共同爱好，谈到了这些人为避祸乱而出家的苦衷，说明刘基对社会的认识是很深刻的，更显示出他豁达的胸怀和气度。

《道光会稽县志稿》在记载刘基寓居绍兴的生活时，说他"放浪山水，以诗文自娱，凡新（新昌）、剡（嵊县）、萧、暨诸名胜，游赏殆遍，而盘桓云门诸山最久，俱有记"。的确，绍兴城内的宝林寺、大能仁寺、投醪河、开元寺、卧龙山，城外的南镇禹王庙、蔡邕、王羲之、陆游等人的遗迹，刘基都已游过了，为此也写了很多诗文，但到绍兴一年多了，一直没能去游云门山，直到至正十五年（1355）春天，刘基才有机会和友人游览云门山水。

至正十五年春，刘基的好友天台朱伯言从浙西返乡，路经绍兴时专门来看望刘基，老友相见，分外高兴。于是，刘基邀集东平李子庚、会稽富好礼、开元寺僧玄中，五个人一道去游云门山水。原来刘基对云门山水只是闻名，今天实地一游，才知这里山水之秀美果真名不虚传，"于是慨然有留连徘徊之意"。他们在早春的天气里，乘船出越城东南，入镜湖（镜湖又名鉴湖），在平滑如镜的湖面上行驶了四里许，到达景福寺。景福寺原为唐代贺知章的别业，因此镜湖又称为贺监湖，景福寺则称为贺监宅。离了景福寺，再向东南行二里许，就来到夏后陵，据传大禹就埋葬在这里，陵旁为南镇祠。再向东行二里许，进入樵风径，这是东汉名臣郑弘未仕时采薪之处，径上有石帆山，形状好似张开的船帆一样。从樵风径折向西南行二里，便是阳明洞天，这里号称为天下第十一洞天，其中有峰形状如伞，因而称为石伞峰，其东面为石旗峰，相传那里有秦始皇东巡时留下的酒瓮。再往南行，小船进入若耶溪，沿着大禹得金简玉书的宛委山上溯三里，到昌源，这里有宋理宗的永穆陵，但已经废坏了。陵后有山，状如香炉，因名香炉峰。从香炉峰向南行四里，到达铸浦，这里的山名为赤堇山，赤堇山之东山名为日铸峰，传为欧冶子铸剑之处，出产铅锡，又盛产美茶，欧阳修《归田录》称"草茶盛于两浙，两浙之品，日铸第一"。从赤董山再南行六七里，船泊于云峰之下，登即为平水市，就是唐代诗人元稹（字微之）所说的草市。

这里地处镜湖上游，无数的山间小溪在这里汇入镜湖，各处的竹木薪炭山货土产汇集于这里，然后用船载运到府城去，因而这里的集市很热闹。在这闹市之中，有一所开元寺的庵堂，本是寺僧机上人（圆中）的家庙，后来献给佛寺了。庵侧有一小轩，下临若耶溪，背倚云门山，青山环抱，窗明几净，坐在轩内，从檐楹间可以观赏四周的山色，因而轩虽在闹市中，却并不使人感到世俗的喧闹。当刘基一行在若耶溪平水市码头上岸时，机上人早已在那里迎候，因早春水浅，船不能再往前行，几个人便上岸步行，走了一里多地，到达机上人的轩内休息。当晚几位友人留宿轩内，品茗赋诗，赏玩夜景，又是一番景象。机上人请众位为这小轩命名，议来议去，竟一时定不下来。直到后来到了法华山，朱伯言和富好礼才为小轩定名为溪麓，以其在溪水之上、山之脚下，并请刘基为之作记，刘基当即应允，可是后来当众人登金鸡峰，游灵峰寺、云门广孝寺时，李子庚因使者征召有事急需赶至金陵，一行人游兴顿减，再加上朱伯言亦需回去赶路，几位友人只好相约日后再来重游，便由陆路从天衣返回绍兴。

云门山水未能游完，几位好友又要分别了。李子庚将赴金陵，刘基赠诗曰："舍下微波涌碧鳞，湖边草色可怜人。也知使者征书急，莫厌轻舟出郭频。春酒盈缸清似水，时鱼带子白于银。山桃野杏能红紫，醉眼相看意自真。"还在从天衣回绍兴的途中，刘基已写一首诗赠朱伯言，诗曰："城上余寒晓气凝，湖边春树绿层层。一山独表秦王望，众水皆朝夏后陵。白眼嗣宗终嗜酒，青鞋子美漫寻僧。仙都石室烟霞里，早晚相携策瘦藤。"他期待着与好友再游云门山水，可是朱伯言行旅匆匆，没过几天就要返回天台了，刘基在茶园为他送行，赠诗道："细水吹烟送客舟，离情恰似水东流。此时对酒难为乐，何处寻春可纵游。去雨来云天渺渺，轻蜂乱蝶日悠悠。绝怜短发无聊赖，一夜如丝白满头。"

朋友们行色匆匆，各忙生计去了。春深了，柳暖花融，鸟鸣麦青，刘基望着春天的景象，不免又生出万千思绪，写下《春兴七首》。其三云："于越山城控海壖，春风回首忽经年。忧时望月青宵迥，怀土登楼白发鲜。江上波涛来渺渺，云中鸿鹄去翩翩。暮寒细雨余花落，梦绕天涯到日边。"其四云："会稽南镇夏王封，蔽日腾空紫翠重。阴洞烟霞辉草木，古祠风雨出蛟龙。玄夷此日归何处，玉简他年岂再逢。安得普天休战伐，不令竹箭困输供。"其七云："忆昔江南未起兵，吴山越山共知名。蘋萍日暖游鱼出，桃李风和乳燕鸣。紫陌尘埃嘶步景，画船歌管列倾城。于今征戍诛求尽，翻对莺花百感生。"刘基就是这样，身居逆旅，心忧天下，他的赤子之心使他时时不忘国计民生，因而他每每发出"安得普天休战伐"这样的感慨，也更显示出他雄心未泯，只不过是时机未到罢了。

春天的云门之游未能尽兴，刘基始终不能忘怀。六月，刘基的方外朋友灵峰寺奎上人捎信来，邀刘基再作云门之游。刘基正觉一人孤单之时，恰好机上人来了。机上人此时已为育王寺书记，从四明刚回来，前来看望刘基，听说奎上人邀刘基再游云门，便欣然答应陪刘基再到溪麓轩。二人约定在六月二十一日登船，可是头天晚上刘基和友人饮酒，兴致极处，竟喝得大醉，第二天早上由机上人搀扶着才上船，一路上醉卧不醒，当晚下榻溪麓轩时，酒劲儿才刚刚过去。二十二日，机上人辞别刘基返回育王寺，刘基独自前往灵峰寺去寻奎上人。

到得灵峰寺，刘基盘桓了十多天，观看了活水源之佳景，领略了松风阁之妙境，体会了栖云楼的仙云雷雨，然后在奎上人的陪伴下，游览了春天未到的普济寺、明觉寺、深居精舍。在普济寺，刘基受到砥上人的款待，下榻于清远楼，为此他写有《自灵峰适深居过普济寺清远楼记》，记中写道："出灵峰，循溪而上至云门近十里，取道禾黍中二三里，为普济寺。外视甚峻绝，若无所容。陟石径数十步，忽平广，而寺始见。入其中，则松柏幽茂，径路窈窅，似不在人间世。"对于清远楼，刘基描述道："寺西庑有楼焉，其扁曰清远。昔创之者云峰和尚，而今居之者砥上人也。客至，上人邀客坐楼上，日色方甚炽，上人出茶瓜酒食延客，开户左右眺，则陶山、刺浮、柯公、秦望、紫霞诸山皆在眼底，有泉出竹根，流入于楼下，其声琅琅然。又有白石冈在楼外，其石色皆白如玉。"从这楼的周围环境中，我们可以体会到方外之人的生活状貌，山、水、楼使人如身临其境一般。但楼名为清远，四望则山水环绕，不能望远，所以当砥上人请求刘基叙清远之意时，刘基笑道："盈目前皆山水也，我不知其孰为清孰为远也。今夫天清而望远，无远之弗见也，及其云雨晦冥，则所谓远者安在哉？请无求诸目而求诸心。"一番话使砥上人无言以对，细细思量之后乃欢然对刘基说："先生说得对呀！"

刘基和奎上人在清远楼小坐片刻，起身游览了寺内各处，天还未到中午，可是已经暑气熏蒸，热浪逼人。砥上人要留刘基二人在这里住下，但云门广孝寺浮休老人已派人来接刘基和奎上人了，刘基对砥上人说："浮休公老人也，不可使久待，虽热必速往。"于是赶紧告辞出门，砥上人持酒追至门外，在池边亭上满饮了四五杯，忽然西边飘来一块云彩遮住了太阳，刘基和奎上人赶紧起身。二人登上肩舆，翻过何山岭，登上剌浮山，到明觉寺时，云彩又飘走了，二人相视大笑。在明觉寺，刘基和奎上人登上后山麓谒千岁和尚塔，在寺东庑下观赏洗骨池，更令刘基喜爱的是寺门前"三涧自三方来，皆会石壁下，正与寺门对。鹿头、龟、鹤之山隔涧水，若拜其下，而柯公、陶山、木禾、鹅鼻诸峰咸外列如屏障，故寺虽高不露"。刘基不禁叹道："人言天下名山水多为浮屠所占，岂虚语哉！"

从明觉寺下岭奔广孝寺，天气炎热，途中休息了三次，巧的是每当休息之后起程之时，便从山岩中升起云朵，遮住烈日，使刘基等人免遭烈日之曝晒。到了广孝寺，二人将这番情景说给浮休老人听，三人不觉哈哈大笑。

深居精舍是云门广孝寺浮休老人退居之室，老人名允若，字季蘅，以文行见称于时贤士大夫之间。老人所居之深居精舍也是一方名胜，这里离云门十里有余，若耶溪从这里流过，初入溪口，有奇石拔起于沙水之中，状如折桂，其下者状如伏兽，名为钓台，在石罅间皆生有小树，从钓台溯溪而入，水色湛碧，两岸皆是稻田，微风吹过，传来阵阵稻香，令人陶醉。岸边有三山鼎足而列，形状如三只狮子，又有九墩错落其间，好像九个球为狮子玩耍，深居精舍就建在三狮子中间。深居精舍背靠柯公之山，山上有潭，云气缭绕，民间传说有白龟、青龙藏在里面，因而遇旱天人们就到这里祷雨。其右面为化鹿之山，亦称鹿头，人们传说葛洪（字稚川）得道成仙后，他的木几亦化为鹿。化鹿山外面就是秦望山。深居左侧为木禾山，在群山之中最高，山前面为鹅鼻峰，高与木禾峰相等，峰顶有大石突起，望之如鹅鼻，据传说山上有秦始皇刻的石碑，但现在已经亡佚了。鹅鼻峰北面的小山为望秦山，秦望山在望秦山北，再往北有天柱山、玉笥山，东北有阳明山，是为禹穴，禹穴下面就是镜湖。刘基非常喜欢这里美丽的风光，树木、水、石、花、竹，虽然时当炎夏，这里却凉爽宜人，幽深寂静。和浮休老人谈诗论文，甚为投机，刘基竟在这里住了八天才和奎上人离去。

回到灵峰寺，刘基又在松风阁住了三天，拜别奎上人后，又在平水市崇福寺俦上人之处住了一夜，第二天从平水乘船返回绍兴。

这次云门之游，前后用了一个多月的时间，刘基沿途写了很多游记和诗作，成为他终生难忘的快事之一。

秋去冬来春又至，转眼之间又一年。至正十六年（1356）二月，鉴于整个形势对元朝越来越不利，朝廷不得不重新起用各类人才，江浙行省撤销了对刘基的处分，重新恢复了他行省都事的职务。

要离别绍兴了，刘基顿生留恋之情。两年来与绍兴友人诗文唱和，结下了深厚的友谊。绍兴的山水太美了，稽山镜湖、云门若耶、塔山宝林、南镇禹陵、南楼菜园，这里的山山水水使他不能忘怀。他的房东王文明已经作古了，但两家人却结下了深厚的友情，王文明的遗腹子多亏了大夫人和二夫人的悉心照料，现在已经一岁了。自己全家刚来绍兴时，水土不服，大人孩子均好生病，多亏了医学家江仲谦悉心调治，全家大小赖以为安。王冕老人与自己情深意笃，在王冕的指点下，自己的画梅技巧也大有长进。回想起这一切，刘基的眼睛湿润了。为了表达自己对绍兴的一片深情，刘基写下了《丙申二月别绍兴诸公》一诗。诗曰："劳生属时艰，将老萃忧戚。风尘隘九野，何土为乐国？兹邦控吴越，名胜闻自昔。湖山竞奇丽，物产亦充斥。交游尚质俭，而不事华饰。况有良友朋，时来慰岑寂。全家免寒饿，几欲忘旅客。胡为复舍此，俛俛就行役。轩车远追送，酒至泪辄滴。还乡人所乐，我独愁苦剧。故山有松柏，摧折为荆棘。岂无骨肉亲，大半生死隔。此语不可闻，此景那堪觌！愁情如波涛，颓洞胸与臆。伫立向苍穹，一叹双鬓白。"从这深情的诗句中，我们感受到刘基对绍兴友人的眷恋之情；从这诗句中，我们也看到绍兴友人对刘基的深厚情谊。绍兴友人对刘基的帮助，使他全家免于饥寒，几乎忘却了羁旅之身；离别时追送的轩车、话别的醇酒，使刘基感动得落下泪来。两年多放浪山水、诗文自娱的生活结束了，前面的路途又将是艰难险恶的。

四、再任都事

在刘基被羁管于绍兴的两年多时间里，天下大势发生了很大变化。

至正十三年五月起兵的张士诚攻陷高邮后，在这里自称诚王，国号大周，建元天佑。至正十四年六月又南下进攻扬州，连败元兵。元廷不得已派出丞相脱脱统领大军进讨，脱脱大败张士诚，围困高邮，眼看就要攻破，可是突然接到朝廷诏书，责怪脱脱劳师费财、坐视寇盗，削夺官职，安置淮安路，其弟御史大夫也失帖木儿被削职安置宁夏路。原来这是脱脱的政敌左丞相哈麻所为，后来哈麻又矫诏鸩死脱脱。元廷临阵易帅，致使军心大乱，张士诚乘机出城进攻，元军不战自溃，死伤惨重。后来张士诚重新发展势力，至正十六年正月渡江攻下常熟，二月攻占平江路（今江苏苏州），将其改为隆平府，称周王，设置省院等官府，又攻取松江、常、湖等地，建立起了割据政权。

至正十五年二月，中原红巾军刘福通部迎立韩山童之子韩林儿为帝，建都于亳州，号称小明王，国号为宋，建元龙凤，号令各地的红巾军。十二月，元军进攻亳州，红巾军迎战不利，退保安丰。

徐寿辉部红巾军与元军几经争战，复陷沔阳府、襄阳路、中兴路、武昌、汉阳路、饶州路等地，至正十六年正月，徐寿辉部将倪文俊在汉阳建都，迎徐寿辉居之。

方国珍则在至正十四年九月用计攻破台州，拘执元帅也忒迷失、黄岩州达鲁花赤宋伯颜不花、知州赵宜诰，借以向元廷邀官。接着，至正十五年，方国珍又攻破温州、庆元，遂据有温、台、庆元等处，当元廷明白"招安"失策之时，方国珍的势力已经发展起来了。

这时的元朝廷，已是江河日下，腐败透顶，任何人也没有回天之力再来拯救它了。元顺帝本身就怠于政事，荒于宴游。他在内苑造龙舟，自己设计式样，船首尾长一百二十尺，广二十尺，前瓦帘棚、穿廊、两暖阁，后吾殿楼子，均用五彩金妆；船上用水手二十四人，身着紫衣、金荔枝带、四带头巾，在船两旁执篙撑船；从后宫至前宫山下海子内，往来游戏，船行时，龙首眼、口及爪、尾皆动。又自制宫漏，约高六七尺，广半之，造木为匮，暗中藏有水壶，运水上下。匮上设西方三圣殿，匮腰立玉女捧时刻筹，时至，辄浮水而上。左右列二金甲神人，一悬钟，一悬钲，夜则神人自能按更而击，不差分毫。当钟钲鸣时，两旁的狮、凤皆翔舞。匮之西东有日月宫，飞仙六人立宫前，遇子、午时，飞仙自能耦进，度仙桥，达三圣殿，已而复退立如前。又在宫中饰演天魔舞，以宫女三圣奴、妙乐奴、文殊奴等十六人按舞，称为十六天魔，首垂发数辫，戴象牙佛冠，身披璎珞、大红绡金长短裙、金杂袄、云肩、合袖天衣、绶带鞋袜，各执加巴刺般之器，内一人执铃杵奏乐。又以宫女十一人，练槌髻，勒帕，常服，或用唐帽、窄衫。所奏乐用龙笛、头管、小鼓、筝、琵琶、笙、胡琴、响板、拍板。以宦官长安迭不花管领，遇宫中做佛事，则按舞奏乐。顺帝还向西天僧学演揲儿法、秘密法，都是房中术，在这些番僧的引导下，顺帝广取民间妇女，和他的弟弟们唯淫戏是乐，甚至男女裸处一起，号其所处室曰皆即兀该，汉语意思是事事无碍。君臣宣淫，而群僧出入禁中，无所禁止，丑声秽行，著闻于外，就连市井无赖之人，也不愿意听这些事。

皇帝已是如此，朝中大臣们更是争权夺利，互相倾轧。脱脱正领兵作战时，就被在军中削夺兵权，继而被哈麻害死。哈麻为相后，又被御史大夫搠思监参倒，被杖而死。搠思监掌权后，公然收受贿赂，贪声著闻，物议喧然，任用私人，印造伪钞，搞得国家帑藏空虚，用度不给，外面则军旅烦兴、疆土日蹙，整个元王朝已经从骨子里烂透了，灭亡只是时间问题。

刘基就是在这种形势下，重新被起用为行省都事。

刘基携带家口赶到省城，受行省左丞达识帖睦迩的委派，作为行省的使者赶往处州，与处州分元帅府同知副都元帅石抹宜孙“谋括寇”。于是刘基又携家返处州，遣人将夫人公子送回南田老家，他自己就留在括城，和石抹宜孙共事。

处州设治于隋初开皇九年，治所在括苍城（今浙江丽水东南），唐初为括州，又改缙云郡，又为处州，宋因之。元至元十三年立处州路总管府，领一录事司，辖丽水、龙泉、松阳、遂昌、青田、缙云、庆元七县。这里层峦叠嶂，高深险阻，山民们不堪忍受元朝官府的剥削和压迫，纷纷揭竿而起，几乎每县都有民众造反，凭险据守。如青田人潘惟贤、华仲贤率众起事后，曾一度向南翻山越岭，攻占过龙泉，丽水县、松阳县、庆元县等均有百姓纷起响应，互相声援，使江浙行省大为紧张。达识帖睦迩派石抹宜孙来这里驻守还不放心，又派刘基作为特使前来协助，他希望能尽快平定这里的民众起义。

石抹宜孙是契丹人，字申之，他的五世祖也先在元太祖时为御史大夫。宜孙之父继祖字伯善，仕元为沿海上副万户，初以沿海军分镇台州，皇庆元年（1312）又移镇婺、处两州，宜孙即袭父职为沿海上副万户，守处州。宜孙为人性情警敏，嗜学问，博览群书而长于诗歌，是一员儒将。但宜孙是庶出，因年长先袭父职，后来嫡母所生之子厚孙长大成人，宜孙即将父职让于嫡弟，自己退居天台山中。至正十一年，方国珍再叛元朝，江浙行省檄宜孙守温州，宜孙即起任其事。至正十二年初，福建的农民起义军进攻处州龙泉，处州、婺州大震，行省派宜孙率兵进讨，宜孙到龙泉后，招募乡兵，施用计谋，用了一年多的时间，将龙泉、庆元及福建建宁之松溪、政和一带次第平定，还归天台山。至正十四年，方国珍再叛元朝，行省以浙东宣慰副使之职起用宜孙，分府于台州，宜孙命乡民作保伍团结，扼守要害，方国珍一时不敢轻举妄动，在当年六月又请降。宜孙又平定了黄岩人黄草堂所领导的起义，台州趋于平静。过了不久，处州境内民众起义又纷纷兴起，松阳、遂昌一带战火纷飞，行省又调宜孙前往处州，以浙东道宣慰使司同知副都元帅之职镇守处州，相机进剿。宜孙到处州后，调动各方面的力量，在官库空虚的情况下，征用民间财力、物力，修筑处州城，为御敌之计；又招募义兵，捕斩图谋叛乱的义兵部长吴成等人，稳定了内部，终于在至正十五年十二月平定了松阳、遂昌一带的民众起事。

刘基和石抹宜孙早已是互相闻名，只是各自宦游轨迹不同，一直未曾谋面。这次刘基以行省都事的身份，作为行省左丞的特使来到处州，两个人才得相见共事。

刘基在三月九日回到括城之时，大规模的民众起事已经被石抹宜孙平定了，但各地百姓据险自守、对抗朝廷的情形比比皆是。刘基从多年宦海沉浮的体会中，深刻认识到"官逼民反"的道理，他明白百姓之所以上山作乱、铤而走险，实在是由于走投无路，因此不能不问青红皂白，一概剿杀，当首先导之以情、晓之以理，使民众能主动放下武器、解甲归田，以免生灵涂炭。为此，刘基尽自己之才力，写下了《谕瓯括父老文》。其文曰：

告瓯括父老：皇朝以武德一九有，服而不杀，燠休滋润，罔有荼毒，至今八十余年矣。父老目不睹旌旗，耳不聆钲鼓，茹蔬饭稻，哺孙育子，早卧晏眠，优优坦坦，通无贩有，登山涉水，不睹不类，谁之赐欤？帝德宽大，务在休息，与百姓安乐太平。故禁网漏而弗修，官缺其人，偷惰潜生，以不能宣德化、达壅滞，咎在有司，非主上意也。今父老子弟不察其故，怼暑嗟寒，徙怨于天，乘间造衅，窃弄戈兵，睚眦跳踉，曼及草木禽兽，率遍厥生，所过所止，山夷土赤，甚亡（无）谓也。百姓无辜，吁号于天，惊动天心，天子乃受钺左丞相曰："其从便宜，死之生之，无倚无颇。"丞相矜念小民，谓不教而诛，有辜帝仁。询于庶言，知使者父老乡里姻戚，与父老故无恶，为能奉扬朝廷仁恩，以启迪父老，心不遬伤，是用发传，俾使者来谕父老。冀父老各体上意，约束其子弟，变极作福，以活乃胤属。俾引勿割，惠至渥也。今使者至郡且弥月矣，布告已至而父老子弟犹豫未决。使者实愚朴，不能测人意。而尝闻大君子之教曰：惠迪从逆，吉凶犹影响，火生于木，厥惟自灼。匹夫不可仇，况敢触天子丞相怒乎！大命不僭，大恩不再。怨可释不可结，乱可已不可长。冥行弗返，厥途乃穷。《易》曰："不远复，无祇悔，元吉。"又曰："迷复凶。"父老念哉！《语》曰："因不失其亲，亦可宗也。"使者虽微，丞相命也，惟父老审图之。无自失厥时，以贻悔莫及。

从这篇文告中可以看出，刘基是站在元朝廷的立场上，向父老们宣告：皇帝是好的，问题都出在下面各级官吏的身上。这和他以往的看法是一致的。他批评了父老子弟"不察其故"，因而"乘间造衅，窃弄戈兵"，而且祸及草木禽兽，殃及无辜百姓，惊动上天和皇帝。接着重点指出丞相杖钺征讨，有生杀大权，希望父老们约束子弟，"变极作福，以活乃胤属"。又告诫父老们"怨可释不可结，乱可已不可长"，应迷途知返，勿贻后悔。这时的刘基还是忠于元朝的，在发布了《谕瓯括父老文》之后，他和石抹宜孙"同议招辑事"。经过两个多月的奔走宣传，《谕瓯括父老文》发挥了征服人心的作用，七县据险自守的各股农民武装相继投诚，处州彻底平定了。

刘基是个很谦虚的人，他受行省檄与石抹宜孙同谋括寇，但平定之后，他却归功于石抹宜孙，绝口不谈自己。他在所撰写的《处州分元帅府同知副都元帅石末公德政碑颂》中说道："予以行省檄与公同议招辑事。比至而公处置已各得其当，因悉遵公行。于是七县豪酋相继纳款，公之力也。"他还特别推崇石抹宜孙，称赞他是奇才，如果能让这样的人"得制方面专且久，盗贼何足平哉"。两个人从一开始合作就互相尊敬、互相信任，在此后两年半的时间里，两人诗文往来，结下了深厚的友谊。

至正十六年夏初，婺州、处州一带发生了大旱。正是仲夏的五月，种子都已播到了地里，有的禾苗已经出土，天旱不雨，百姓忧心如焚。石抹宜孙急百姓之所急，他以地方军政首脑的身份，斋戒沐浴，虔诚地祈祷于丽山之祠，祈祷之后下了一场小雨，旱象仍未解除。过了一天，石抹宜孙又命道士设醮于玄妙观，再次祈雨，结果当天就下起了大雨，第二天又雨，第三天大雨一直下到夜间，旱象彻底解除了，百姓大喜。刘基目睹其事，非常高兴，写下了《五月二十九日喜雨奉和石末元帅》，诗曰："使君设醮天皇格，道士陈章玉女开。遂遣赤松来作雨，更教玄武下乘雷。凉飙细拂花间入，润色新从草际回。岂但农夫堪一饱，野人亦有酒盈杯。"刘基诗一出，处州的乡绅士大夫全都奉和，刘基小时候的朋友季山甫将这些诗结集刻印，又请刘基作了《喜雨诗序》，一时之间远近传为佳话。

祈雨过后，六月里发生了两件事。一是石抹宜孙部队中有些士兵图谋哗变，正在悄悄酝酿之时，被石抹宜孙察觉了，经过耐心地劝说和开导，这些士兵放弃了造反的念头，刘基为此写下了《用前喜雨韵寄呈石末元帅时戍卒有不轨谋蓄而未发公治之以意卒遂返正故发之以言且并志祈雨有应也》。二是松阳县义兵首领吴亨率领义兵随从官府进攻"群盗"，因而为群盗所仇恨。不久，有"盗"杀其首领到帅府投降，论功受赏完毕，这些"盗"乘机诬告吴亨及其同事四人与盗通。宜孙对此事半信半疑，便召吴亨等人前来对证。恰巧吴亨有事外出，其他四人先到了，宜孙审得实情后对四人说："汝辈虽非与盗通，然顿兵玩寇，以至蔓延，不为无罪。"于是每人罚钞五百锭。等到吴亨来到后，宜孙更怒，罚他筑左渠城堤五十丈，并且要其拿出双倍的费用。后来宜孙经过明察暗访，知道吴亨确实无异心，"更助粟百斛、盐五引，俾卒事"。吴亨对自己受诬得白之事感恩戴德，通过何子安找到刘基，请求为石抹宜孙树碑立传。

刘基遂撰《浙东处州分府元帅石末公德政记》，他在记中感慨道："呜呼！使亨不幸属他人，虽倾家奉吏，且枉直终不分。今输力于官，虽罚有度，矧又获为功于父母邦，宜其喜而感也。"这件事石抹宜孙处置得好，刘基能发掘其好处何在，说明处置公平能使人感动奋发，两人可谓是心照不宣。

刘基从回到括城，一直忙于公务，直到六月下旬，方才有些闲暇，正在此时，紫虚观道士梁惟适前来求见，请刘基为吴自福（字梅涧）道长作墓志铭。刘基在括城读书时就与吴梅涧结为忘年交，自从他丙子之岁宦游江西后一直没能再见面，等到今年春天回来之后，吴道长已经作古了。吴道长临死之前曾嘱其弟子，要请刘基为他作墓志铭。刘基回括城后公务冗杂，梁惟适不便打扰，现在见刘基有了空闲，便前来相请。刘基听到吴道长已经仙逝了，不免又生一番感慨，想起自己当年初游紫虚观的情景，仿佛道长的音容笑貌历历犹在，可如今再也看不见道长的身影了。于是刘基和梁惟适一起来到紫虚观，撰写了《紫虚观道士吴梅涧墓志铭》，祭扫了道长的坟茔，之后又重游了紫虚观。当听说有些紫虚观的道士还俗后贫老困加、无以为生时，刘基又和石抹宜孙商量，让这些还俗的道士再回观就养，以终天年。

自从刘基在三月初到达括城以来，已经半年多了，夫人孩子回家以后怎么样，老夫人身体可好，刘基时常记挂。一直忙到十月，才有机会请假回家看望，真是公务繁忙、身不由己呀。这一天，刘基乘船从大溪奔小溪，急急往南田赶去，沿途所见，但见村庄荒落，败垣颓瓦，已非旧日景象，地里的庄稼有的已经收割，有的则还挺立在田中，庄稼枯黄的叶子在十月的北风中瑟瑟作响，给人一番凄零败落的景象。

到了南田，急步奔入家门，全家人竟至一愣。在这兵荒马乱的年月，刘基事先也没捎个信来，现在突然出现在家门口，全家人一时还没回过神来。还是孩子的反应快，阿琏和阿璟见是父亲回来，扔下手中正玩着的东西，一齐向父亲奔来，一声声"爹爹"的欢喜叫喊，使全家人顿时活跃起来。刘基蹲下身，搂着两个儿子一阵亲热，然后一手抱着一个走进屋里。二夫人早已含着眼泪迎候过来，大夫人搀着老夫人，在那里深情地望着刘基，弟弟刘升一家闻讯也都赶了过来。自从刘基被羁管绍兴以来，已有数年了，母子相见，兄弟相见，各自的鬓发上都增添了许多银丝，想来恍如隔世。不过一家人总算团聚了，这是不幸中之大幸，畅叙别情之后，刘基的心情不能平静，为此他写下了《丙申岁十月还乡作》七首诗。诗曰：

溪上寒山淡落晖，溪边风送客帆归。故家文物今何在，平世人民半已非。华发老翁啼进酒，蓬头稚子笑牵衣。自嗟薄质行衰朽，未睹明廷赋《采薇》。

风急霜飞天地寒，草黄木落水泉干。千村乱后荒榛满，孤客归来扰泪看。野宿狐狸鸣户外，巢居烟火出云端。黍苗处处思阴雨，王粲诗成损肺肝。

故园梅蕊依时发，异县归人见却悲。花自别来难独立，人今老去复何之。未能荷锸除丛棘，且可随方著短篱。等待薰风暄暖后，枝间看取实离离。

手种庭前安石榴，开花结子到深秋。可怜枝叶从人折，尚有根株为客留。枳枸悲风吹白日，若华高影隔青丘。坏垣蟋蟀知离恨，长夜凄凉吊独愁。

舍北草池寒已枯，草中时复见菰蒲。滥泉瀵沸无留鲋，弱藻蒙茸不系兔。绿叶红花空代谢，春蛙秋蚓任喧呼。窥临最忆琴高鲤，腾笯风雷定有无。

小舟冲雨清溪上，雨密溪深宿雾昏。游子到家无旧物，故人留客叹空尊。荒畦蔓草缠蒿草，落日青猿叫白猿。语罢不须还秉烛，耳闻目见总销魂。

五载辞家未卜归，归来如客鬓成丝。亲知过眼还成梦，事势伤心不可思。且喜松楸仍旧日，莫嗟闾井异前时。修文偃武君王意，铸甲销戈会有期。

这七首诗使人们看到了战乱时代南田一带的破败凄凉的景象，"千村乱后荒榛满，孤客归来抆泪看"，这景观是悲凉的，催人泪下。但刘基还是充满信心的，他感到朝廷还有石抹宜孙这样的人在，皇帝还是要安定天下的，所以他

125

在最后告慰乡亲父老："修文偃武君王意，铸甲销戈会有期。"

刘基在家乡没住多久，由于形势多变，军务倥偬，便又赶回括城去了。转眼之间到了至正十七年（1357），由于受中原红巾军和江南徐寿辉部、朱元璋部、张士诚部以及浙东方国珍等各支势力斗争形势的影响，处州境内的农民又纷纷揭竿而起。再加上去岁冬暖大旱，开春又积雨成潦，民生十分艰难，起事的农民就更多了，刘基军务更加繁忙。他奔波于处州境内各县，辗转于处州、婺州等地，在翻越稽勾岭时，他吟诗道："白日隐岩嶅，千崖气势豪。溪流婺女阔，山入少微高。危石天欹侧，长风谷怒号。干戈方自此，行役敢辞劳。"在这天下大乱、四郊多垒的年代，他和石抹宜孙等人在为元王朝尽力支撑着，他不断用古人的事迹激励自己和同仁们，在《次韵和石末公春雨见寄》诗中他吟道："顾瞻望四郊，侧足不遑安。却秦慕鲁连，存齐想田单。玄发虽向改，壮心终靡殚。小人务苟且，君子惭素餐。高牙对多垒，肉食徒王官。周纲虽云弛，一匡赖齐桓。"他要和这些贤士大夫们共同努力，度过这艰难的时期。

至正十七年，江浙行省左丞相达识帖睦迩提升石抹宜孙为行枢密院判官，总制处州，在处州专门为他设立分院；又任命刘基为行枢密院经历，萧山县尹苏友龙为照磨。石抹宜孙又征辟处州士人胡深、叶琛、章溢等人参谋军事。这几个人都是难得的人才，胸怀文韬武略，由此石抹宜孙周围形成了以刘基为首的一班人马，他们为宜孙出谋划策，领兵出征，对处州境内凭险据守的各地人民起义，或遣兵进剿，或以计诱降，很快就平定了。当时江浙行省由于徐寿辉部、朱元璋部、张士诚部、方国珍部的分别进攻，浙东、浙西郡县多已残破，唯有石抹宜孙镇守的处州和另一行枢密院判官迈里古思镇守的绍兴两地比较安定，元朝统治尚能在这里维持。

至正十八年（1358），由于石抹宜孙和刘基等人保境有功，江浙行省又对他们进行了升赏，石抹宜孙升为同金枢密院事，刘基升为行省郎中。江浙行省的这一任命，使刘基精神为之一振。自从丙子年宦游以来，二十多年了，他一直沉滞下僚，现在一下子从从七品跃升为从五品的行省郎中，他感到朝廷尚能知道用人，或许还有希望。

从绍兴回到括城以来两年多的时间，是刘基一生宦游中心情最舒畅的时期。石抹宜孙是员儒将，尤长于诗歌，因此刘基和他唱和的诗文很多。在《诚意伯文集》中标明和石抹宜孙唱和的诗作就有八十多篇，除了节日时令必有诗作往还外，几乎"凡有所感，辄形诸篇"。诸如闻鸠鸣有感，闻山中猿啼有感，花开花落，月蚀月圆，冷暖雨雪，七夕之会，重阳赏菊，都有诗文往来。刘基对这些诗文十分珍惜，特地结成《唱和集》，并专门写了一篇《唱和集序》。他对这些诗文抱有一种希望，在序中他说道："虽不得达诸大廷以讹君子之心，而亦岂敢以疏远自外而忘君臣之情义也哉！昔者屈原去楚，《离骚》乃作，千载之下，诵其辞而不恻然者，人不知其忠也。览者幸无诮焉，万一得附瞽师之口以感上听，则亦岂为无补哉！"

至正十八年九月，元朝廷为了了解下情，向江西、湖广、江浙、福建派出了经略使，目的是问民疾苦、招谕叛逆，并对各地有忠君亲上、姓名不能上达者要优加抚存，量才验功，授以官爵。被派往江南地区的是治书侍御史李国凤。

李国凤受命之后，从海路乘船南下江浙行省，巡行到处州时，已是至正十九年（1359）正月的早春时节。当地官员都很高兴，认为朝廷此举对于振励士气大有裨益，开读诏书完毕，又有细雨纷纷落下，使人倍感舒畅，刘基亦很兴奋，遂作《诏书到日喜雨呈石末公》："将军铁马高秋出，使者楼船渤海来。甘雨恰随天诏下，冻云应与地图开。枯黄背日纷纷落，细绿迎春苒苒回。怅望山中多病客，坐看乌鹊绕庭梅。"李国凤这次来到处州，采得了石抹宜孙、刘基等守臣的功绩，大为赞叹，他当即写成奏表，报知朝廷要重用宜孙、刘基等人，刘基对此也抱有很大希望。他望着庭前梅树上的喜鹊，等待着朝廷方面传来的佳音。

可是，事情的结局和刘基所希望的恰恰相反。几年来他为平定处州的民众反叛殚精竭虑，包括宜孙在内的帅府大小官员无不倚重刘基。谁知朝中大臣竟驳回了刘基的军功，诏书中又提到刘基当年力主镇压方国珍非用兵之道，是要逼反方国珍。结果，石抹宜孙被升为江浙行省参知政事，刘基则被从行省郎中降回原职，又夺去了军权，仅以儒学副提举格授刘基为处州路总管府府判，不得参与戎事。

这个诏书一下，帅府上下人人都为刘基鸣不平，军心一下子就散了。刘基接到诏书后，大失所望，他感到一种难以言状的悲哀，他的心冷了，他吩咐家人在自己住所院子中间设下香案，他举着香向北方拜道："我不敢负世祖皇帝，今朝廷以此见授，无所宣力矣。"

刘基宦游了二十多年，竟落得如此下场，他感到愤懑，决意辞官而去。石抹宜孙虽舍不得让刘基走，但朝廷的诏书委实令人难以忍受，他理解刘基，两人握手话别，各自心头都压着一块沉重的石头，以致连诗句都无法成吟。帅府中有些刘基的知己，对元朝的做法也感到不平，便和刘基一起离开了括城，退归青田山中。

五、隐居著述

春寒料峭，刘基回到了家中。全家人无不欢天喜地，庆幸这再次的团圆，更何况刘基这次已是决意再不为元朝出仕了，一家人可以长久地团聚了。

刘基的心情并不平静，他在思考，他要为自己将近四十九年的生涯作一番总结。他每坐在书案前，翻检出几年前写的诗作，蓦地，《感时述事十首》跳入眼帘，他拿起这十首诗读起来。

第一篇写道："天王有万国，抚治不能遍。百僚分所司，控制倚方面。旬宣贵浃洽，付托属隆眷。易置苟无恒，勤怠朝夕变。自非夔氏俦，何官匪邮传。矧兹世多故，军府希闲宴。戎机一以失，蚁穴偾台殿。公庭委旧事，书牍

129

呈新选。来者且迟迟，在者同秋燕。偷安待日至，退托从私便。奸贪遂乘隙，民病孰与喧。大臣国柱石，忧喜相连缠，反躬既遗缺，何以率州县。寄与要津人，有舌未宜咽。"

刘基想到了浙东地区当年的形势，想到了朵儿只班和孛罗帖木儿，他们受朝廷重托，结果却误了朝廷大事，"戎机一以失，蚁穴债台殿"，现在的方国珍已成了气候，时耶？运耶？令人难以解答。

刘基又拿起第二首诗读起来："十羊烦九牧，自古贻笑嗤。任贤苟不贰，焉用多人为。师行仰供给，州县方告疲。差徭逮所历，添官有权宜。奈何乘此势，争先植其私。百司并效尤，货贿纵横飞。列坐隘公堂，号令纷披离。名称到舆隶，混杂无尊卑。正官反差出，道路不停驰。徇禄积日月，官吏之所希。此辈欲何求，脧剥图身肥。世皇一宇宙，四海均惠慈。盗贼乘间发，咎实由官司。云胡未毁祸，救焚用膏脂。姻娅遂连茹，公介弃草茨。农郊日增垒，良民死无期。天关深虎豹，欲语当因谁。"

是啊，朝廷如何用人，确实关系到国家兴亡。一旦贿赂公行，结党营私，那真是国将不国，百姓造反，实在是咎由官府啊！

刘基又拿起第三首诗读道："先王制民产，曷分兵与农。三时事耕稼，阅武在严冬。乱略齐愤疾，战伐厥有庸。那令异编籍，自使殊心胸。坐食不知恩，怙势含威凶。将官用世袭，生长值时雍。岂惟昧韬略，且不习击劋。悍卒等骄子，有令亦无从。跳踉恣豪横，鼓气陵愚蠢。所以丧纪律，安能当贼锋。

崩腾去部曲，蚁合寻归踪。时方务姑息，枉法称宽容。宁知养豺虎，反噬中自钟。国家立制度，恃此为垣墉。积弊有根源，终成肠肺痈。何由复古道，一视均尧封。"

刘基想到孛罗帖木儿的失败，想到泰不华的战死，想到方国珍的反复，心中不觉隐隐作痛。

他又拿起第四首诗，只见上面写道："豢狗不噬御，星驰募民兵。民兵尽乌合，何以壮干城。百姓虽云庶，教养素无行。譬彼原上草，自死还自生。安知徇大义，捐命为父兄。利财来应召，早怀逃窜情。出门即剽掠，所过沸如羹。总戎无节制，颠倒迷章程。威权付便嬖，赏罚昧公平。饥寒莫与恤，锐挫怨乃萌。见贼不须多，奔溃土瓦倾。旌旗委曲野，鸟雀噪空营。将军与左右，相顾目但瞪。此事已习惯，智巧莫能争。庙堂忽远算，胸次猜疑并。岂乏计策士，用之非至诚。德威两不立，何以御群氓。慷慨思古人，恻怆泪沾缨。"

刘基想到了自己的所见所闻，官军从温州经处州到江东，所过之处掳掠一空，民受其害甚于盗贼，杭州陷于红巾军并未有什么大损失，可官军一回来，杭州就变成一片瓦砾。

刘基拿起第五首诗，诗中写道："古人有战伐，诛暴以安民。今人尚杀戮，无问豺与麟。滥官舞国法，致乱有其因。何为昧自反，一体含怒瞋。斩艾若草芥，虏掠无涯津。况乃多横敛，殃祸动辄臻。人情各畏死，谁能坐捐身。所以生念虑，啸聚依荆榛。暴寡惮强梁，官政惟因循。将帅各有心，邈若越与秦。

迁延相顾望，退托文移频。坐食挫戎机，养虺交蛇麟。遂令耕桑子，尽化为顽嚚。大权付非类，重以贻笑謷。鼠璞方取贵，和璧非所珍。但恐胥及溺，是用怀悲辛。"

刘基想到当年周宗道给自己讲的官兵滥杀无辜、民众被逼造反的情况，他在心里反复叨念着自己多年来所得出的一个结论：官逼民反，实非虚言啊！

接下去第六首诗写道："五豀旧三苗，蛇蚓相杂处。其人近禽兽，巢穴依险阻。起居任情欲，斗狠竞爪距。况乃识君臣，且不顾子父。所以称为凶，分北劳舜禹。先朝慎羁縻，罔俾来中土。胡为倏而至，驰骤如风雨。见贼但趦趄，逢民辄俘掳。腰缠皆金银，衣被俱绣组。所过恶少年，改服投其伍。农家劫掠尽，何人种禾黍。盗贼有根源，厥咎由官府。任将匪能贤，败衄乃自取。奇材何代无，推诚即心膂。谁哉倡此计，延寇入堂宇。割鼻救眼睛，于身竟奚补。浙西耕桑地，百载安生聚。自从甲兵兴，征敛空轴杼。疲氓真可怜，忍令饲豺虎。追忆至元年，忧来伤肺腑。"

刘基闭上眼睛，想到朝廷为了镇压红巾军，搬来苗兵助战，苗兵上阵就败，掳掠百姓却如狼似虎，朝廷失策呀！国家有贤才而不能用，却又引狼入室，悲哉！

他拿起第七首诗读下去："虞刑论小故，夏誓殄渠魁。好生虽大德，纵恶非圣裁。官吏逞贪婪，树怨结祸胎。法当究其源，剪锄去根荄。蒙茏曲全宥，驾患于后来。滥觞不堙塞，滔天谷陵颓。总戎用高官，沐猴戴母顒。玉帐饫酒肉，士卒食菜薹。未战已离心，望风逐崩摧。招安乃倡议，和者声如雷。天高豹关远，日月照不该。俱曰贼有神，讨之则蒙灾。大臣恐及己，相视若衔枚。阿谀就姑息，华绂被死灰。奸宄争效尤，无风自扬埃。啸聚逞强力，谓是爵禄媒。黎民亦何辜，骨肉散草莱。倾家事守御，反以结嫌猜。恸哭浮云黑，悲风为徘徊。赤子母不怜，不如绝其胚。养枭逐凤凰，此事天所哀。胡为尚靡定，颠倒髀与颏。春秋戒肆眚，念此良悠哉。"

刘基的思绪又回到浙东，他想起朝廷的赏罚失当、功罪颠倒，方国珍每一叛一降，官位爵禄就升高一次，而那些真正为朝廷效死疆场的人，如蒲圻赵家、戴纲司家、陈子游等，兄弟子侄死了很多，却不获朝廷一命之赏，谁还愿意为这个朝廷卖命呢？刘基的心头掠过一道闪电，他突然醒悟了，这个朝廷不值得维护了。

他又接着读下去，第八首诗写道："八政首食货，钱币通有无。国朝币用楮，流行比金珠。至今垂百年，转布弥寰区。此物岂足贵，实由威令敷。庙堂喜新政，躁议违老夫。悠悠祖宗训，变之在朝晡。瞿然骇群目，疑怪仍揶揄。至宝惟艰得，韫椟斯藏诸。假令多若土，贱弃复谁沽。钱币相比较，好丑天然殊。譬彼绨与绤，长短价相如。互市从所取，孰肯要其粗。此理实易解，无用论智愚。矧兹四海内，五载横戈殳。赤子投枳棘，不知所归途。一口当万喙，唇缩舌亦痡。导水必寻源，源达流乃疏。艺木必培根，根固叶不枯。慎勿庸迓言，扬火自焚躯。尚克诘戎兵，丕显厥祖谟。"

刘基想到朝廷这些年的滥变钞法，想到了当朝皇帝挥霍无度，钞不够用就多印，又在至正十年印了至正钞，让民间用新钞买旧钞，结果引起物价飞涨，据说在大都十锭钞还买不上一斗米，这不是在抽百姓的血吗？滥发纸币，肥了官府，坑了百姓，难怪民谣说："人吃人，钞买钞，何曾见？"又说："丞相造假钞，舍人做强盗。"民谣说的真是一针见血呀！

刘基拿起第九首诗读下去："惟民食为命，王政之所先。海醝实天物，厥利何可专。贪臣务聚财，张罗密于毡。厉禁及鱼虾，卤水不得煎。出门即陷阱，举足遭缠牵。炮爆用鞭箠，冤痛声相连。高牙开怨府，积货重奸权。分摊算户口，渗漉尽微涓。官征势既迫，私贩理则然。遂令无赖儿，睢盱操戈鋋。出没山谷里，陆梁江海边。横行荷篝笼，方驾列船舷。拒捕斥后懦，争强夸直前。盗贼由此起，狼藉成蔓延。先王务广德，如川出深渊。外本而内末，民俗随之迁。自从甲兵兴，奄忽五六年。借筹计得丧，耗费倍万千。回忆至元初，禁网疏且平。家家有衣食，畏刑思保全。后来法转细，百体皆拘挛。厚利入私家，官府任其愆。大哉乃祖训，典章尚流传。有举斯可复，庶用康迍邅。"

刘基又想到官府专盐利，官吏中饱私囊，盐政大坏，遂有私贩之兴。私贩须有武装保护，于是便由贩运私盐而转为"盗贼"，这样的世道天下能不乱吗？

刘基拿起最后一首看下去："秦皇县九宇，三代法乃变。汉祖都咸阳，一统制荒甸。豪雄既铲削，疮痍获休宴。文皇继鸿业，垂拱未央殿。累岁减田租，频年赐缣绢。太仓积陈红，圜府朽贯线。是时江南粟，未尽输赤县。方今贡赋区，两际日月竁。胡为倚东吴，转饷给丰膳。经危冒不测，势与蛟龙战。遂令鲸与鲵，掉尾乘利便。扼肮要国宠，金紫被下贱。忠良怒切齿，奸宄竞攀援。包羞屈政典，尾大不可转。圣人别九州，田赋扬为殿。中原一何脧，所务非所先。豳风重稼穑，王业丘山奠。夫征厉末习，孰敢事游燕。哀哉罔稽古，生齿徒蕃羡。一耕而十食，何以奉征缮。长歌寄愁思，涕泪如流霰。"

读完这首诗，刘基感到心中更明亮了，他明白了元朝不务本，致使大都全靠东南供应粮食，一旦海漕不通，大都立刻就要陷入饥饿，所以当方国珍下海截断海道，元廷就不得不以更高的官禄再招安，国无本业，将何以立国，想来令人感叹。刘基又明白了，自己自幼胸怀报国之志，每怀黎民之忧，立志为天下解安危，方不负平生所学。但二十年来却一直将国家和天下混为一谈，其实国家和朝廷是一回事，而天下百姓是另一回事。古往今来，国家者乃一姓朝廷之谓也，在当今来说就是蒙古人所建立的元朝，天下者乃是居住中华大地上这些人民百姓，自己每常所忧虑的不就是要让黎民百姓过上好日子吗？自己志安天下不就是要让民众免受战乱之苦，使生灵免遭涂炭吗？想到黎民之遭受苦难，刘基又感到一阵心痛，他历览古人之志向，结合自己的思想，又写成一篇《述志赋》。他感到现在也是"举世皆浊我独清，众人皆醉我独醒"。

他在赋中慨叹道："楚屈原之独醒兮，众皆以之为咎。欲振迅以高举兮，无六翮以奋飞。将抑志以从俗兮，非余心之所怡。长太息以增欷兮，哀时世之异常。"时世异常到什么程度呢？以美妙的音乐为不好，以臭鱼为美味，劈梗楠栋梁之材去烧火，却束起荆棘当梁柱，要到山上去捕鱼，要在家门前捉虎兕，求盲人给指路，强让扬子去赶车，命令侏儒去举鼎，让刖掉脚的人去守门。在这样一个什么都颠倒了的世界，有谁能明白我的忠诚报国之心呢？他感到迷惘，"将登山而迷路兮，欲涉水而无航。东西南北安所之兮，顾焉择其所长？神冥冥而不下兮，龟又厌而弗告。思纠结而不抽兮，意恍惚以震悼"。他在思考，尚且没有答案，他又从历史中汲取营养，"傅说之版筑兮，无武丁其谁举？夷吾不逢夫鲍叔兮，竟沦没于囹圄。推竭心以服勤兮，上介山而立枯。种霸越而灭吴兮，终刎颈于属镂。乐毅升于金台兮，何遁逃而走赵？周条侯之耿介兮，卒含怨以饿殍"。他从傅说、管仲、介子推、文种、乐毅、周亚夫以及李斯、朱买臣等人的遭遇中，总结出一条道理："忠有蔽而不昭兮，道有塞而不行。名不可强而立兮，功不可期而成。"和这些忠心耿耿却都没有得到好下场的古人相比，自己现在不是强多了吗？家人团聚，阖家安泰，应该知足了，回家吧，"采菊东篱下，悠然见南山"不是也很好吗？想到这里，他在收尾时写道："返余旆之旖旎兮，还余车之辚辚。采薇蕨于山阿兮，撷芹藻于水滨。冽玄泉以莹心兮，坐素石以怡情。聆嘤鸣之悦豫兮，玩卉木之敷荣。挹清风之泠泠兮，照秋月之娟娟。登高丘以咏歌兮，聊逍遥以永年。"

《述志赋》的完成，说明刘基的思想有了升华，他的心胸开朗了，思路清楚了。他继续研读历史，知道如今的天下大乱、元廷的倒行逆施，预示着元朝气数已尽，元运已终，古人云：胡虏无百年之运，岂不信然。他纵观历史，每当这种时候，必定当有王者之兴，出来收拾残局，安定天下，开创新一代王朝的基业。想到这里，他感到胸中才思奔涌，急急提笔，写下《感怀》诗二首，诗曰：

昊天厌秦德，瑞气生芒砀。入关封府库，约法唯三章。英雄不世出，智勇安可当。叔孙一竖儒，绵蕞兴朝纲。遂令汉礼乐，远愧周与商。逝者如飘风，盛时安得常。寤寐增永叹，感慨心内伤！

四月阳用事，群物咸长荣。靡草虽就死，王瓜亦复生。死生谁所致，时至莫能争。圣人洞神理，守分无外营。修身俟天命，万古全其名。

是啊，"时至莫能争"，现在时运还未到，那我就得耐心等待。"穷则独善其身，达则兼济天下。"自己还不老，差一点就五十岁，孔子云"五十而知天命"，现在不正是我独善其身以待天命之时吗？刘基明确了自己的行动方针，决定把自己过去已经积累的各种资料作一整理，把自己的政治见解、治国之道、养民之术集成一书，于是他闭门谢客，开始写作《郁离子》。他对这种读书生活很满意，作诗吟咏道："一炷清香一卷书，此身安处是吾庐。绿槐翠柏宜长日，门外何须长者车。"

刘基所作的《郁离子》，是一部集政治、哲学、军事思想于一体，用寓言体写成的散文集。郁者，文也；离者，明也；郁离就是文明之意，意思是说天下后世若用他在《郁离子》中所讲的道理治天下，就可以达到天下文明。《郁离子》全书有十八篇，篇目顺序是：千里马第一，讲了十八个寓言故事；鲁般第二，讲了九个寓言故事；玄豹第三，讲了十一个寓言故事；灵丘丈人第四，讲了九个寓言故事；瞽聩第五，讲了十二个寓言故事；枸橼第六，讲了二十个寓言故事；螇蝛第七，讲了十一个寓言故事；天地之盗第八，讲了七个寓言故事；省敌第九，讲了八个寓言故事；虞孚第十，讲了十二个寓言故事；天道第十一，讲了六个寓言故事；牧豻第十二，讲了九个寓言故事；公孙无人第十三，讲了十一个寓言故事；蛇蝎第十四，讲了八个寓言故事；神仙第十五，讲了六个寓言故事；麋虎第十六，讲了十三个寓言故事；羹藿第十七，讲了五个寓言故事；九难第十八，讲了十个寓言故事；合计十八篇共有一百八十五个寓言故事，每篇寓言故事都有字数不等的论说文字，各篇自成系统，合而成为一部书。

《郁离子》的主要价值在于它的政治方面，刘基在这里通过寓言故事讲了许多治国、治军、治民的主张。他认为治理国家就像医生治病一样，要"切脉以知证，审证以为方"，"证有阴阳虚实，脉有浮沉细大，而方有汗下、补泻、针灼、汤剂之法，参苓、姜桂、麻黄、芒硝之药，随其人之病而施焉。当则生，不当则死"。治理天下也是这样，"治乱，证也；纪纲，脉也；道德政刑，方与法也；人才，药也。……其方与证对，其用药也无舛，天下之病有不瘳者鲜矣"。

刘基特别强调治天下者要以德，这是胜天下之道，他认为"大德胜小德，小德胜无德。大德胜大力，小德敌大力。……力生于德，天下无敌"。他主张以德、政、财三者聚天下之民，这三者中"德者主也，政者佐也，财者使也。致君子莫如德，致小人莫如财，可以君子可以小人则道之以政，引其善而遏其恶。圣人兼此三者而弗颠其本末，则天下之民无不聚矣"。他还强调"有国者必以农耕而兵战也，农与兵孰非君之民哉！故兵不足则农无以为卫，农不足则兵无以为食，兵之与农，犹足与手不可以独无也"。这里把兵和农的关系及其对国家的重要性阐释得非常清楚。他还认为"善战者省敌，不善战者益敌，省敌者昌，益敌者亡"。

通过这些年的实践，刘基深切地感到人才的重要。他把人才比作治国之药，用人不当则会危及国家。他打了个比喻："农夫之为田也，不以羊负轭；贾子之治车也，不以豕骖服，知其不可以集事，恐为其所败也。"他讲到三代之用人，必先学习然后入官，必先试用能否然后采用，而且不问其系族，不鄙其侧陋。他又通过韩非子治韩十年而韩国缺乏的故事，讲到了培养人才要有耐心，要花费时间，这对于治理国家有着重要的意义。

刘基在《郁离子》中还用许多寓言故事对统治者的昏庸、腐败作了有力的鞭挞。如《千里马》中的"燕王好乌"，《灵丘丈人》中的"晋灵公好狗""卫懿公好禽”，等等，这是他对元末社会黑暗腐败的一种揭露，从中使人了解到元朝末年的社会状况。

《郁离子》的写作使刘基的一系列治国治军的思想系统化、条理化了，其中体现着作为政治家的刘基的哲学思想、治国之道、人才观、道德观、经济观，更反映着刘基的文学成就。《郁离子》的写作使刘基具备了治理天下的各方面才能，只待时机一到，便可大显身手了。

刘基在南田闭门写作的一年间，天下形势在急速地变化着。为了保护家乡不遭侵扰，刘基将跟随自己辞官的义兵和南田附近几郡的乡民组织了起来，进行一番训练之后，这些乡民义兵已经具备了一定的战斗力，刘基便在各山口布置了岗哨，规定了报警方法、互相应援的路线等。南田的百姓们十分高兴，在这兵荒马乱的年月，他们总算可以自保平安了。这时，有一个门客对刘基建议道：“今天下扰扰，以公才略，据括苍、并金华，明越可折简而定，方氏将浮海避公矣，因划江守之此勾践之业也。舍此不为，欲悠悠安之乎？”刘基听后笑道：“吾平生忿方国珍、张士诚辈所为，今用子计，与彼何殊耶？”

天下纷纷扰扰，群雄逐鹿正酣，刘基在南田山中密切地观察着，等待着。

第四章　投奔朱元璋

一、朱元璋在群雄角逐中脱颖而出

明太祖朱元璋，小名叫作重八，后来起名叫元璋，字国瑞。其先世为沛人（今江苏沛县），后来迁居江东句容，再迁到泗州。到朱元璋父亲朱世珍时，迁居于濠州之钟离乡。朱世珍共生了四个儿子，朱元璋是老三，他生于元天历元年（1328）九月，幼年家贫，生活十分艰难。但就是这种贫穷、艰难的生活，才锻炼了朱元璋坚韧的品格。至正四年（1344），朱元璋十七岁时，濠州地区由于遭受旱灾和虫灾而发生了大饥荒，接着又闹起了瘟疫，朱元璋的父母兄弟相继病死。孤独一身、无依无靠的朱元璋没办法，只好到皇觉寺当了和尚，成为一个小行童，每天干些洒扫、侍候长老的杂活。由于正值灾荒年月，寺里和尚多，粮食紧缺，所以朱元璋只在寺里住了五十多天，就被住持打发到外地化缘游食。和尚化缘游食实际上就是当乞丐，朱元璋为此山栖野宿，沿途叫化，饱尝了风霜之苦。正如他后来回忆这种生活时所说："众各为计，云水飘飏。我何作为，百无所长。依亲自辱，仰天茫茫。既非可倚，侣影相将。突朝烟而急进，暮投古寺以趋跄。仰穷崖崔嵬而倚碧，听猿啼夜月而凄凉。魂悠悠而觅父母无有，志落魄而侠佯。西风鹤唳，俄淅沥以飞霜。身如蓬逐风而不止，心滚滚乎沸汤。"

　　朱元璋在淮西云游的时候，正值彭莹玉在这一带宣传弥勒教，秘密组织起义活动。由于朱元璋的出身和经历，起义造反的思想很快为他所接受。至正八年（1348），朱元璋又回到了皇觉寺，三年多的云游生活使他长了很多见识，风餐露宿的流浪生活，磨炼了他勇敢坚强的性格。三年之后，红巾军起义爆发，朱元璋投奔到濠州城参加郭子兴的红巾军。此时的朱元璋二十五岁。开始他仅仅是军中步卒，两个多月以后，郭子兴提升他为亲兵九夫长，并留在帅府做事。在不断的接触中，郭元帅看到朱元璋有智略，有胆识，才能出众，便倍加欣赏，视为心腹之人，而且还把养女马氏嫁给了他，从此，人们便称朱元璋为"朱公子"。做了元帅女婿的朱元璋，自此以后的地位也就非同一般了。

　　当时在濠州和郭子兴同时起兵的还有孙德崖等四人，这五个元帅之间互不服气，互不统辖，五股力量合不到一起，以致他们打下濠州大半年，竟不能出濠州城一步。朱元璋看出长此下去，必将互相火并或被元军吃掉，而若想成就大业，就得发展队伍、扩大地盘，于是便回到家乡去募兵。在他的鼓动下，他儿时的放牛伙伴徐达、周德兴等乡里的几十个青年纷纷投奔其门下，这些人后来大都成为朱元璋军队中的骨干。不到十天时间，朱元璋就在家乡招募了七百多人。郭子兴把这支队伍交由他带领，并提升他为镇抚。从此朱元璋正式成为带兵的军官。

　　朱元璋不愿意仅局限在濠州，受他人调用，很想独立发展，扩大自己的势力范围。于是他在征得郭子兴的同意后，便带着徐达等二十四位贴身将士往南攻打定远。

这时定远张家堡驴牌寨有民兵三千人，因缺乏粮食而走投无路，朱元璋得知这一情况后，设了一巧计，把这支队伍招编到自己的门下。接着，他又收编了缪大亨在横涧山的义兵二万余人，从此，朱元璋拥有了人数达几万人的大部队，对其日后的发展壮大极为有利。在对部下进行整顿和训练以后，朱元璋率军南下滁阳。

不久，朱元璋便率军攻克定远，当地人冯国用、冯国胜兄弟二人带着队伍前来投奔。兄弟二人均喜读书，通晓兵法，元末因不堪官府压迫而结寨自保。朱元璋十分信任他们二人，虚心向他们请教取天下之大计。冯国用回答说："金陵（今江苏南京）的地形龙蟠虎踞，是帝王建都的地方，您可先攻下它作为根本，然后四出征伐，倡仁义，收人心，不贪取财宝女色，这样，天下是不难平定的。"朱元璋听后十分高兴，因为这正合他意愿，于是他便把冯氏二兄弟留在军中，参预机务。

在朱元璋的部队向滁州进军途中，定远人李善长也来到军中，要求拜见。李善长出身地主，从小读书，颇有智谋。见面后，朱元璋问他道："如今四方战乱，什么时候才能够太平呢？"李善长回答说："秦末大乱时，汉高祖从布衣起兵，他为人豁达大度，知人善任，不乱杀无辜，五年而成帝业，明公是濠州人，距刘邦的家乡沛县不远，只要你认真学习他的长处，天下是不难平定的。"朱元璋听后连声称赞，并把他留在身边，以辅佐自己成就大业。李善长的一番话对朱元璋影响很大，自此以后他事事以刘邦为楷模，并暗暗立下了雄心壮志，也使他对读书人更为尊重。

朱元璋深深懂得，要想成就大事业，首先必须军队纪律严明，取得百姓的支持。但是，朱元璋的这支部队却成分复杂，有投降而来的元军官兵，也有收编的地主武装，士兵的素质极为低下，恶习种种，难得百姓爱戴。朱元璋下决心整顿军队纪律，在每攻下一城之后，他都申明纪律，不许妄杀，不得劫掠。例如，在他们攻下和州（今安徽和县）后，他看到将士们掠人妻女，就下令把抢来的妇女全部释放，让等在营门外的亲人领回。在渡江进攻太平（今安徽当涂）时，一个士兵违犯了纪律，马上被斩首。这类严明纪律的事例不胜枚举。朱元璋以夺取天下为最终目的，整顿军队，严明纪律，这在当时群雄并起，百姓生灵遭到涂炭的乱世中，深得民心，赢得了百姓的支持，有些地方甚至举城归降，这也是日后他之所以能战胜敌手，夺得天下的一个重要因素。

至正十五年（1355）三月，郭子兴病亡，这时刘福通等已于亳州立韩林儿为皇帝，称小明王，国号为宋，年号龙凤。小明王任命郭子兴之子郭天叙为都元帅，朱元璋为左副元帅，不久，郭天叙和另一副元帅双双战死，朱元璋遂成为大元帅，郭子兴的旧部全部归他指挥。但一直到此后的几年中，朱元璋仍是处于地狭人少、力量单薄的地位。面对着这种情况，他采取优待降将降兵的办法，瓦解敌人，以此壮大自己的队伍。至正十六年（1356）二月，在攻打集庆（今江苏南京）的战斗中，元将陈兆先战败，率其部下三万六千人投降。开始，这些降兵由于不知道朱元璋如何处置他们，所以个个恐慌不安，朱元璋察觉后马上想了一个办法打消了这些人的疑虑。他在三万六千人中挑选出五百名骁勇健壮者，把他们带到自己营房，夜里他就睡在这五百人中间，而自己的贴身侍卫则一个也不留。第二天，这五百名勇士非常感激朱元璋对他们的信任，在以后的攻城时个个冲锋在前，而那三万多士兵也从此安下心来为朱元璋效命。

朱元璋在攻占集庆之后，把集庆改名为应天府，并在至正十六年（1356）七月称吴国公，然后以此为中心，向四周发展自己的势力。此时在他的北面有韩林儿、刘福通，东面有张士诚，西面有徐寿辉。这样，朱元璋的军队东、西、北三面都不与元军直接对峙，只有南面零星的几支元军。朱元璋充分利用这一有利形势，消灭了周围一些分散孤立的元军、地主武装和其他割据政权，并在至正十六年到至正十七年一年多的时间里先后攻克了应天周围的一些据点。至此，朱元璋逐步扩大了自己的地盘，巩固了根据地。

当他攻下徽州时，朱元璋召见了当地名儒朱升，朱升向他提出了三条战略方针："高筑墙，广积粮，缓称王。"即巩固后方基地，发展生产，增强经济实力，不要急于称王称帝，以免树大招风。朱元璋对此三条十分赞赏，便把朱升留在身边，并着手逐步实施他的建议。至正十八年（1358）时，他任命康茂才为营田使，负责兴修水利和屯田等项农业生产工作，并拨出一部分将士开荒屯田，这些措施的贯彻实施，解决了战时粮食困难问题，为他日后战胜群雄奠定了经济基础。

此后，朱元璋向浙东、浙西发展势力。至正十九年（1359）时，攻克了婺州（今浙江金华）、诸暨、衢州、处州（今浙江丽水一带）等浙东地区，为其日后的统一大业消除了后顾之忧。这一年，小明王又任命他为江南等处行中书省左丞相。到此为止，朱元璋已从投军时的小步卒发展成为称雄一方的霸主，在群雄角逐中脱颖而出。

二、刘基终于决定出山

至正十九年春天，刘基愤而辞官归里之后，在家乡南田隐居著述，等待时机。刘基是个胸怀匡世之志的人，现在虽然隐居了，但他仍在不断武装着自己、丰富着自己。他的脑海中时常浮现出古往今来爱国志士的形象，他想起自己当年凭吊祖逖故居的情景，想起祖逖渡江击楫的豪迈气概。他想起陆游，陆游在六十八岁时，写出的诗句仍然充满豪情壮志，"僵卧荒村不自哀，尚思为国戍轮台。夜阑卧听风吹雨，铁马冰河入梦来"。这诗句激励着刘基，使他感到浑身充满无穷的力量。为了实现自己的匡世之志，他一边潜心著述，一边密切注视着时局的发展变化。他广交各方人士，即使是村里来了一个外人，他也要见上一面。他还与过去在括城结识的朋友保持鸿雁往还，同时也有处州各县的一些义兵前来南田向刘基请教机宜，刘基从他们口里得到不少消息。这样，他虽然足不出村，却掌握天下大势。

元末朝廷的腐败、时势的混乱，使刘基清醒地认识到：元朝廷已是苟延残喘、大厦将倾，任何人也无法挽救，所以他对元政权完全失去了信心。而当时的各路起义军虽然处在群雄逐鹿、不分上下的境况，但刘基认识到北方红巾军声势浩大，风驰电掣，几乎席卷半个中国，所以很可能会成为摧毁元王朝的主力，然而其弱点是没有正确的政治目标，军纪不严，各自为政，甚至自相吞并，不能步调一致、协力作战，最后难免败亡。江南群雄中的方国珍虽然起兵最早，占据数州之地，但是他胸无大志，反复无常，而且贪而扰民，只不过是流寇而已，不足以成大事。四川的明玉珍无意与群雄争高下，因此仅仅稳占一隅之地，保境安民。而占据浙西、淮、吴诸郡的张士诚虽说是俭以自奉而厚给吏禄，优礼儒生，然而亦无远大理想，而且他已经请降元廷，被授以太尉之职，声誉狼藉，处境一日不如一日。经过一番对比分析，刘基认为在东南群雄中，有希望成就大业者仅陈友谅和朱元璋二人而已。

陈友谅占有湖广、江西之地，地广兵悍，雄心勃勃，但是他性格好猜忌，好以权术驭下，威严有余而恩惠不足，部将们都心有疑惧和不满，所以陈友谅的部队是外强中干的纸老虎。有一件事足能说明陈友谅的为人。陈友谅手下有一部将叫赵普胜，绰号为"双刀赵"，作战骁勇，战功卓著，但此人有勇无谋，而他的一个门客却很有谋略。朱元璋派人设法与赵的门客结交，离间他们的关系。不久又致书门客，却故意把书投到赵普胜处，赵普胜怀疑门客有什么不轨行为，其门客非常害怕，遂投奔朱元璋。朱元璋遂命门客行反间计，为其提供厚资，使其潜往陈友谅的亲信处行贿离间，然而赵普胜不知此情，当他见到陈友谅的使者时，仍居功自傲，这就引起了陈友谅的猜忌。这时朱元璋又使人散布流言，说赵普胜要投归朱元璋，陈友谅遂起杀心，乃以会师为名，自江州急至安庆，赵普胜不知，还亲自备下羊酒来迎接陈友谅，结果在雁汊登舟见友谅时，被当场杀死。由此可见陈友谅的好猜忌，不能信任别人之心，所以难成大事。

这样一来，群雄中的佼佼者，自然是朱元璋了。从此，刘基就把自己的注意力集中到了朱元璋身上，有意识地从多种渠道了解他各方面的情况。

通过长时间的观察、了解，刘基对朱元璋的一切可以说是了如指掌。朱元璋的远大胸怀和不同凡响的军事才能以及高深的谋略，深得刘基的赏识和赞佩。刘基此时如同当年卧龙岗上的诸葛孔明先生一样，胸怀救世之才，敛翼待飞，以伺时机，一遇明主便出山效力。

至正十九年腊月的某日黄昏，刘基正在家中围炉读书，一阵敲门声打断了他的思路。他抬头看去，只见随着弟弟的开门声，一位陌生人走进屋来，而且被缚双手，左右各有两个乡民押着。刘基正在疑惑，两位乡民开口对他说："此人鬼鬼祟祟，一大早我们就在山岭下发现了他，他不找人问路，自己径直往山上闯，结果闯进了先生的八卦阵，怎么也走不出来，我们不知他是何人，来干什么，于是就把他押到这里，由先生审问吧！"刘基听罢，上下打量了一下这一陌生人，见他身材魁伟，五官端正，谅非不良之辈，赶紧揖让，并问道："阁下是何人？来此有何贵干？"陌生人说："此地可是南田村？""正是。"刘基答道。

"可有位刘伯温先生在此？"

"在下便是。"

此人听了，纳头便拜，并从怀中取出一封书信双手呈上，说："先生请，看后便知分晓！"

原来这位陌生人正是朱元璋麾下处州总制官孙炎派来邀请刘基出山的特使。刘基看罢书信，忙招呼家人摆酒，热情款待使者。特使对刘基说："先生的八卦阵真厉害，我一钻进去就晕头转向，如果不是那两位兄弟相救，恐怕真的会冻死饿死在山上了。"刘基听后哈哈大笑说："这不是什么八卦阵，只不过是我把上山的路径稍改一下，在原有的路上设置了一点点障碍，而另辟了几条新的上山之路，如果不知晓，一不小心就会进岔道儿，或者是通向悬崖峭壁，或者会又转回到原路，因此乡民们就起名为'八卦阵'。"特使说："这次孙将军派我来请先生，也是奉吴国公之命，先生名震浙东，胡大海将军亲自向吴国公推荐您，认为您有伊尹之本，子房之才，今日得以谒见，果真名不虚传。所以请先生您务必出山，助我主公一臂之力，以一统神州啊！"特使之言，可谓心诚恳切，然而刘基却说："请你致意孙、胡将军和主公朱元璋，我曾出仕元廷，后弃官归里，出妇再嫁，自惭形秽，恐再难侍奉明主了。而且吴国公乃旷世英才，其帐下可谓人才济济，我即便甘愿附骥尾充牛后，也是不称职的。"

刘基再三辞谢，特使无可奈何，只好无获而回。

以上所述虽只是传说而已，并在文成、青田一带流传甚广，究竟历史上真实情况如何？由于史书上未记载，故难以考察。但是，有一点确是肯定无疑的，即：朱元璋下处州后即遣使礼聘刘基、宋濂、叶琛、章溢四人，其他三人都接受了邀请，而刘基却是在辞谢再三后方才出山。

由此看来，刘基对朱元璋的邀请再三推辞，似乎与他对朱元璋的认识和他以前的宿愿自相矛盾。若仅从表面来看，的确如此，但是如果我们做进一步的分析，就不会得出这个结论了。作为刘基个人，他自然有他的想法，因为他的仕途经历决定了他肯定会以谨慎的态度对待任何人的邀请。他虽然对朱元璋有很深的了解，并有自己的评价，但那毕竟是自己的判断而已，其正确与否自己并没有绝对的把握，所以还必须做最后一试。如果一两次辞谢，朱元璋便作罢，证明他还不是求贤若渴，不是个大度的、能成就大事业的人。如果这样，即使应邀赴任，最终也不会被信任重用，所以他再三地推辞朱元璋的邀请。

刘基在第一次遣走朱元璋派来的特使后，不久，朱元璋又催孙炎派人再次礼聘刘基出山。这次使者带了厚礼，刘基甚是为难，而依他的人格，此时更不便立刻应允。对于礼物不收恐孙将军怪罪于特使，于是，他便收下了这份礼物，但同时以厚礼回赠，即赠送给孙炎一把祖传名剑。这把名剑名为"龙泉宝剑"，是其先祖刘光世的遗物，传至刘基时，已具有相当的价值了。而自己则以老母年事已高，风烛残年，自己不忍心远离老母为由，又一次辞谢了特使，请求成全他的一片孝子之情。

但是朱元璋邀请刘基确是情真意切，第二次遭拒绝后，紧接着又第三次派出特使来到南田山，并且孙炎将军还将刘基赠送的宝剑原物奉还，并赋诗一首相赠，诗曰：

宝剑光耿耿，佩之可以当一龙。直是阴山太古雪，为谁结此青芙蓉？明珠为宝锦为带，三尺枯蛟出冰海。自从虎革裹干戈，飞入芒砀育光彩。青田刘郎汉诸孙，传家惟有此物存。匣中千年睡不醒，白帝血染桃花痕。山童神全眼如日，时见蜿蜒走虚室。我逢龙精不敢弹，正气直贯青天寒。还君持之献明主，若岁大旱为霖雨。

刘基万没想到朱元璋麾下的这位武将竟会作诗，而且又作得如此好诗，诚意切切，刘基的心完全被打动了。他再也无法推辞，而且亲人们纷纷劝他接受邀请，尤其是老母更是对他谆谆诱导，加之他也本未想在乡里隐居终生，之所以再三推辞，也是有自己的打算，如今时机已成熟，此时不出更待何时？于是出山之意遂决，第二天就告别了家乡父老踏上了新的旅途，从此揭开了他人生新的一页。

此时，宋濂、章溢、叶琛也同时被聘，已先至金华。宋濂曾有书信给刘基，专等刘基来金华相聚后，再北上同赴应天。三日后，刘基抵宁越（婺州），与宋、章、叶三位友人会齐，由胡大海陪同北上共赴应天。刘基等四人一到应天，就被安置在孔子庙中，第二天上午，朱元璋便亲自来拜访，大家以宾主之礼相见让座之后，朱元璋说："我为天下屈驾四位先生，希望四位先生为了天下太平而不吝赐教。"于是，章溢、宋濂、叶琛依次谈了各自的看法，最后，刘基陈述了他的时务十八策，朱元璋当场展读，阅后，赞叹不已，说："我等候先生这样的人才久矣！今日得先生屈尊来就，真乃天助我也！"

得此四人后，朱元璋大喜过望，下令立刻兴建礼贤馆，以广招天下贤士。

三、金陵之战为朱元璋稳定了局势

刘基初到金陵时，正是朱元璋在军事上、政治上发展的关键时刻。

当朱元璋攻占金陵并站稳脚跟之后，他接着就挥兵浙江，占领了粮仓浙东，此后他的势力又有很大发展。与此同时，张士诚也于至正十六年攻下元平江路，据以为都，改为隆平府，自立为周王，设官分职，建立起政权，后来也把国号叫作吴。这样一来，江南出现了两个吴政权。人们就称张士诚为东吴，称朱元璋为西吴。朱元璋的势力发展起来之后，在他东边有张士诚，西边有陈友谅，这两股势力都不比朱元璋弱，如果他们一旦联合起来，则对朱元璋形成夹攻之势，那对朱元璋的西吴来说将是非常危险的。

朱元璋与张士诚的接触是从龙凤二年（1356）六月开始的，此时的张士诚已在平江称周王，势力达到镇江一带，而镇江已在这年六月为朱元璋所占领，朱元璋为了稳住自己的脚跟，派杨宪去平江与张士诚通好，并致书张士诚说："我与足下地处东西，睦邻守国，保境息民，古人所贵，我非常羡慕。自今以后，通使往来，不要听信谗言，以生边衅。"但张士诚自恃兵多将广，实力雄厚，拘留杨宪，出兵镇江，结果在龙潭大败，退守常州。朱元璋乘胜包围常州，俘获张士诚的两位将领，形势对张非常不利。这年十月，张士诚见大势已去，不再固守，派人请和，并愿每年输粮二十万石、黄金五百两、白金三百斤为犒军之资。朱元璋不予接受，继续增兵攻克常州。龙凤三年（1357）又克长兴（今浙江长兴）、泰兴（今江苏泰兴）、江阴、常熟。但双方战争规模不大，并互有胜负。

陈友谅是徐寿辉的部将，他是沔阳玉沙县人，本姓谢，因其祖父千一入赘于陈家，遂从陈姓。他父亲名普才，是黄蓬的渔民。友谅幼年聪慧，长大以后臂力过人，优于武艺，且有智略，深通兵法。最初他在沔阳县城做个贴书小吏，很不得意，于是愤然弃去。在他三十多岁时，和弟弟陈友仁等在汉阳聚众起事，响应天完徐寿辉，隶属于倪文俊部下。因其通兵法，作战常能出敌不意，因而所向必克，积功为领兵元帅。至正十七年八月，倪文俊在汉阳大修宫室，迎徐寿辉居住，自己则擅权专恣，想要谋害徐寿辉，事情败露，他逃到了黄州。黄州为陈友谅驻地，友谅就借此机会袭杀了倪文俊，并吞其众，自称平章，大权尽归陈友谅。至正十八年，陈友谅连破安庆、洪都（今江西南昌）、抚州、建昌、吉安、赣州，并分兵攻占福建邵武、汀州等地，声势大盛。至正十九年，陈友谅伏兵江州城，趁徐寿辉自汉阳来江州之际，尽杀徐寿辉之部属，遂独自专权，称汉王，置官署，诛赏任自为之，徐寿辉仅拥虚名而已。

朱元璋和陈友谅都想当皇帝，一统天下。为达此目的，双方必得爆发一场生死决斗，这场决斗是从池州争夺战开始，而以鄱阳湖大战朱胜陈败宣告结束的。应天之战则是双方决斗初期的关键一战。

池州（今安徽贵池）地处江州与应天之间，是一个重要港口，先已为徐寿辉天完政权所占。朱元璋为保证应天之安全和发展，必定要北向扬州、西向池州。至正十七年十月，朱元璋派常玉春、廖永安、吴祯等从铜陵出发，夺得池州，杀了天完守将洪元帅。陈友谅自率战舰百余艘反攻，又被打败，池州到了朱吴手里。以后双方几经争夺，池州城数易其主。至正十九年九月，双方争夺安庆，朱元璋施离间计，使陈友谅杀了自己手下大将赵普胜，力量受到削弱。至正二十年（1360）四月，陈友谅又率大军，声言攻安庆而直奔池州，朱元璋方面早有准备，设伏以待，陈友谅又被打败，被斩首万余级，生擒三千人。

陈友谅池州战败，异常恼怒，于是在这年闰五月率领十倍于朱吴的兵力、大型战舰百余艘，越过池州东下，一举夺得应天门户太平。太平本由朱元璋骁将花云镇守，陈友谅围攻三日未能攻下，就趁水涨泊舟于城西南隅，舟尾高与城平，士卒由此攀缘登城。守城士兵由于缺少食物，无力作战，太平遂被攻破。吴方守将花云、院判王鼎、知府许瑗都不屈而死。

陈友谅攻取了太平，以为攻占应天直如探囊取物，乃踌躇满志，不可一世。他刚攻太平时，本是挟制徐寿辉而来，这时候他以为应天旦夕即可攻破，自己想当皇帝，就在采石舟中佯使人奏事于徐寿辉，而令壮士从背后用铁挝打碎了徐寿辉的头，以暴疾而死告之军中。于是陈友谅以采石五通庙为行殿，行即位礼，自称皇帝，国号汉，以邹普胜为太师，张必先为丞相，张定边为太尉，遣使约张士诚夹攻应天，应天大震。

陈友谅这次的胜利实出朱吴之意外，朱元璋问计于群臣，文官武将各执己见，有人主张迎降，有人主张据保钟山，有人提出决一死战，战不胜再逃跑。这时只有刘基在旁边瞪着眼睛一言不发。朱元璋听着诸将的议论，一时也拿不准主意，见刘基一直默不作声，便将刘基召入内室问计。刘基斩钉截铁地对朱元璋说："先斩主降及退保钟山的人，才可以破敌。"朱元璋问他破敌之策，刘基说："陈友谅劫主称帝，骄横一时，其心无日不忘金陵，如今气势汹汹，顺江东下，乃是向我示威，逼我退让。我们坚决不能让其得逞，只有抵抗到底一条路可走。"他接着又说："常言道，天道后举者胜，陈友谅虽兵强将悍，但他们行军千里来进犯我们，将士疲惫不堪，此一不利；他的行动又是不义之举，不得民心，这又是一大不利。而我们后发制人，以逸待劳，待敌深入后，若以伏兵击之，当必胜无疑。这一仗对我们来说至关重大，不可轻视啊！"朱元璋本就不满意其他人的议论，听了刘基的话，正中心扉，更坚定了他抗击的决心。于是他便采纳了刘基之策，调兵遣将，作好了迎战的部署：调徐达、常遇春立即自池州回应天听令；驰谕胡大海捣信州，以牵制陈友谅的后路；授计康茂才，引诱陈友谅军速来攻取；常遇春、冯国胜等率五翼军埋伏石灰山（即幕府山）一侧，徐达伏兵于南门外，杨璟驻兵大胜港，张德胜、朱虎等率领舟师出龙江关外，朱元璋则亲自于卢龙山（狮子山）督军。并约定信号，发现敌人即举红旗，待等举黄色旗时，伏兵一齐出击，四面围攻。一切准备就绪，单等陈友谅前来上钩了。

关于这次战役，史书上记载得较为详细，如在《平汉录》中是这样记载的：

太祖以康茂才与友谅旧，召使画策。茂才曰："吾家有阍，尝事谅，令赍书伪降，约为内应，必信无疑。"友谅得书，果大喜，问曰："康公安在？"曰："见守江东桥。"曰："桥如何？"曰："木桥也。"乃遣使还，谓曰："归语康公，吾即至；至则呼老康为号。"归具以告，乃命李善长易江东桥以铁石，通宵治之。友谅至，见非木桥，乃惊疑，连呼老康，无应之者，始知阍者谬己。茂才乃令诸将奋击，大破之，降其将张志雄、梁铉、俞国兴、刘世衍等，缚其士卒二万，友谅奔还。

另外，《续资治通鉴》中对此史实记载如下：

乙丑，友谅舟师至大胜港，杨璟整兵御之，港狭，仅容二舟入，友谅以舟不得并进，遽引退，出大江，径冲江东桥，见桥皆铁石，乃惊疑，连呼老康，无应者，知见绐，即与其弟友仁率舟千余向龙湾，先遣万人登岸立栅，势甚锐。时酷暑，公衣紫茸甲，张盖督兵，见士卒流汗，命去盖。众欲战，公曰："天将雨，诸军且就食，当乘雨击之。"时天无云，人莫之信。忽云起东北，须臾，雨大注。赤帜举，下令拔栅，诸军竞前拔栅，友谅麾其军来争。战方合而雨止，命发鼓，鼓大震，黄帜举，国胜、遇春伏兵起，达兵亦至，德胜、虎舟师并集，内外合击，友谅军披靡不能支，遂大溃。兵走登舟，值潮退，舟胶浅，猝不能动，杀溺死无算，俘其卒二万余，其大将张志雄、梁铉、俞国兴、刘世衍等皆降，获巨舰百余艘。友谅乘别舸脱走，得茂才书于其所弃舟卧席下，公笑曰："彼愚至此，可嗤也！"

志雄本赵普胜部将，善战，号长张，尝怨友谅杀普胜，故龙湾之战无斗志。及降，言于公曰："友谅之东下，尽撤安庆兵以从。今之降卒，皆安庆之兵，友谅既败走，安庆无守御者。"公乃遣达、国胜、德胜等追友谅，又命元帅余某等取安庆。德胜追及友谅于慈湖，纵火焚其舟。至采石，复战，德胜死，国胜以五翼军蹴之，友谅与张定边出皂旗军迎战，又败之。友谅昼夜不得息，遂弃太平遁去，达追至池州而还。余某遂取安庆，守之。友谅还至江州，据以为都。

这次战役朱元璋俘获巨舰"混江龙""塞断江""撞倒山""江海鳌"等百余艘及战舸数百，友谅乘别舸走脱。

陈友谅派遣其弟五王，率大船侵应天府龙江城下，城坚堑深，又创"莲花椿"于濒江二里许以拒舰。五王船至，不能近城，移海船于石灰山，攻虎口城，赵双刀之兵攻龙湾。陈友谅以其大将长张元帅领兵先导。朱元璋调常遇春抵拒长张于龙湾，邵荣拒五王于石灰山，徐达居中应援，数战不利。朱元璋调邵荣兵沿江而截战，友谅兵前后不能相顾，遂大败。长张船由于风急水涌，不能开船，率众俱降。朱元璋于石头城上督战，天晴，有一占卜者占卜说：今日午时有雨，敌大败。至其时，果然大雨如注，顷刻复晴。再战，大破友谅兵，五王仅免，登舟而逃，许多士兵来不及登舟而死伤不计其数，致使道路被堵塞，队伍难以通行。生擒数万人，全部赦免，既而又以水牢囚之，这些人不出一个多月死者过半。第二天，朱元璋遣廖永忠、俞通海领海船溯流袭之，追至三山矶及采石、青沙，连战皆胜。陈氏兄弟率败卒夜奔江州。

在龙江大捷的同时，胡大海亦已克下信州。

金陵之战，可以说是刘基知遇朱元璋之后的第一次大亮相，无论是战前的力主迎战，还是战中的一次次为朱元璋出谋划策，都显示了刘基非凡的魄力和智慧以及杰出的军事才能。这次的大获全胜，巩固了金陵这块根据地，这对朱元璋日后的发展至关重要。因此，功臣刘基日益得到朱元璋的信任和赏识，在军中的威望也日益提高。战斗结束后，朱元璋要用克敌之赏赏赐刘基，但刘基坚决推辞不受，这更赢得了诸将的尊敬和信任。

四、定征伐之计

刘基出山来到金陵之后，有一天，去见朱元璋，朱元璋正在用膳，问刘基："先生能诗否？"刘基轻松答道："此乃儒者小技，何谓不能？"于是朱元璋以斑竹箸为题，请他赋诗一首，刘基顺口即吟出一句：

"一对湘江玉并看，二妃曾洒泪痕斑。"

朱元璋听到这不屑一顾地说："秀才气味十足。"

"未必如此！"刘基说罢，接着吟道：

"汉家四百年天下，尽在留侯一借间。"

朱元璋听了这后两句，耳目为之一新，异常高兴，说："先生亦留侯也，某与足下相见恨晚耳。"刘基的诗道出了朱元璋心中的志向，朱元璋起兵之后，一直有仿效汉高祖的雄心。尤其在至正十四年（1354），李善长来投靠朱元璋时所说的一番话，给他留下了深刻的印象："秦乱，汉高祖起布衣，豁达大度，知人善任，不嗜杀人，五载成帝业。今元纲既紊，天下土崩瓦解，公濠产，距沛不远，山川王气，公当受之，法其所为，天下不足定也。"在此后的日子里，朱元璋便以汉高祖为楷模，言行举止等诸多方面都刻意模仿刘邦，并且急切地寻找张良式的人物来辅佐自己，而刘基的出山，使他得到了他想要的人，特别是刘基所呈的见面礼——时务十八策，更令他惊喜，越发使他感到此乃天赐良臣来辅佐自己。所以在众多儒士中，他最为器重刘基。后来的实践也证明刘基不愧此重任，他的运筹帷幄、神机妙算，不仅使同僚下属钦佩不已，也深深博得了朱元璋的信任与尊敬。朱元璋尊称他为"老先生"，而不呼其名，经常与他在一起商讨军政大事，遇到重大决策，常仅召他一人进密室相议，一谈即是半日，几乎到了依赖的程度。朱元璋这样诚意地待刘基，刘基自然也把朱元璋作为不世之遇，悉心辅佐，知无不言，为朱氏大明王朝的建立作出了不可磨灭的贡献。故此，朱元璋曾经公开称他为"吾之子房也"。我们从朱元璋给刘基的诏书和封诰中，不难看出其对刘基的高度评价：

刘基学贯天人，资兼文武。其气刚正，其才宏博，议论之顷驰骋乎千古，扰攘之际控驭乎一方。

随朕征行，每于闲暇，数以孔子之言开导我心，故颇知古意。及将临敌境，尔乃昼夜仰观乾象，慎候风云，使三军避凶趋吉，数有贞利。

陈情百无不当，至如用征四方，摧坚抚顺，尔亦助焉。不数年间，天下一统。

上述字里行间，足见朱元璋对刘基评价之高。事实也证明，刘基自留帷幄、赞军机以来，确实起到了运筹帷幄之中、决胜千里之外的军师作用。

刘基初到应天之时，群雄并立，天下未定，朱元璋为尽快剪灭群雄，打下江山，急于向刘基询问征讨大计。刘基客观地分析了天下形势，比较了各方力量，然后提出了一条切实可行的战略方针。他对朱元璋说："公在天下大乱之时崛起于草昧间，尺土一民，天所凭借，名号甚光明，行事甚顺应，此乃王师也。眼下，我们有两个主要敌人，陈友谅居西，张士诚居东。友谅包饶、信，跨荆、襄，几乎有天下之半；而士诚仅有边海地，南不过会稽，北不过淮扬，首鼠窜伏，阴欲背之，阳则附之，此守虏耳，不能成大气候。友谅则劫君胁其下，下皆乖怨，性剽悍轻死，不难以其国尝人之锋，然实数战民疲，下乖则不欢，民疲则不搏，故汉易取。故攫兽先攫其猛者，擒贼先擒其强者，今日之计，不如先伐汉。汉地广大，得汉，天下即可到手。即先灭掉陈友谅，后取张士诚，继之图方国珍、陈友定，然后北向中原，统一中原。"这即是刘基为朱元璋制定的征讨大计。这一战略方针与朱元璋以前制定的方针是大相径庭的。包括朱元璋在内，文官武将都一致认为张士诚虽仅有边海地，但富庶殷实，先取之则可无缺饷之虞。刘基则认为，张士诚胸无大志，只求自保，这种人不足为虑。陈友谅野心勃勃，力量强大，又占据长江上游，对我们构成的威胁最大。若先攻打张士诚，陈友谅定会乘虚攻城，而先打陈氏，张士诚却不敢轻举妄动。所以当先除陈友谅，陈氏一灭，张士诚自孤，其存亡便由我们了。陈、张既平，我们便可挥师北上，席卷中原，大功即可告成。刘基的这一番分析可谓高瞻远瞩，确胜人一筹，朱元璋决定采纳刘基之计，先征陈友谅，再攻张士诚。这样，朱元璋在全面胜利的道路上迈出了举足轻重的一步。

朱元璋为了集中力量先灭陈友谅，此时趁机采取了稳住方国珍的策略。

方国珍在至正八年（1348）与兄弟聚众起义后，接受元政府授予的庆元定海尉、江浙行省左丞相等职位，据有庆元、温、台之地。为此他岁岁治海舟，为元廷运粮"十余万石于京师"，极力讨好元廷。

朱元璋攻下婺州之时，方国珍害怕敌不过，曾请以温、台、庆元三郡敬献，朱元璋对此辞谢不受。至正十九年（1359）九月，派博士夏煜授方国珍福建行省平章事，弟国瑛参知政事，国珉枢密分院佥事，方国珍却诈称疾，拒受平章印诰。第二年正月，夏煜返回应天，讲了方国珍奸诈之事，主张对他以兵威服之。于是朱元璋便遣都事杨宪、傅仲章前往方国珍处，对他说："如今若能涤心改过，不负初心，则三郡之地，庶几可保，不然的话，恐怕你们兄弟之败亡近在眼前。"方国珍对此仍置之不理。同年冬天，朱元璋再次遣使致书方国珍，劝他应识时务、明大理，方国珍仍是不加理会。朱元璋又致书谴责其曰："福基于至诚，祸生于反复，隗嚣、公孙述故辙可鉴。大军一出，不可虚词也。"这次，方国珍有些害怕，以金玉马鞍敬献以谢罪。对于方国珍的反复无常，朱元璋之所以一忍再忍，而未以兵戎相见，只不过是为了实现自己"征讨大计"的暂时缓兵之策，小不忍则乱大谋，因而这不过是暂时的退让。

此时北方的局势已发生了很大的变化。在小明王旗帜下的北方红巾军，接连失败，形势危急。元朝察罕帖木儿大军收复关、陇；山东红巾军内部分裂，察罕帖木儿乘山东大乱，攻下汴梁，小明王退保安丰（今安徽寿县），察罕帖木儿既而平定山东。那么如果元军再攻下安丰，其兵锋定将进而指向朱元璋。为尽量避免与元军主力硬拼，朱元璋两次遣使察罕帖木儿，送上重礼和亲笔信，要求通好。否则元军强大，若与之正面短兵相接，那么不光"征讨大计"落空，使陈友谅坐收渔翁之利，就连自己能否保住也难以预料。

在与张士诚的关系上，在至正二十年（1360）刘基到应天以前的时期里，朱元璋一直是采取攻势。以后为了长远大计，便转攻为守，这也无非是为了"征讨大计"的实现。

五、胡美之降

金陵之战以后，在近一年的时间里，朱元璋对张士诚采取守势，与陈友谅之间不时发生一些小摩擦。与此同时，他密切注视着北方局势的变化。为了防备陈友谅的再次进攻和北方元军的南下进袭，朱元璋在刘基的建议下，改筑太平城，原来太平城俯瞰姑溪，因此陈友谅舟师得以沿着尾部攀堞而登，这次改筑将太平城移离姑溪二十多步，并增置接堞，这样一来使新筑的太平城更加坚固，更容易防守。

此时，元军反攻山东、河南，小明王退保安丰，这一形势对朱元璋来说是十分险峻的。然而，元军内部自相残杀，握有重兵的大将察罕帖木儿以皇后奇氏与太子为靠山，不断向另一拥兵自重的大将孛罗帖木儿施加压力，双方之间争城夺地，兵戎相见，打得胜负不分。另一大将李思齐也不听调遣，不断扩大自己的势力。只因为元军内部互相倾轧，就使得他们无暇南顾，从而给了朱元璋以喘息发展的机会。为了稳住北方元军，朱元璋遣使与察罕帖木儿通好。此外，为了有效地防守张士诚的进攻，朱元璋加强了诸全州（今浙江诸暨）的防卫，修筑了严州城（今浙江建德），因为这两个地方距张士诚的势力范围很近。

至正二十一年（1361）夏末，陈友谅对朱元璋首先发动了进攻。他派遣大将张定边攻安庆，李明道攻信州，这时，胡大海奉命赴信州救援。李明道急于攻取信州，但守将胡德济闭城固守，等到胡大海来援时才出城与李明道力战。胡大海与胡德济内外夹击，擒获李明道及其宣慰王汉二，王汉二乃是陈友谅的平章王溥之弟，李文忠令二人写信招降王溥，朱元璋仍命他们为旧职并用他们为向导以取江西，此后又把他们押送到应天府。信州保住了，而安庆却被张定边攻陷。安庆的守将战败后奔回应天，朱元璋一怒之下将他斩首。

朱元璋问李明道："陈氏如何？"李明道回答说："陈友谅自弑徐寿辉，将士离心，且政令不一，擅权者多，骁勇之将如赵普胜者，又忌而杀之，虽有众，不足用也。"安庆失守后，朱元璋决意征伐。其手下文臣武将都支持他，徐达满怀信心地说："师直为壮，今我直而彼曲，焉有不克！"刘基则以天象之兆鼓励朱元璋。他说："昨观天象，金星在前，火星在后，这是出师将取胜的预兆。"这年八月，朱元璋便和徐达、常遇春等名将，率舟师发龙湾征讨陈友谅。朱元璋与刘基登龙骧巨舰，建大旗于前，旗上书写了八个大字："吊民伐罪，纳顺招降。"十分醒目。诸军乘风逆流而上，陈友谅江上斥堠望风奔逃。大军至安庆，敌兵开始行动，于是便命廖永忠、张志雄以舟师进攻水寨，破敌舟八十余艘。然后又猛攻安庆城，从黄昏一直攻到清晨，还是攻不下，刘基遂出一计，他对朱元璋说："孙子曾经说过，我欲战，敌虽深沟高垒，不得不与我战者，攻其所必救。安庆乃是弹丸之地，何足久劳战？陈友谅现已恐惧，急进江州，他必遁江州。"朱元璋采纳了刘基的建议，留一部分人继续攻安庆，自领大军迳取陈友谅的巢穴江州。

朱元璋率领大军长驱至小孤山，陈友谅的守将傅友德及丁普郎投降。陈友谅的这两名将领英武善战，但在陈友谅麾下未能受到重视而发挥其作用。到了朱元璋这里都成了领兵大将，尤其是傅友德战功卓著，朱元璋甚为欣赏，屡次奖励，后来进封他为颖国公，加太子太师。由此可以看出陈友谅和朱元璋在用人上的差距。

傅友德、丁普郎投降朱元璋之后，便被命令仍然率原来的舟师，作大军的前导。军队驻扎湖口时，遇到陈友谅的江州（今江西九江）巡兵，朱元璋便命常遇春击退巡兵，并乘胜追至江州城下。陈友谅对朱元璋大军的急趋江州，感到措手不及，他怎么也没想到朱元璋会这么快地进攻江州，在慌乱中他急召张定边回兵来援，自己则亲自率兵督战。朱元璋分舟师为两翼夹击，大破陈友谅，获其舟百余艘。陈友谅穷蹙，等不到援兵的到来，便在半夜里携带妻子弃城逃奔武昌，朱元璋率军直入江州，获马二千余匹，粮数十万。等安庆张定边赶来救援时，乃大势已去，一切皆晚矣。而安庆则因张定边赶援江州，防御力减弱，也被朱元璋的部将仇成攻破。

至正二十一年（1361）九月，陈友谅平章建昌王溥来降。王溥从其弟王汉二被执，又听说陈友谅的江州失守，想到自己势孤不能坚持多久，遂与同知郭敬、总管孟兴、元帅孙德寿等遣万户罗康荣奉书来降，朱元璋命他们各更其官，仍守建昌。

江州既下，陈友谅江西行省丞相胡美于至正二十一年十二月遣使郑仁杰前往江州拜见朱元璋，表示愿献龙兴（今江西南昌）以降，只要求不要拆散他的旧部，投降之后，需让他统率原有军马。对这个要求，朱元璋有些犹豫，面带难色，一时无法回答。这时，刘基正在一旁，他急忙用脚踢了一下朱元璋所坐的胡床，朱元璋领会其急，于是就答应了这个要求。并且赐书慰谕一番。书曰：郑仁杰至，言足下有效顺之诚，此足下明达也；又恐分散所部属他将，此足下过虑也。我起兵十年，奇士、英才得之四方很多，有的能审天时，料事机不用交兵，挺然委身来者，都是赤心以待，随其才任使之，兵少者则给以兵，位卑者则隆之以爵，财乏者则厚加赏赐，为何要散其旧部，使人人疑虑，这不是有负来归者之心吗？请看陈友谅诸将关系，如赵普胜骁勇善战，以疑被杀，猜忌若此，意何所成！近来建康龙湾之战，我所获得的长张、梁铉诸人，用之如故。我把他们视作自己的将领，同等相待，长张破安庆水寨，梁铉等攻江北，并膺厚赏。这些人我待之如此，更何况足下以完城来归者呢？

胡美见到朱元璋的书信后，疑虑顿消，随即派遣其甥康泰携书请降。在这以后，余干、建昌、吉安、南康诸郡县相继投诚。接着朱元璋又命赵德胜、廖永忠、邓愈、冯胜等，分兵四出，整个江西很快并入朱元璋的版图。

胡美，湖广沔阳人（今属湖北省），初名廷瑞，后为避太祖字，改名胡美。初仕陈友谅，为江西行省丞相，镇守龙兴，归降朱元璋之后，与徐达一起征讨武昌，不久又与徐达等率马步舟师取淮东，进讨张士诚，下湖州，围平江，别将取无锡，降莫天祐。还师后，加荣禄大夫。

至正二十七年（1367）冬天，朱元璋命胡美为征南将军，率师由江西取福建。临行前，朱元璋对他说："汝以陈氏丞相来归，事吾数年，忠实无过，故命汝总兵取闽。左丞何文辉为尔副，参政戴德听调发，二人虽皆吾亲近，勿以其故废军法。闻汝尝攻闽中，宜深知其地利险易。今总大军攻围城邑，必择便宜可否为进退，无失机宜。"胡美按照朱元璋的指示，遂度过杉关，下光泽，邵武守将李宗茂献城投降。然后，胡美率军取建阳，之后猛攻建宁城，守将达里麻招架不住，终于投降。胡美大军入城后，纪律严明，秋毫无犯。这次战斗共获将士九千七百余人，粮马畜不计其数。这时，正遇大将汤和等进攻福州延平、兴化，于是胡美遂派遣降将谕降汀、泉诸郡，福建悉平。胡美便被留守其地。既而被朱元璋召还，从朱元璋巡幸汴梁。

朱元璋即皇帝位后，以胡美为中书平章知詹事院事。洪武三年（1370），朱元璋命胡美赴河南，去召集扩廓帖木儿的旧部。这年冬，太祖论功行赏，封胡美为豫章侯，食禄一千五百石。洪武十三年（1380），改封为临川侯。太祖列榜勋臣，谓持兵两雄间，可观望而不观望来归的有七人。这七人是：韩政、曹良臣、杨璟、陆聚、梅思祖、黄彬及胡美，论功七人皆封列侯。

至正二十二年（1362）春天，刘基随朱元璋率军东还，道出龙兴，胡美率甥康泰、部将祝宗等，出城迎谒。朱元璋命他们各仍旧职。入城后，谒孔子庙，又出城开宴于滕王阁。接着，筑台于城北龙沙之上，召城中父老集中于台下谕之曰："自古攻城略地，锋镝之下，民遭其殃。今你们得以骨肉安全，生理无所苦者，皆丞相胡廷瑞的灼见天道，先机来归，这是你们的福气。陈友谅据此，军旅百需之供，使你们深受其苦。今后，我要全部革除这些弊政，军需供应，全不连累你们。你们只管各事本业，要勤奋，不要游惰，要老实做人，不要为非作歹，不要结交权贵以扰害良民，各保父母妻子成为我的良民。"

父老们听了朱元璋这番话之后，各个欢欣雀跃，庆幸自己生逢明主，以后会有好日子过了。

　　过了几天，朱元璋便改龙兴路为洪都府，并引兵回应天，令胡美等一同回应天，留邓愈守洪都，叶琛任知府事。

第五章　归家葬母

一、贤惠的太夫人

当刘基在至大四年出生的时候，他的父母都已三十多岁了。他中进士以后父亲去世，守制期满，刘基开始宦游他乡，母亲在家里经常思念他。当刘基被羁管绍兴之时，母亲已近八十岁了，刘基有《渡江遣怀》诗曾感叹道："天地起戈兵，荆榛塞原阜。兹邦特按堵，庶足憩奔走。故乡有园田，委弃没藜莠。老母年八十，头童齿牙朽。痴儿始垂髫，出入寡朋友。衣衾杂絮毳，羹食乏菘韭。儴然多病身，全家倚糊口。那令更远去，忧念成疾首。"从这里我们可以感受到刘基对老母亲的思念和牵挂。

刘基的母亲富氏并非普通妇女，她出身于书香门第，虽非大家闺秀，但却识文通墨、知书达礼，并且知识面很宽。母亲从小就有意识地培养刘基，教他读书识字，背诵诗文，五岁时的刘基就能把半部《国风》背得滚瓜烂熟。刘基本就聪颖好学，再加上母亲有意识地培养和教育，使他成长很快。母亲不但教他文化知识，同时也教导他如何做人。刘基之所以后来成为一代开国元勋，他的为人、他的谋略、他的才华、他的渊博的知识无不是与自幼受到良好的家庭教育有关。

刘基母亲富氏的贤惠、通达深得其丈夫的感激，更博得了其儿子的无比爱戴和敬佩。母亲的慈爱，在刘基幼小的心灵上就深深地打下了烙印，及至成年后，外出读书，步入仕途，母亲在他心目中的位置都不曾有半点模糊，随着岁月的流逝，不但没有冲淡他对慈母的感情，反而越来越浓厚。

母亲虽是一个家庭妇女，但是由于她有文化，知书达理，因此，其言行举止非同一般。她不但教子有方，而且也颇知天下大事。当年刘基被朱元璋三请而决定出山，其中主要因素之一是有老夫人的开导、规劝。她说："自古衰乱之世，不辅真主，怎能万全？当今方国珍在东，朱元璋在西，我南田处两者之间，既与方国珍宿怨难解，就得投靠朱元璋，始能保得乡梓家人的安全。"她很明白，将来成就大业者非朱元璋莫属。况且当时形势迫使她就得那样做，否则，自己也难保全。此时，富氏已八十多岁的高龄，虽身居家中，足不出户，其头脑如此清晰，对天下大势分析得如此透彻，实为难能可贵。老母亲的一番话，使刘基最后拿定主意。

有这样一位深明大义的母亲，难怪刘基在外无时不思念她老人家。然而就在至正二十一年八月刘基随同朱元璋征伐江西陈友谅之际，突然得悉母亲仙逝的噩耗。刘基如同五雷轰顶，悲痛万分。他想到自己在老母离开人世前的一瞬没能守在跟前，为她老人家送终，做儿子的这真是不孝啊。此时家中还在等着他回去发丧，他自己应该马上起程。但是这次出征，是为了实现自己制定的"征讨大计"的一部分，而且他是这个征讨大计的策划者，这个行动计划，已准备了一年之久。在这次行动付诸实施之前，刘基曾满怀信心地鼓励、支持朱元璋。如果马上回家处理母亲的丧事，就得中途退出这次战斗，自己无论如何也放心不下，万一朱元璋大军不慎失利，岂不是前功尽弃，自己则难逃罪责，这就辜负了朱元璋对自己的信任和器重，也对不起全军的将士。刘基思想斗争很激烈，此时真是忠孝不能两全，舍掉哪一个都是他不情愿的。但是为了顾全大局，为了成就大业，就得暂时撇开孝子之情，以天下为己任，等打好这一仗再归葬慈母。

朱元璋也竭力慰留刘基，因为他对这次重大的军事行动也是心中无底。假如刘基走了，真的使朱元璋失去了左膀右臂，此战的结局就胜负难料了。为了安慰刘基，朱元璋亲制慰书，慰书是这样写的："今日闻知老先生尊堂辞世去矣。寿八十余岁，人生在世，能有几个如此呢？先生（刘基）闻知，莫不思归否？先生即来助我，事业未成，若果然思归，我必当应允。我正当不合解，先生休去。为何？此一小城中，我掌纲常，正应该用忠孝之理教导百姓，不应当阻挡先生归去。以前徐庶帮助刘备，他的母亲被曹操掠去，徐庶说自己方寸已乱，请求刘备允许他归去，刘备答应了，使他们母子团圆。如果先生的母亲还在世，先生处在徐庶的境地，必然应像徐庶一样归去。然而今日先生的老母任逍遥之路，踏更生之境，有何不可？先生当以宽容加餐，以养怀才抱道之体，助我成功。那时必当遣官与先生一同回乡报答老母的勋劳，尽孝子之心，不是更好吗？"

朱元璋虽然读书不多，但文章写得恳切动人，刘基终于被慰书打动了，留在军中。

在这次征伐中，刘基起了极其重要的作用，由于刘基的神机妙算，使朱元璋大军进展顺利，所向披靡：下江州、降洪都，大军所到之处，许多郡县相继投诚，赣皖一带几乎尽为朱元璋所有。这次行动，可谓出师大捷，当大军凯旋，将士喜气洋洋之时，刘基作为朱元璋智囊团中的核心人物，一流谋士，自然也感到十分喜悦，但是这些无论如何也无法冲淡他失去慈母的悲伤痛苦。在激烈的战斗中，刘基没有时间想到母亲的事，一旦战争结束，失母的悲痛便陡然而升。

在庆功会上，朱元璋与文官武将以及江西龙兴的各阶层名人欢聚在滕王阁，开怀畅饮，庆祝胜利。文官武将各显神通，都把自己的拿手好戏献出来，表演一番。文臣们尽情地卖弄风骚，用华丽的词藻称功夸德，颂扬朱元璋的丰功伟绩；武将们有的舞剑助兴，精彩至极；有的则开怀痛饮，激情迸发，真是盛况空前。大家纷纷向朱元璋祝酒，同时也向刘基这位立有头功的人祝酒。但是此时的刘基怎么也高兴不起来，想到母亲现已离他而去，今后再也见不到她老人家了，刘基忍不住泪水涟涟。他想到慈母正在九泉之下盼着自己的儿子为她送葬，决定马上返回家乡。尽管他的满腹文才不亚于在场的任何一个人，但此时丝毫没有心情去显示。朱元璋应允了刘基的请求，并派礼官带着祭礼陪同刘基一起回乡葬母。

在大军凯旋的那一天，刘基辞别朱元璋与众将官，同礼官一行快马加鞭，向南田急驰而去。大约用了两三个月的时间，刘基才赶到家乡，这时已是至正二十二年初夏的四月天气了。他在岭下换上孝服和草鞋，急步向山上攀登，随同的礼官及兵士抬着祭礼尾随其后。到了南田村，便直奔家门，此时老夫人的灵柩还停在家中，灵堂也还在，刘基跪在灵堂前，泪流满面。他对逝去的母亲说：不孝儿来迟了。这时一家人又陪着大哭一场。第二天，朱元璋派遣来的礼官在老夫人灵前备置了香、花、果、酒、三牲祭品，举行了隆重的祭奠仪式。礼官宣读了祭文，烧了金银纸钱，行了三跪大礼，然后，刘基也带领全家人向礼官回拜，并且面向北方遥拜，他从内心里感谢朱元璋赐给他的殊恩。

死人入土为安，这是活着的亲人的一个共同心愿。刘基觉得老母死后已经停了几个月了，这都是为了等他回来，现在应该尽快出殡。于是便找人选了一个吉日，送葬的这一天，刘基按照当地的习俗，请来了和尚和道士，同台为老母亲念经、道白、唱戏文，因为母亲八十多岁寿终正寝，可算得上白喜事了，所以老人的丧事办的比结婚还热闹。这一天累坏了刘基。由于老夫人生前人缘好，再加上儿子刘基的名望、地位，所以，为老夫人送葬的人非常多，沿着弯弯曲曲的山路望去，一眼看不到头，送葬的队伍至少有好几里长。

长孙刘琏捧着祖母的遗像，走在队伍的最前面。接着便是乐队、挽联队，棺木上盖着花布单，上面放着用纸扎糊的一只巨大的白鹤，这是灵轿。女儿、媳妇两旁扶柩哭送，儿孙及后代近亲身穿孝服随后，其后便是乡邻及生前好友组成的送葬队伍。尤其值得一提的是，在这支送葬队伍的前面走着的有吴国公朱元璋专门派来的礼官，还有婺州、处州、衢州及青田县地方官员派来的代表，就连方国珍也遣使来祭吊送葬，可以说这是南田山有史以来规模最大最隆重的一次送葬了。

送葬队伍出发之前，有一个仪式叫"上马祭"，死者子孙和直系后代都跪在灵柩前，由族中长老宣读祭文，这是送死者"上马"出发。此后，每当遇到路险之处或岔路、过桥等，孝子都要赶到前面去跪在路旁，并说：请大人慢走、走好。灵轿抬过后，孝子们仍得跪着，这是表示对送葬的亲友和父老的感谢，直到队伍走完。墓地距家有十几里路，该跪的地方不下十几处，刘基和弟弟刘升跪完一处后紧接着抄小路跑到另一处，身旁还有拎稻草（作为跪垫）的人，也跟着一起跑，兄弟二人累得满头大汗。这一天下来，刘基已经精疲力尽了。安葬了母亲，刘基的心里好像踏实了许多。朱元璋派来的礼官、地方官以及方国珍的代表在墓地祭奠之后，便各自返回了。

二、金华苗军之反

刘基一行人于大军凯旋的那天辞别朱元璋，上路归乡葬母，路上用了两三个月的时间才到家。从龙兴到南田，路途并不特别远，即使那时交通工具再不发达，也不至于用了这么长的时间。原来，刘基一行在旅途中遇到了一些意外之事。这时期，浙东局势突变，婺州、处州相继发生叛乱，张士诚乘机攻打诸全州，后来陈友谅降将又在洪都叛乱……这一切事情使刘基耽搁了。

朱元璋平定浙东后，命胡大海留守婺州，耿再成留守处州，两人形成掎角之势。然而他们轻信了一些苗军降将，这些降将原来都是杨完者旧部。杨完者是元朝将领，其人十分残忍，曾以人肉为食，他的部下也都是劣性难改，他们虽然投降了朱元璋，但是心意都不诚，无时不在伺机东山再起。

至正二十二年（1362）二月，吴金华苗军元帅蒋英、刘震、李祠等谋叛，密约处州苗帅李佑之等于二月七日同时举兵。当年，胡大海攻下严州之时，刘震等自桐庐来降，胡大海喜刘震骁勇，留置麾下，待之不疑。此时蒋英欲谋作乱，刘震因为胡大海厚遇自己，不忍心背叛。李祠怂恿他说："举大事宁顾私恩乎？"于是刘震从之。这天，蒋英等入分省署，佯请胡大海观弩于八咏楼下。胡大海未知有诈，欣然应允，刚要上马前往，蒋英令其同党钟矮子跪到马前，诈称蒋英要杀自己，胡大海未及回答，反顾蒋英，蒋英从袖中抽出铁锤，看样子是向钟矮子抽去，实际上直接对胡大海脑袋就是一锤下去，胡大海顿时脑浆迸裂。接着，蒋英等人又杀了胡大海的儿子，并且捆绑了郎中王恺。王恺大义凛然，大声说："我职居郎署，同守此土，义当死，怎能从贼呢！"刘震为王恺的正气所感动，想放了他，但贼党吴得真与王恺曾经有怨，说不能留下遗患。于是就把王恺及其儿子王寅杀掉了。行省总管高子玉从难，掾史章诚被执，叛兵威胁他让他投降，他宁死不屈，最后也被害。

典史李斌，怀省印缒城逃到严州告急。守将李文忠遣何世明、郭彦仁等率兵讨伐。胡大海的儿子胡得济闻难，也引兵赴援。蒋英等自知敌不过援兵，于是在城中大掠财物、子女西走，投奔了张士诚。朱元璋即令左司郎中杨元杲至金华，总理军中诸事。李文忠也率将士来此，镇抚其民。及至进入婺州城，父老遮道诉苦说："百姓不幸遭叛贼屠戮，日夜望王师以解倒悬，今将军来到，我们就没有什么可忧虑的了。"李文忠安慰父老，并分遣左右遍行邑，抚辑人民，于是民遂安。李文忠将军后来攻下婺州，俘获了苗将蒋英、刘震，并将此二人绑送京城。

胡大海，字通甫，泗之虹县人，当年朱元璋驻兵滁州，与胡大海一见语合，于是胡大海留在朱元璋军中做前锋。以后，朱元璋的军队取和州、下太平、克集庆、攻京口、拔昆陵，他都立下了汗马功劳。因此，被授予右翼驻军元帅，宿卫帐下。不久跟随朱元璋攻破宣城，又同诸将攻徽州，元将杨完者聚兵十万想夺回该城，胡大海从婺源兼程以进，与杨完者力战，横槊而前，大呼着冲向其阵，杨完者的将士望风而逃。至正十八年春三月，诸将克严州，胡大海因功升为枢密院判官，胡大海认为兰溪离严州甚迩，兰溪下，则婺之右臂先断。冬十月，引兵攻下了兰溪。十二月，朱元璋的军队进攻婺州，升胡大海佥枢密院事，以后又相继攻下诸暨州、处州、信州。朱元璋认为婺州是浙东要地，非宿将重臣不足以控制，于是便任胡大海为江南分省参知政事，守金华，至此遇害。

朱元璋听到胡大海被害的消息后，非常悲痛，亲自撰文悼念，并且命人塑像置庙祭之，特赠光禄大夫、浙东等处行中书省平章政事、柱国，追封越国公。

胡大海长身铁面，智力过人，两目有光，每当夜晚出去，烨烨如火炬，而且善于用兵，军队严于纪律。常自言："我本武人，不读书，然吾行军惟知有三事而已：不杀人、不掠人妇女、不焚毁人庐舍。"故其军一出，远近之人皆趋附之，及死，闻者无不流涕。胡大海自从来到朱元璋麾下，屡立战功，他的被害，确实给朱元璋造成了巨大的损失。

王恺，字用和，太平当涂人，自幼读书，有大志。朱元璋取太平之时，召王恺至幕府，命为掾属，参与戎事。从下京口，民新附不安，王恺对此进行抚慰，至朱元璋建中书省制，以王恺为都事，苗军数万自杭州来降，待命严州，王恺驰入其军，偕其渠帅来朝王师。当胡大海以金枢密院事镇婺州时，王恺则协助胡大海专管民赋军事。及至克三衢，则命王恺兼总制衢州军民事。王恺增城浚濠、设置游击军，招募保甲，以有益于戍守。常遇春守金华，其部将有扰民之人，王恺毫不客气，执而挞之。常遇春对此大怒，王恺则说："民者，国之本也，挞一部将，而万民安，将军所乐闻也。"遇春谢之。当时元朝伯颜不花守衢州，这个人足智多谋，而且处州守将石抹宜孙善用事，绍兴是故周吕珍所据，朱元璋认为这三个城相距很近，而且又都是强敌，因此以胡大海为江南行省参政，与常遇春共规进取。第二年，诸全州与衢州一并攻下。元朝龙泉守将胡深来降，胡大海与耿再成合军，连败石抹宜孙，宜孙逃遁，处州遂定。

不久，东吴将吕珍愤诸全之失，故盛兵进犯诸暨，用堰水灌诸暨城，胡大海夺堰水灌吕珍，吕珍势蹙，马上折矢发誓求和，解散其兵，胡大海同意了。这时，王恺对胡大海说："这人很狡猾，应谨慎行事。"胡大海不听，竟引兵退回，果然吕珍失信。胡大海指责吕珍说："言出而背之不信，即从而袭之不武。"胡大海遂率师而还，吕珍亦去。这次胡大海被害，王恺也最后被杀。后被赠奉直大夫、飞骑尉，追封当涂县男。

处州苗军元帅李佑之、贺仁德等，先接到蒋英书信，暂时未敢动。当听到胡大海被杀，即放胆作乱，杀院判耿再成、都事孙炎、知府王道同及元帅朱文刚等，据其城。李文忠听到消息后，遣元帅王祐等率兵屯缙云，准备进攻处州。

耿再成，字得甫，泗州五河县人，朱元璋渡江之时，耿再成累著劳绩，自偏裨擢居帅职，出镇滁州、扬州，迁长兴，因功升枢密院判官，守处州。耿再成治军严格，士卒出入民间，蔬果无所取。至是，李佑之等叛乱，耿再成正与客人吃饭，闻变即上马收兵，兵卒未满二十人，李佑之等已杀入。耿再成叱道："贼奴，国家何负于汝，乃敢反耶！"话还没说完，李佑之等叛军举槊直刺过来，耿再成奋力挥剑，连断数槊，终因寡不敌众，身受数伤，堕马大骂而死。朱元璋得到消息后，嗟惋不已，立庙以祀，后又以衣冠改葬于金陵聚宝山，追封高阳郡公，擢其子天璧为官。

孙炎，字伯融，金陵句容人，长身，跛一足，于书无所不读，谈辩风生、雅负经济，长于诗歌。朱元璋取金陵，开江南行省，闻听孙炎名声，召见他，与之谈话，孙炎以为元朝将要灭亡，劝朱元璋延揽英才，以图大业，朱元璋非常欣赏，于是辟为掾属，每每咨问一些下事，孙炎所讲的大多与朱元璋不谋而合。朱元璋征浙东，孙炎因为有功升为池州同知，不久又升为知府，召为分府都事。处州降后，命孙炎为处州总制，凡钱谷兵马之事全部委任于他，授官省符，虚其职名，准许孙炎自为辟任。孙炎进入处州时，城外七里就是贼营之徒，这些人不受约束，孙炎对他们措置有方，境内无不服气。不久变乱发生，孙炎被执，乱军把他囚禁在空屋子中，胁迫他投降，孙炎始终不屈服，贺仁德以炙鸡斗酒馈矣，孙炎不接受，大骂说："今日乃为鼠所困，我死，为主，尔反复贼，死，狗且不食。"守卒大怒，拔刀呵叱，令孙炎脱掉衣服，孙炎说："此紫绮，乃主人赐我者，吾当服以死。"贼人于是杀了他，时年三十多岁。后来被封为丹阳县男，塑像于耿再成祠。与道同、文刚（太祖养子）皆附祀。

三、平定叛乱

张士诚得知金华苗军叛乱，便乘机派遣其弟张士信率兵万余围攻诸全州，朱元璋部将谢再兴昼夜鏖战二十九日，不分胜负，于是谢再兴便遣部将李子实、甘汝珏设伏城外，自己引兵从南门出战，打了几个回合，伏兵四起，大败张士信，擒其将士一千多人，获马四十匹，船四十艘。张士信不甘失败，愈加增兵攻城。谢再兴考虑这样下去，恐难以支撑，便告急于守严州的浙东行省左丞李文忠。李文忠派遣同金胡德济援助谢再兴，而谢再兴以为援兵少而敌众再请增援。朱元璋闻处州之敌，便命平章邵荣讨之，此时，金华叛寇初定，而严州通近敌境，处州又为叛苗所据，李文忠自知兵少，不能应援，闻听平章邵荣率兵将至，乃与都事史炳谋划说：“兵法先声而后实，今诸全被围日久，寇势益盛，而我军少，非谋不足以制之，今邵平章来讨处州，宜借以宣扬声势，亦制寇一奇也。”史炳称赞说：“好！”于是便扬言：右丞徐达与平章邵荣领大军到严州，克日进击。并派人把传单张贴各处。张士信兵卒见此，果然大惊，谋划准备夜半出逃。此事被同金胡德济得知，他与谢再兴密划，待到夜半，发壮士鼓噪出击，敌兵大乱，自相践踏及溺死者不可胜数。

张士信为人骄侈，不能善待将士，军中常载妇人及乐器自随，日以玩乐、酣饮为事，其部将大多也都仿效他，不务正事，所以遭此失败，在所难免。

不久，洪都降将祝宗、康泰反叛，攻陷洪都府。祝宗、康泰原为胡美部下，胡美以洪都降，并非二人本心，既归降朱元璋之后，曾几次想叛，并责怪胡美不该投降朱元璋，胡美反复劝说开导，使二人叛意未发。当朱元璋返回建康时，胡美恐二人叛于己不利，乃密告朱元璋多加注意，朱元璋便令二人率所部兵前往湖广，归徐达节制。二人船只进驻女儿港，在此率众反叛，当时正遇到商人布船，于是抢掠其布为旗号，反兵进劫洪都。当日晚，兵至城下，发鼓举火把，攻破新城门，大杀城内官军。当时邓愈居故廉访司，听到杀声，措手不及，仓促间只率数十骑出走，和敌兵数战，且战且走，跟从者大多丧命。邓愈身处险境，连跳跨三马还不能冲出重围，最后得养子所乘之马，方才得以逃脱，只身奔还建康求救。都事万思诚、知府叶琛皆死于难。

叶琛，字景渊，处州丽水人。元末兵乱，跟从参政石抹宜孙划策捕斩叶贤三，平定叛乱，被浙江行省授予元帅，守桃花寨。朱元璋率大军下处州，叶琛来降，金院胡大海以叶琛陪刘基去建康。不久，授营田司金事，复命守洪都，至此被害。朱元璋闻讯后极为悲痛，专门遣使去叶琛家祭之，赠大中大夫、轻车都尉，追封南阳郡侯，命人塑其像置于耿再成之祠，并令有司岁祀之。后来，陈友谅被灭，同都事万思诚配享洪都功臣庙。

邓愈只身奔回建康求救，陈述康、祝之叛，朱元璋以其功多，没有对他治罪。于是派遣使者到汉阳，命徐达等还师讨伐康、祝。

邓愈，字伯颜，虹县人。父亲顺兴，生有三子，长子友隆，二子即邓愈。邓愈自幼有大志，长大后，相貌端正，身体魁伟，勇力绝人。元末，群雄起于江淮之间，顺兴聚众自保。邓愈年十六岁时继父、兄统率部众，后率部归附朱元璋，多次立有战功，深得朱元璋器重，年仅二十八岁时就进位湖广行省平章政事，朱元璋为吴王时，拜邓愈为右御史大夫。

金华苗军、洪都降军相继叛乱之后，衢州苗兵也蠢蠢欲动，衢州守将夏毅惊恐无所措，正好此时听说刘基从这里路过，大为高兴，立即迎请刘基来到行署，请求授计拯救衢州军民。刘基觉得此数州府对于朱元璋的攻守方略极为重要，这些地方的安危直接影响到他的"征讨大计"能否顺利实现。作为一个朱元璋所器重的谋臣，一个亲手制定征讨大计的运筹帷幄的人物，在此关键时刻，怎能置若罔闻呢？三处叛乱，使朱元璋失去了几员得力的大将，刘基也失去了三位好友，其中胡大海的人品，他最为景仰，他和宋濂等"四先生"也是由他推荐而来到朱元璋的麾下。孙炎善辩论、长诗文，也正是他奉朱元璋之命，数次遣使，诚请刘基出山。叶琛则更是他多年的故交，是与他同赴应天的"四先生"之一，为了死去的朋友，他也应该留下来，帮助守将共同除乱安民。

首先，刘基为夏毅分析了形势，劝他不必慌乱，几个苗兵叛将成不了大气候。婺州的蒋英已投奔张士诚，朱元璋已派遣邵荣率大军征讨处州；严州朱文忠虽兵力多，不敢轻动，但接近诸全州，张士诚兵攻诸全州终有受内外夹击之虞；而洪都祝宗、康泰又绝非徐达的对手，目前只要稳住军心，安抚百姓，浙东指日可平。

接着，刘基以自己的名义发布文书到各处属县，告诫人们要镇静，不要惊慌自扰。并于各处张贴告示，说徐达、邵荣大军业已来征，叛军马上可平定，百姓们要各安生计，不要听信谣传，各县自可相安无事。

只用了一天的时间，刘基就将浙东的军心民心安定下来。因此，后来为刘基死后作行状的黄伯生称此举为"一夕遂定"，这并非溢美之词。

最终形势的发展果不出刘基所料，围攻诸全州的张士信，看到徐、邵大军且至的告示，果然害怕，连夜撤走。从信州来援救的胡德济与诸全州守将谢再兴连夜出击，打败张士信，诸全州之围遂解。

刘基亲随邵荣大军，与王祐、胡琛军配合，进攻处州，烧其东北门，军士登城攻入，李祐之感到大势已去，自杀身亡。贺仁德逃奔缙云，被一农夫认出，抓住绑缚起来，送到建康处死。处州复归平定。朱元璋以王祐镇守处州，邵荣随同朱元璋回师。直到此时，刘基方自处州归家葬母。

回到家乡不久，刘基即得到徐达收复洪都的消息。徐达率大军自汉阳还师，兵临城下，祝宗、康泰分兵拒守，最后终于被徐达攻破。祝宗走新淦，投奔邓克明，为克明弟志明所杀，志明杀了祝宗之后，函其首以献朱元璋。康泰走广信，为追兵所获，送至建康。由于康泰乃是胡美的外甥，所以，朱元璋对他从轻发落。洪都复定。朱元璋听到收复洪都的消息后，甚为高兴，说："南昌（洪都）控引荆、越，西南之屏藩，得南昌去陈氏一臂矣，非骨肉重臣不可守。"乃命大都督朱文正（朱元璋侄）统元帅赵德胜、参政邓愈镇洪都，又以阮弘道为郎中，李胜为员外郎，汪广洋为都事往佐之。程国儒知洪都府事。朱文正来到洪都后，增浚城池，严加守备。

至此，浙东数州的叛乱相继被平定。这时，刘基对目前的局势也暂时放下心来，紧张的情绪多少松缓一些。

四、安定乡里

刘基归家葬母，在南田待了近一年的时间，自至正二十二年（1362）夏到至正二十三年（1363）春。这段时期，刘基虽然身在家中，但心却在应天，无时不在牵挂着应天的情况，牵挂着他为朱元璋制定的"征讨大计"每一步计划的实施结果如何。然而为了为母守丧，尽最终孝道，为了安慰家中亲人，他暂时还不能返回应天。因此，他只能在家乡做一些有助于朱元璋统一大业的事。

此时，处州的原"义兵"首领，除已战死的外，大都已经归降了朱元璋。但是，他们表面上虽然归降，内心里却各自有自己的打算，一旦有机可乘，便想叛离。所以处州的形势表面上看似风平浪静，而实际上却深藏着不少隐患，处州随时可能易主，这对朱元璋来说相当不利。刘基深知这一不利局面，便利用在家为母守丧之际，做了一些有益之事，以扭转形势。由于刘基名望很高，所以在其居家之时，家乡的一些义兵首领，便常来武阳村拜访刘基。刘基了解他们心中所想，就利用这种时机诚恳地向他们分析天下形势，向他们介绍朱元璋的英明、谋略及博大的胸怀等，指出将来一统天下者，非朱元璋莫属，这是大势所趋，天命所在。劝说大家要识时务，认清形势，安分守己，立功报国，不要再做分裂叛离，使社会动荡、生灵涂炭的事了，否则必将成为百姓的大敌，遗臭千古。刘基的这一番诚恳话语，令这些义兵首领大为感动，茅塞顿开，原有的叛离之心也烟消云散，乡里及邻附郡县均翕然心服，不安定因素没等冒头便被消除掉了。朱元璋知道后，非常感激刘基的一片赤诚之心，为感谢他的所作所为，便修书一封，请人送到南田，书中说："愚观先生之诚，又何言也，似先生有此护顾之心，括城可使愚高枕无忧矣！"

数降数叛、反复无常的方国珍一直很惧怕刘基，因为他深知刘基的智谋和远见，深知自己敌不过刘基，所以他始终小心翼翼，不敢得罪刘基，现在刘基已成了朱元璋的运筹帷幄之人，更增加了他对刘基的敬畏之心。当刘基的老母亲去世时，他不但专门派去代表吊唁老夫人，为老夫人送葬，而且还屡屡致书、派使节奉献礼物，向刘基表示敬意。但刘基不敢与方国珍私下往来，怕惹出麻烦，所以上书请示朱元璋，得到允许之后，方敢回书方国珍。在给方国珍的回书中，大力宣示吴国公朱元璋的威德，告诫他应该做识时务的俊杰，尽快拿准主意，弃暗投明。方国珍的这些举动，使刘基的影响更大了，因为连方国珍对刘基都如此恭敬、畏惧，更何况其他人呢？史书上说："方氏虽据有温、台、明三郡，其士大夫皆仰基如景星庆云，其小民亦未尝不怀公之旧德也。"

在刘基离开朱元璋归家葬母期间，朱元璋像失去了主心骨一样，凡事都不敢果断地做出决定，生怕自己的决策不妥，以至于坏了大事。由此不难看出，刘基对于朱元璋来说是多么重要，他的确称得上是朱元璋军中运筹帷幄、举足轻重的人物，是朱元璋的股肱之臣。在刘基返回家乡近一年的时间里，朱元璋一再写信到南田乡里请教军政大计，刘基则详细分析、逐条答复，总使朱元璋非常满意。徐达率兵攻武昌，向湖广发展。刘基在回家葬母之前，就此军事行动，向朱元璋建议说："若要攻取武昌，必要集中兵力、速战速决，时间必须限在两个月内拿下，否则，时间过长，就会延误战机，武昌将难以攻取。"形势的发展果不出刘基所料，因为洪都的祝宗、康泰反叛，朱元璋调徐达回师平乱，因而攻打武昌的时间被耽搁，这就给了陈友谅以喘息的机会，使他能够重新组织力量，加强了对武昌的防卫，此后便采取了坚壁不出、以守为攻的战略战术，致使武昌久攻不下。以后半年多的时间，湖广方面毫无战果，而这一切事前已在刘基的预料之中。所以事后朱元璋修书一封，遣人送到刘基家中，说："顿首奉书伯温老先生阁下，去岁先生行，曾言湖广之事，一去便得，然得不得，直候正月尽间二月内可得。果然初至湖广，贼人诈降，后又坚壁不出，至今未下，实应先生之言矣。兹者再行差人赍书诣前，专望先生早为起程前来，万幸。"

刘基的确是一位杰出的战术家，他运筹帷幄，几乎是每谋必中，难怪谋士们也对其倍加叹服，朱元璋对他亦信之更笃，几乎是言听计从。此时朱元璋更感到刘基不在身边的空虚，虽然可以书信往还以求教军政大计，但毕竟路途遥远，所需时间很长，对一些重要军情不能及时商讨出对策，这给朱元璋带来很大不便，因此朱元璋屡次遣人敦请刘基早回应天。

至正二十二年（1362）六月，朱元璋派人送书信给刘基，信曰："顿首奉书伯温老先生阁下，愚与先生自江西别后，屡有不祥，皆应先生前教之言，奉获殄灭奸党，疆域少安，收兵避暑，遣人专诣先生前，虔求一来，望先生发踪指示耳。"六月二十二日，刘基回书给朱元璋，书中建议朱元璋："六月、七月间，举兵用事，不利先动，当候土木顺行，金星出现则可。"朱元璋本来打算用兵，当接到此书后，虽身心踊跃，却"足不敢前"。因为刘基自做了朱元璋的谋士后，"以天道发愚，所向无敌"，使他不敢不听从刘基的话。接下来，朱元璋决定选择七月二十一日甲子用兵，但是，朱元璋不知这一时间是否是良辰吉日，于是便又遣人星夜赶往南田，送书给刘基。朱元璋在书中恳求刘基返回应天，言辞情真意切："望先生以生民为念、德教为心，早赐来临，是所愿也，如或未可即来，可将年月、吉日、时辰、方向、门户择定，密封发来，实为眷顾。"

信中的每一字、每一句，都反映了朱元璋对刘基的信任和依赖，反映了朱元璋因刘基不在身边，对军政大事拿不定主意的那种焦急的心情。刘基终于被朱元璋的诚意打动，为了不辜负朱元璋的一片盛情，刘基决定尽早返回应天。

刘基在返回应天途中，路过建德（严州）时，正好遇到张士诚的进犯。当时建德守将李文忠准备奋力抗击，刘基则阻止说："不出三日，贼当自走，追而击之，此诚擒也。"等到过了三日，黎明之时，刘基登城望之说："贼走矣。"大家看到敌兵壁垒旗帜如故，而且听到严鼓声声，所以李文忠部下将士都不敢轻举妄动。刘基反复驱使他们迅速前往，当李文忠的军队来到敌阵时，才发现早已壁空军散，所留下来的仅仅是老弱病残而已。于是李文忠命令军队速速追击逃兵，追到东阳，全部擒获，然后班师。

第六章

大战鄱阳湖，天下归一统

一、朱元璋解救安丰小明王

　　小明王即颍州红巾军领袖韩山童之子，名韩林儿，栾城（今河北栾城）人。其先世以白莲教烧香号召百姓，后谪徙广平永年县（今河北邯郸东北旧永年）。元朝末年，韩林儿的父亲韩山童倡言天下大乱，弥勒佛下生，河南及江淮间人民都很崇信他。颍州人刘福通与杜遵道、罗文素、盛文郁、王显忠、韩咬儿等声称韩山童实为宋徽宗八世孙，当主中国，于是便杀白马黑牛，誓告天地，欲同起兵，以红巾为号。至正十一年（1351）五月，正当准备起兵的时候消息走漏了，地方官派兵前来镇压，韩山童被捕牺牲，其妻杨氏、子韩林儿逃到武安（指武安山，今江苏徐州境）。刘福通等逃出重围，再次起兵，于五月初三一举攻下颍州，大起义正式爆发。由于起义军头裹红巾为标志，故称红巾军，起义军多为白莲教徒，烧香拜佛，故又称香军。至正十五年（1355）二月，刘福通将韩山童之子韩林儿从砀山夹河迎至亳州（今安徽亳县），正式建立北方红巾军的政权，国号宋，改元龙凤，立韩林儿为帝，又号"小明王"。"小明王"则是"明王出世"的标志，表示光明已经来临，黑暗势力即将驱逐。

　　至正十五年（1355）十二月，元帅答失八都鲁大败刘福通于太康，进而围攻亳州，刘福通挟韩林儿遁于安丰。次年三月，刘福通与元军激战于亳州，答失八都鲁大败退走，亳州失而复得。从龙凤二年（1356）九月开始，刘福通为了分散元军对宋政权都城亳州的压力，扩大战果，开始分兵出击。遣李武、崔德经潼关入陕，毛贵入山东。龙凤三年（1357）夏，由于毛贵在山东的战果辉煌，刘福通作出了重大决策，即三路北伐。以毛贵为主力，由东路进攻大都；以关先生、破头潘一支为中路，绕道山西，转攻河北，形成对大都的包围；李武、崔德的西部军由于在陕西受阻，增派白不信、大刀敖、李喜喜前往支援。可惜这一战略没有取得成功。三路北伐大军先后遭到失败。

龙凤三年六月，刘福通攻打汴梁。汴梁是北宋的首都，北方红巾军以"复宋"为号召，因此进攻汴梁，这对于推翻元朝封建统治是有很大号召力的。然而汴梁当年未能被攻克，八月，刘福通转攻大名路，攻克后，又攻克卫辉路，于是豫北、冀南广大地区均为刘福通占有，形成了对汴梁的包围圈。当时，太行山以东的豫北、冀南地区，元朝派河南行省平章答失八都鲁驻守，答失八都鲁曾多次败于红巾军之手，面对强大的红巾军，他自知必败，因而不得不求元廷增援。元廷增派知枢密院事达里麻失里来援，结果元军大败，达里麻失里战死，答失八都鲁被迫退驻石村。由于屡战败北，答失八都鲁于这一年年底忧愤死去，其子孛罗帖木儿袭其父职，退驻井陉（今河北井陉西）。

龙凤五年（1359）五月，刘福通再次发动对汴梁的进攻。元汴梁守将竹贞逃遁，这样北方红巾军多年的愿望实现了，于是将汴梁定为宋政权的都城，韩林儿也从安丰迁来，北方红巾军起义出现了鼎盛局面。红巾军的节节胜利，促使敌人内部发生了分化。这一年的七月，原河南行省平章、怀庆路守将周全向宋政权投降。周全率其军队准备渡河向汴梁靠拢，驻守在洛阳的察罕帖木儿派其将伯帖木儿守碗子城，以阻周全。周全杀伯帖木儿，进入汴梁，刘福通又命令周全攻洛阳，周全兵至城下，见城坚不可攻，畏惧退兵，为刘福通所杀。

由于毛贵孤军深入大都，失败退据山东；关先生、破头潘攻保定失利，未能与刘福通的中央红巾军和毛贵的东路军会合，只好远去塞外，进军辽东；李武、崔德的西路军也远在宁夏、灵武等地。三路北伐的目的没有达到，形势发生了逆转，元军对宋政权的围剿则日益加剧。由察罕帖木儿和孛罗帖木儿率领的两支实力很强的元军，对宋政权的包围进一步紧缩。察罕帖木儿本来是驻守在陕西的，由于西路军失利，元朝只留下李思齐的部队，驻守在陕甘一带，察罕帖木儿的部队进驻山西。由于中路红巾军北上，察罕帖木儿又将部队进驻渑池（今河南渑池）。到龙凤四年（1358）七月时，察罕帖木儿又移军洛阳，周全攻洛阳失败后，察罕帖木儿更加紧了对汴梁的包围。孛罗帖木儿则竭力切断汴梁与山东的联系，拼命进攻曹州。龙凤四年十一月，曹州陷落，红巾军首领武宰相、仇知院牺牲。龙凤五年（1359）初，孛罗帖木儿又北上代州（今山西代县）、丰州（今内蒙古呼和浩特东）、云内（今内蒙古土默特左旗东南），驻守大同，以切断中路军与汴梁的联系。至此，宋政权的处境极其危险。

龙凤五年五月，察罕帖木儿移军虎牢，分兵南路出汴南，攻陷归、亳、陈、蔡，北路出汴东，置战船于黄河内，略曹州南，据黄陵渡，又发陕西、山西各路元军，把汴梁包围得水泄不通。八月，汴梁城破，刘福通护韩林儿冲出重围，逃奔安丰。汴梁城内数万红巾军及宋政权官吏、家属被俘。

汴梁失守后，退守在安丰的宋政权已处于孤立无援的境地，但名义上仍节制诸军，如"李武、崔德以西略地无功，福通责其逗留"，还多次加封朱元璋的官职。龙凤八年（1362）九月，刘福通在自己处境十分困难的情况下，还派兵增援遭到扩廓帖木儿围攻的田丰军。

龙凤九年（1363）二月，早已占领了濠州的张士诚，趁安丰空虚之机，遣其将吕珍进攻安丰。刘福通等进行了顽强的抵抗，安丰城中处境十分艰难，"人相食，有尸埋于地而腐者亦掘而食之，或以井泥为丸，用人油炸而食之者"。小明王在城中号泣，不得不遣人向朱元璋求救，当时刘基曾谏阻朱元璋说："不宜轻出，假使救出来，当发付何处？"而朱元璋则认为"安丰破，则张士诚益张，不可不救"。因此朱元璋亲率徐达、常遇春往救。但待朱元璋大军赶到时，吕珍已击杀刘福通，朱元璋率军力战，常遇春三败吕珍，庐州左君弼出兵助吕珍，亦被常遇春击败，吕珍与左君弼都逃去。朱元璋摆设銮驾，迎小明王驻滁州，创造宫殿居之，供养极厚，但把宫中左右宦侍都换上了自己的人。表面上是尊崇，实际上是把小明王控制起来。

这一年的三月十四日，小明王内降制书，赠朱元璋三代：曾祖考九四公资德大夫、江西等处行中书省右丞、上护军、司空、吴国公，曾祖妣侯氏吴国夫人；祖考初一公光禄大夫、江南等处行中书省平章政事、上柱国、司徒、吴国公，祖妣王氏吴国夫人；考五四公开府仪同三司、上柱国，录军国重事、中书右丞相、太尉、吴国公，妣陈氏吴国夫人。

二、鄱阳湖大战

果然不出刘基所料，当朱元璋出兵援救安丰的时候，陈友谅乘虚进攻，以大兵围困洪都，想夺回这一重镇。此时朱元璋很有感慨地说："不听君言，几失计。"陈友谅这次围攻洪都真正做到了对朱元璋的两线夹攻，这是陈友谅比张士诚高明之处。但是，他不攻朱元璋的心脏地区应天而攻洪都，却是失策，因为当时应天要比洪都更空虚。

早在至正二十二年（1362）正月，陈友谅的江西行省丞相胡美投降，朱元璋因此而轻取龙兴路，之后，朱元璋便改龙兴路为洪都府。袁州、瑞州、临江、吉安相继归属。这一年的五月，朱元璋用其侄儿朱文正为大都督，统率元帅赵德胜、参政邓愈等镇守洪都。朱文正到洪都后，增浚城池，"经度城守，以旧城西向临水，不利守御，命移入三十步，东南空旷，复展二里余"。严防陈友谅前来争夺。

至正二十三年（1363）四月，陈友谅因疆土为朱元璋所占，大为气愤，用大舰来攻洪都，大舰共有数百艘，舰高数丈，一色丹漆，上下三层，每层都有走马棚，下层设板房，有橹几十支，橹箱用铁裹。上下层住的人相互听不见说话。大的容三千人，小的容二千人。陈友谅自以为必胜，载着家小百官，空国而来，大军号称六十万，于四月二十三日进逼洪都城下。洪都城经过改建，离江岸三十步，陈友谅的舰船不能靠近城墙，因此，只有命令他的军队上岸进攻，汉、吴双方便展开了生死予夺的鄱阳湖大决战。

守洪都的都督朱文正和诸将商议，分兵守城。参政邓愈守抚州门；元帅赵德胜等守宫步、士步、桥步三门；指挥薛显等守章江、新城二门；元帅牛海龙等守琉璃、澹台二门；朱文正居中节制诸军，自将精锐二千往来应援以御之。

陈友谅从四月二十七日开始攻抚州门，直到七月中旬，双方杀得难解难分，陈友谅所有攻击的办法都用上了，守城者千方百计抵御，经过八十五天激烈的攻守战，双方伤亡惨重，而洪都始终攻打不下。

陈友谅一面围攻洪都，一面分兵攻打江西各府州县，攻占吉安、临江。

洪都被围日久，内外隔绝，言信不通。六月，朱文正派千户张子明到应天府求援。张子明取东湖小渔舟，深夜从水关潜到石头口，宵行昼止，经过半个月的时间才到达应天，见到朱元璋，陈述了洪都的情况。朱元璋问张子明："陈友谅的兵势如何？"张子明回答说："兵虽胜，而战斗死者亦不少。今江水日涸，贼之战舰将不利用。又师久粮乏，若援兵至，必可破也。"朱元璋对张子明说："你回去对朱文正说，只要再坚守一个月，我会亲自带兵来救援，不要忧虑。"张子明告辞而回，走到湖口，被陈友谅部卒俘获。陈友谅对张子明说：

"若能诱之降，非但不死，且行富贵。"张子明假装答允，到了城下便大呼道："我张大舍，已见主上，令诸公坚守，救兵且至。"陈友谅受骗大怒，攒槊杀之。洪都守军听说朱元璋亲自带兵来援，士气振奋，坚守待援。接着，就开始了朱元璋与陈友谅两军主力苦战三十六天之久、决定生死存亡的鄱阳湖大战。

至正二十三年（1363）六月底，朱元璋将在庐州作战的徐达、常遇春调回，准备救援洪都。

七月，朱元璋又带领二十万大军乘船西征。

七月初六，朱元璋亲率徐达、常遇春、廖永忠、俞通海、冯国胜诸大将，由谋士刘基、陶安、夏煜等陪同，统帅舟师二十万救援洪都。七月十六日进至湖口，先派戴德以一军屯于泾江口；另以一军屯南湖嘴，以断陈友谅的归路；又派人调信州兵守武陵渡，防其逃跑；朱元璋亲统大军由松门进入鄱阳湖。

七月十九日，围攻洪都已有八十五天之久的陈友谅，听说朱元璋带兵二十万前来救援，遂解洪都之围，东出鄱阳湖迎战，双方于是开始了一场恶斗。

七月二十日，两军在康郎山相遇。陈友谅将巨舰排开，并用锁链联结起来，楼橹高十余丈，绵亘数十里，旌旗戈盾，望之如山，而且陈军处于上流，军锋甚锐。朱元璋见状对诸将说："彼巨舟首尾连接，不利进退，可破也。"于是下令将水军分为十一队，火器弓弩依次排列，并令诸将近敌船先发火器，然后弓弩，及至近前则以短兵击之。当时部署已定，双方并未接战。

七月二十一日，战斗开始。徐达、常遇春、廖永忠等率军进攻，徐达身先士卒，击败陈军前锋，杀敌一千五百人，获一巨舟而还，军威大振。俞通海又乘风发火炮，焚烧陈军二十多条船，杀溺死者甚多。陈军攻杀上来，徐达与陈军攻杀不已，大火烧着了徐达的船，徐达指挥扑火更战，朱元璋急忙派船增援，徐达复又力战，陈军乃退。接着陈军骁将张定边奋力直向朱元璋座舰杀来，正赶上朱元璋座舰忽然搁浅，遂被陈军团团围住，朱军奋勇格斗，张定边不得接近。朱元璋牙将韩成看到情况危急，便和朱元璋互换衣冠，面对敌军投水自杀，陈友谅以为朱元璋已死，攻势稍有减弱。正在此危急之时，常遇春从旁飞矢射中张定边，张定边舟退，俞通海、廖永忠来援，舟骤进水涌，朱元璋之船才得脱险。廖永忠飞舸追张定边，张定边的船上中箭如猬，士卒死伤甚多。忽然常遇春的船也搁浅了，正巧有一败舟顺流而下，撞到了常遇春的船，船也脱险了。双方战至日暮，朱元璋鸣金收兵，集众将申明纪律，喻以生死利害，又顾虑张士诚乘机袭击应天，遂命徐达回军还守南京。

七月二十二日早晨，朱元璋鸣角集师，亲自布阵再与陈友谅决战。陈友谅将巨舟全都连锁在一起成船阵，旌旗楼橹望之如山。朱军船小，仰攻很不利，连战三日均无进展，将领张志雄、丁普郎、余昶、陈弼、徐公辅等皆战死。后来朱元璋亲自督战，右师稍往后退，立命斩队长十余人，但仍制止不住。这时，部将郭兴进谏说："非人不用命，舟太小不敌也。臣以为非火攻不可。"朱元璋认为很对，便命常遇春等分调渔船，载荻苇，中置火药，束草为人形并饰以甲胄，各持军器作战斗状，另备快艇于其后，乘黄昏时东北风起，以敢死士驾船迫近敌舰，乘风纵火，风急火猛，顷刻之间，烧着了陈军水寨数百艘船，浓烟蔽天，湖水尽赤。朱军乘势攻击，陈军死伤惨重，陈友谅的弟弟友仁、友贵及其平章陈普略等皆被焚死。陈友仁在陈军中号称"五王"，瞎了一只眼，骁勇善战，这几个人的战死，使陈友谅为之丧气。

当两军酣战之时，朱元璋所乘之船桅杆漆着白色，被陈友谅发觉，欲并力来攻。朱元璋察知其意，收兵之后，连夜令诸船把桅杆都涂成白色，第二天两军交战之时，陈军竟分辨不出哪条船是朱元璋的座舰。两军交战激烈之时，刘基一直跟随在朱元璋左右，这一天交战正酣，刘基忽然跳起大叫朱元璋赶快换船，朱元璋依言换船，还未坐定，原来所乘的船已被炮击碎了。陈友谅见朱元璋的船被击碎，非常高兴，不一会儿，朱元璋麾军再次进攻，陈军相顾皆失色。陈友谅军船大，运转困难，朱军环绕进攻，甲板上的士兵都快被杀光了，而操舟者还不知道，依旧呼号摇橹，及船起火，皆被烧死。朱元璋部将俞通海、廖永忠、张兴祖、赵庸等以六艘船深入搏击，陈军联大舰极力拒战，遮蔽了六条船，朱军以为皆已陷没。过了一会儿，六条船绕陈军而出，朱军见状，勇气倍增，合战愈力，呼声震天动地。战至中午，陈军大败，遗弃旗鼓器仗浮蔽湖面。陈友谅见战斗不利，乃与部将张定边商议，欲退保草鞋山（即大孤山），但朱元璋指挥水军抢先控制了罂子口，陈友谅被扼制不得出，于是敛舟自守，不敢再战。

朱元璋的部将们想要退师稍休士卒，然后再战。朱元璋说："两军相持，我若先退，彼必以为怯而来追，非计也。必先移舟出湖乃可无失。"乃利用夜间移泊于左蓝，陈友谅军亦移舟出泊渚矶相持。

两军相持了三天。陈友谅召开军事会议，商议对策。右金吾将军说："今战不胜，出湖实难，不如焚舟登陆，直趋湖南，谋为再取。"而左金吾将军则反对烧船退兵，他说："今虽对我们形势不利，然而我师犹多，勠力一战，胜负未可知，何至自焚而示弱，万一舍舟登陆，朱军以步骑蹑我后，进不及前，退无所据。"将士们的意见不一，陈友谅犹豫不决，后来他看到战卒伤亡众多，便同意了右金吾将军的意见。左金吾将军怕受陈友谅的责罚，带领军队投降了朱元璋，右金吾将军看到左金吾将军投降，也带领部队去投降。这样，陈友谅的兵力和士气更加削弱。

朱元璋见陈友谅避战，乃在左蠡（今鄱阳湖之北湖）写信给陈友谅，激他说："公乘尾大不掉之舟，殒兵蔽甲，与吾相持，以公平日之强暴，正当决一死战，何徐徐随后，若听吾指挥者，无非丈夫乎？"陈友谅看信后，大怒，扣留了送信的使者，又将所俘获的朱元璋部下将士全部杀死。朱元璋得悉此事后，则反其道而行之，将所俘获的陈友谅的将士全部释放，受伤的给予良药治疗，还祭奠陈友谅阵亡的弟侄和将士，下令不杀陈军的俘虏。朱元璋的这一策略大大动摇了陈友谅军的军心。

事过十五天，陈友谅不敢出湖，朱元璋又写信给陈友谅说："昨兵船对泊渚矶（鄱阳湖之西渚），尝遣使赍记事往，不见使回，公度量何浅浅哉？丈夫谋天下，何有深仇？江、淮英雄，唯吾与公耳，何乃自相吞并？公之土地，吾已得之，纵欲力驱残兵，来死城下，不可再得也。使公侥幸逃还，宜亦宣修德，勿作欺人之寇，却帝名而待真主。不然，丧家灭姓，悔之晚矣！"陈友谅当然又非常生气。

陈友谅军在鄱阳湖停留了一个月，粮食已尽。陈友谅派兵到都昌抢粮，被朱文正的军队把装粮的船放火烧了，陈友谅势益穷困。

八月下旬，陈友谅在粮尽援绝的情况下，企图冒死突围，逃回武昌。他亲自带领楼船百余艘趋南湖嘴，被南湖嘴的守军拦阻，不能通过，于是就转往湖口，突入长江。朱元璋指挥各军追击，用火舟、火筏冲之，敌舟散走，追奔数十里，战斗自辰时一直进行到酉时。两军搏战，顺流而下，到了泾江口。陈友谅遭到重兵伏击。在激战中，陈友谅中流矢，"贯睛及颅而死"。朱元璋军听到这个消息，欢呼跳跃，杀敌益奋，敌众大溃。陈友谅的太子善儿、平章姚天祥等被俘，枢密使李才……及指挥以下，全部以其楼船军马来降，得士卒五万多人。张定边乘夜用小船装载了陈友谅的尸体和陈友谅的儿子陈理逃回武昌去了。鄱阳湖大战，至此结束。

这次鄱阳湖大战，朱元璋带了两个儒臣，一个是刘基，一个是夏煜。刘基更与朱元璋同舟督战，直接参与谋划、指挥，所立功勋当然在诸将之上。

在大战之初，朱元璋是没有把握的，刘基为朱元璋分析了形势，认为知己知彼，百战不殆，敌我双方各具优势。敌方的优势是大军号称六十万，我方只有二十万；水军船舰，敌方高大坚固，联舟布阵，长达十余里，我方小船仰攻困难。故在人力和装备上，我方处劣势。但我方也占有优势。首先，士气高涨，能够同仇敌忾。敌方围洪都已八十多日，死伤惨重，已如强弩之末；其次，敌巨舰相连，虽可抗得住风浪，但调动不便。我舟小体轻，操纵灵活，进退自如；还有就是陈友谅这个人寡恩多疑，上下离心，而我军则上下一心。最后一点就更为重要，即敌人的后路已被切断，粮尽兵疲，无援可待，而我们则有洪都与大后方的源源接济。综合起来看，我方的优势多于劣势，因此此战必胜无疑。朱元璋听后，树立起了信心。

鄱阳湖之战是历史上一次重要的战役。此战双方兵力的众多，战斗之激烈和持续时间之长，在我国战争史上也是少见的。这次战争的胜利对朱元璋来说意义是重大的。可以说，朱元璋之所以能够最后削平群雄，推翻元朝，建立统一的大明王朝，鄱阳湖大战的胜利是一个决定的因素。正如顾祖禹所说："混一海内之业，肇于鄱阳一战。"朱元璋在消灭陈友谅后，也高兴地对诸将说："此贼亡，天下不足定矣。"

陈友谅大将张定边逃到武昌后，立陈理为帝，但此时实力已无，第二年朱元璋水陆大军再度出征武昌，陈理投降，汉政权正式宣告灭亡。

三、攻取张士诚

鄱阳湖大战凯旋后，朱元璋便由吴国公而升为吴王了。朱元璋称王后，先是进攻武昌，逼降陈理，接着按"征讨大计"行事，便是全力攻打张士诚。

张士诚，小字九四，泰州白驹场（今江苏东台）人，以操舟运盐为业。因平时受富户欺凌以及弓兵邱义的多次窘辱，怀恨在心。至正十三年（1353）正月，红巾起义爆发后，张士诚与其弟士义、士德、士信及壮士李伯升等十八人，杀丘义及所仇恨的富家，焚其庐舍，召集苦于官役的盐丁，起兵反元，乘胜攻下泰州，有众万余，连克兴化，结寨于得胜湖。四月，元以万户告身招之，张士诚不受命，五月攻破高邮。

张士诚和方国珍一样，他起兵反元，并没有推翻元朝黑暗统治的决心，因此在元朝统治者"剿""抚"两手面前，渐渐败下阵来。当他占领兴化后，元朝又遣高邮知府李齐招降。"士诚因请降，行省授以民职，且乞从征讨以自效。"不久又反。至正十四年（1354）正月，张士诚自称诚王，国号大周，改元天祐。

至正十四年九月，元右丞相脱脱在镇压了徐州芝麻李起义后，又总制诸王、诸省各翼军马，他率总兵、领兵大小官将，出征高邮。元兵号称百万，连西域西番皆发兵来助，旌旗累千里，金鼓震野，出师之盛未有过者。十一月，元兵把高邮围得水泄不通，城中几乎支撑不住了，想要投降。张士诚在元军的压力面前，又一次准备投降，但又恐罪在不赦，不敢投降，高邮正危在旦夕的时候，在大都的元中书右丞哈麻弹劾脱脱，元顺帝下令削脱脱兵权和官爵，并将脱脱流徙于云南大理镇西路，后被哈麻鸩死于云南。另以河南行省左丞相太不花、中书平章政事月阔察儿、知枢密院事雪雪代领其兵。由于临阵换将，元军哗然，百万大军，一时溃散，张士诚则乘机出兵，大败元军。

高邮之战使元朝军队丧失了对农民起义军的优势，从此以后主要依靠地主武装来镇压农民起义军，农民起义军则利用元朝在高邮战役中的失败，重新壮大了自己的队伍。至正十五年（1355），淮东大饥，张士诚决定渡江南下，于是占领通州（今江苏南通），渡江入福山港，占领常熟。至正十六年（1356）二月，又攻克平江路（今江苏苏州），改平江为隆平府，政权机构自高邮迁到隆平，以李行素为丞相，弟张士德为平章，蒋辉、潘元明为左右丞，史文炳为同知枢密院事，周仁为隆平府太守。接着，分兵攻克常州、松江、湖州，七月，攻杭州，元江浙行省左丞相达识帖睦迩逃遁。张士诚的势力逐渐扩大。

这时朱元璋的军队已经攻占了集庆，势力向东伸张，两军相峙于镇江。踌躇满志、得意忘形的张士诚，根本不把朱元璋放在眼里，朱元璋遣杨宪为使与张士诚通好，被张士诚拒绝。双方交战后，张士诚军先败于龙潭，后败于常州，不得不向朱元璋求和，反而遭到朱元璋的讥讽。至正十七年（1357），朱元璋连克长兴、常州、泰兴、江阴、常熟等地，张士德也在常熟为朱元璋军擒获。原来，张士诚北有淮海，南有浙西，江阴和长兴两地都是要害，因为长兴据太湖口，陆走广德诸郡；江阴枕大江可扼姑苏、通州济渡之处。得长兴，则张士诚步骑不敢出广德、宣、歙；得江阴，则张士诚舟师不敢溯大江，上金、焦。至此江阴、长兴并为朱元璋军所有，形势对张士诚已很不利。在屡战屡败后，张士诚周围的一些旧官吏、政客、儒生，都劝其投降元朝，张士诚自己也感到"势穷力迫"，甘愿接受元朝"招安"，特派周仁亲诣江浙省堂，具陈自愿休兵息民之意。至正十七年（1357）八月，元顺帝封张士诚为太尉，其他部下都授以爵位。

张士诚降元后，在军事上继续与红巾军为敌；在政治经济上，拼命为摇摇欲坠的元朝反动统治打气输血，而他们自己则更加堕落。

为了扭转被朱元璋包围的被动局面，张士诚从至正十八年（1358）开始，曾多次进攻常州、江阴，均遭失败，朱元璋为了进一步紧缩对张士诚的包围，曾于至正十八年十月克宜兴，廖永安率军深入太湖，被张士诚军俘获，最后囚死。朱元璋还多次进攻杭州、湖州、绍兴等地，也未得手。但双方对诸暨的争夺很激烈。至正十九年（1359）正月，胡大海克诸暨，六月，张士诚部将吕珍决水堰灌城，胡大海反击，吕珍败退。第二年九月又来攻城，至正二十二年（1362）三月，张士信率军再次攻城，都未能占领。所以到至正二十三年（1363）前，双方在江南地区基本上仍维持原来的形势。但是，张士诚趁宋政权三路北伐，造成苏北、鲁南空虚之机，其势力扩张到济宁，甚至连朱元璋的老家濠州亦被张士诚占领。

至正二十三年三月，乘着北方红巾军宋政权十分衰弱的形势，张士诚以突然袭击的方式，派吕珍围攻安丰。朱元璋闻讯亲往救援，吕珍败退，将小明王韩林儿救出后安置于滁州。朱元璋退兵后，张士诚军队再次占领安丰。这一年九月，张士诚自称吴王，请求元朝批准，元朝不准，此后，他与元朝断绝了关系。

至正二十四年（1364）八月，张士诚为了进一步在江浙地区建立割据的独立王国，逼迫元江浙行省左丞相达识帖睦迩让位给其弟张士信，达识帖睦迩无奈，只好移居嘉兴，不久被鸩杀。张士信当了江浙行省左丞相后，只顾寻欢作乐，过着荒淫无度的生活，后房百余人习天魔舞队，园中采莲舟楫，以沉檀为之，诸公宴集，费米千石。张士诚兄弟本来出身寒微，一时得志，遂致于此，时人有诗云："书生一夜睡不着，太湖西畔是他邦。"一切政事全由黄敬天、叶德新、蔡彦文三个文人办理，老百姓十分气愤，编了一首十七字歌谣来讥讽张士信等人："丞相作事业，专用黄菜叶，一朝西风起，干瘪！"张士信不仅任用亲信，而且排除旧将，致使统治集团内部更加腐败。《明太祖实录》中有一段记载说："及士信用事，疏间旧将，夺其兵柄，由于上下乖疑，不肯用命。凡兵出遣将，当出者或卧不起，邀求官爵美田宅，即厚赐之，始起任事，至军则载妓女歌舞，日命游谈之士酣宴博弈，及丧师失地而归，士诚亦不问，或复用为将。其威权不立如此。"

张士诚的倒行逆施和割据政权的腐败，使其统治区的人民十分痛恨。至正二十三年（1363）冬，张士诚为了增加农业收入，曾修常熟白茆塘，老百姓编了一首民歌："好条白茆塘，只是开不全，若与开得全，好与西帅歇战船。"西帅是指朱元璋。可见张士诚统治区的人民心向着朱元璋，恨透了张士诚这伙人。

在这两年里，张士诚曾企图利用朱元璋攻打陈友谅的时机，突破朱元璋在江南地区的包围圈，他派谢再兴攻东阳，李伯升率六十万军队第四次夺诸暨，张士信攻长兴，都未获胜。至正二十五年（1365）二月，又派李伯升第五次攻诸暨，又遭失败，到这年十月，朱元璋开始了对张士诚的全面进攻。

朱元璋自从消灭了陈友谅后，劲敌已灭，以后再遇出兵征讨，便不再亲自挂帅出征了。但每次出师的用兵部署及大的战役的作战计划，朱元璋仍旧是和刘基密议然后决定。经常是或者朱元璋到刘基的住处，或者召刘基入宫中，屏去左右从人，两人就天下大事秘密议定，然后由朱元璋出去宣布，由诸将执行。朱元璋知道刘基一片赤诚之心，所以不论什么事都要和刘基商量。刘基自己也感到和朱元璋乃不世之遇，知无不言，遇有急难之事，刘基勇气奋发，计划立定，往往能奏奇功，可外人对此绝不知晓。正因为刘基是这样一个难得的人才，所以朱元璋自得到刘基辅佐之后，每战必胜，每攻必克，遂能扫平群雄，一统天下。朱元璋对刘基非常尊敬，常呼为老先生而不称名，并对人说：

"刘基乃吾之子房也！"只是由于刘基为朱元璋谋划的一切都是帷幄密语，外人无从知晓，而刘基又深知"伴君如伴虎"，绝口不敢提自己的功劳，致使很多事情外人无法了解真情。观朱元璋灭陈友谅之战，即可知其灭张士诚、沉小明王、北伐中原等重大决策，无不有着刘基的计谋和心血在里面。

朱元璋消灭张士诚的战争，采取了"先取通泰诸郡县，剪其羽翼，然后转取浙西"的策略，前后经过了三个阶段：第一阶段是占领张士诚在苏北、淮河流域的地盘；第二阶段是占领江南地区的城镇，形成对平江的包围；第三阶段是围攻平江。

至正二十五年（1365）十月，朱元璋发布文告，指责张士诚"假元之命叛服不常……启衅多端，袭我安丰，寇我诸全，连兵构祸，罪不可逭"。命令徐达、常遇春、胡美、冯国胜、华高等出兵规取淮东、泰州等处。到至正二十六年（1366）四月，先后攻占了泰州、通州、兴化、盐城、高邮、淮安、濠州、徐州、宿州、沛县、邳州、安丰等地，夺取了张士诚在苏北和淮水地区的占领区。

五月，朱元璋在夺取了苏北向江南进军前发表了《平周檄》，指责张士诚有"八大罪状"。八月，朱元璋令徐达为大将军、常遇春为副将军，率师二十万攻取张士诚的腹心地区。

至正二十六年（1366），徐达、常遇春先后攻下了湖州、杭州、绍兴、嘉兴等地，十一月，形成了对平江的包围圈。张士诚手下的大将吕珍、李伯升等先后投降朱元璋。但平江城城墙坚厚，朱元璋硬打很难攻下，朱元璋便下令在平江四周筑起长围，在长围上架起三层高的木塔，名为敌楼，监视城中动静，每层敌楼上装有弓箭火铳，又用回回炮日夜轰击。朱元璋贻书张士诚说："古之豪杰，以畏天顺民为贤，以全身保族为智，汉窦融、宋钱俶是也。尔宜三思，勿自取夷灭，为天下笑。"降将李伯升派说客去劝降，张士诚仍是不降。张士诚派张士信守城，张士信满不在乎，在城墙上督战还带着美女、好酒，寻欢作乐，结果中炮身亡。

平江城长时间被围困，张士诚外无援兵，内无粮草，只好拼命突围，但是没有成功。终于在吴元年（1367）九月，城被攻破，周仁、徐义、潘元绍等投降，张士诚率军巷战，最后看到已无法挽回败局，下令把户籍图册全部烧毁，把国库里的金银财宝绫罗绸缎分给百姓，然后一把火把妻子家属全部烧死，自己上吊自杀，但他自杀未遂，被李伯升救下，交常遇春送到应天，过了几日，他乘人不备，又自缢而死。

四、北伐中原，元朝灭亡

至正二十六年十一月，当朱元璋兵临平江、筑起长围、张士诚已成瓮中之鳖的时候，朱元璋又在十二月派廖永忠去滁州迎接小明王，当小明王在瓜步乘船渡江的时候，廖永忠派人将船凿沉，小明王韩林儿和他的家属们都成了江中的冤魂。

其实，这是朱元璋和刘基设的一计。早在刘基刚到应天之时，见朱元璋在中书省设小明王的御座，朱元璋领着群臣对着御座行礼，刘基很不以为然地说："牧竖耳，奉之何为？"但朱元璋是靠奉行小明王年号而发展起来的，当时小明王对各地红巾军还有很大号召力，所以朱元璋仍继续用其年号以号令军中。及至后来朱元璋解救安丰，刘基谏阻他说："陈友谅方伺隙，未可动也。"朱元璋不听，遂有安丰之行，救出小明王之后，朱元璋在滁州为小明王建造宫殿，供养极厚，但把宫中的宦侍全都换上了自己的人，小明王已经掌握在朱元璋的手心。

等到至正二十六年十二月时，天下形势已经大不一样了。几年来，朱元璋按照他和刘基定的"征讨大计"，一步一个脚印地走了过来，最强劲的对手陈友谅已经灭掉，张士诚的灭亡也只是时间问题，朱元璋下一步就要自己登基当皇帝了，这时候小明王的存在就是一个障碍，除掉他也是必然的了。小明王既死，龙凤年号便理所当然地废止，于是朱元璋在至正二十七年开始称吴元年，离他正式登基只有一步之遥了。

吴元年（1367），朱元璋按照他和刘基拟定的"征讨大计"，几乎同时开始了南征和北伐。

九月，当朱元璋攻克平江后，即遣军分两路进攻方国珍。这时的方国珍已惶惶不可终日，所有反复无常的手段都已失去了作用。还是在至正二十三年时，朱元璋遣参军胡深攻浙江，胡深下瑞安、进兵温州，方国珍乞求朱元璋退兵，愿意每年输白金三万两，等西吴军攻破杭州，即纳土归降。但当吴元年西吴军攻下了杭州，方国珍出尔反尔，不但不纳土归降，反而北通扩廓帖木儿，南联陈友定，图为掎角之势以自保。七月，朱元璋写信责怪方国珍，令他纳贡粮二十三万石。方国珍感到穷途末路，便搜集珍宝，征集海船，准备全家下海逃跑。朱元璋见方国珍不可理喻，便在九月派朱亮祖进占台州、温州，派汤和率大军取庆元，方国珍逃入海中，汤和率军追击，十一月，朱元璋又令廖永忠率舟师入海，与汤和合击方国珍，方国珍纳款投降。

吴元年十月，朱元璋在平定了方国珍后，随即令胡美为征南将军、何文辉为副将军，率军南下征陈友定。

陈友定，一名有定，字安国，福州福清县（今福建福清）人。他出身贫寒，因经商折本，充当驿卒。至正十二年（1352），南方红巾军入闽，陈友定在其家乡袭击红巾军有功，升为明溪寨巡检，后又以功升为清流县尹，最后升任福建行省参知政事。至正二十五年（1365），元置福建行省分省于延平，以陈友定为平章，于是闽中八郡皆为其所有。由于当时福建与北方的交通阻塞，陈友定在福建成了土皇帝。张士诚、方国珍停输海运粮后，陈友定从福建运粮数十万石至大都，受到元顺帝嘉奖。

这次朱元璋大军南征陈友定，一路势如破竹，陈友定部将纷纷投降。十二月，朱元璋又令汤和、廖永忠等率舟师自庆元取福州。洪武元年（1368）正月，明兵攻取建宁，进围延平，陈友定服毒自杀未死，俘送应天，不久被杀，其附近各路、州、县相继投降。

福建平定后，朱元璋继续发兵南征。当时，长江以南除了四川、云南各有一个割据政权统治着外，两广还在元朝统治之下，湖南地区也有一些孤立的据点，但力量很分散，守城元将互不支援。洪武元年二月，明军开始出师，兵分三路：一路由杨璟、周德兴等从湖南取广西；一路由征南将军廖永忠、副帅朱亮祖率领，由福建航海取广东；一路由陆仲亨等率领，由韶州（今广东韶关）直捣德庆（今广东德庆）。

此时，元朝统治集团更加腐败不堪，内部倾轧、军阀混战，到了不可收拾的地步。

脱脱被贬杀后，元顺帝与哈麻兄弟等一伙更加为所欲为。元顺帝命哈麻为中书左丞相，哈麻的弟弟雪雪拜御史大夫，哈麻的妹婿秃鲁帖木儿、元顺帝的母舅老的沙等与顺帝整天胡闹，怠于政事，皇太子掌握了军政大权，并以扩廓帖木儿为外援。元末农民起义爆发后，失去战斗力的元朝军队在农民起义军的打击下土崩瓦解。但是依靠地主武装起家的察罕帖木儿、答失八都鲁、李思齐、张良弼等逐渐崛起，形成了新的军阀集团。答失八都鲁在北方红巾军的打击下，得病死去，其子孛罗帖木儿继之。察罕帖木儿被田丰、王士诚刺死，其养子扩廓帖木儿（王保保）继之。李思齐是与察罕帖木儿同时起家的，张良弼是靠镇压西路红巾军发迹的。这四家军阀出于争权夺利，长期以来互相攻伐不已。与此同时，宫廷内部斗争也白热化起来。在这种形势下，朱元璋开始了北伐。

吴元年十月，朱元璋命中书右丞相徐达为征虏大将军、平章常遇春为副将军，率军二十五万北伐。朱元璋在和刘基商定之后，提出的北伐具体方略是："先取山东，撤其屏蔽；旋师河南，断其羽翼；拔潼关而守之，据其户槛；天下形势入我掌握。然后进兵元都，则彼势孤援绝，不战可克其都。鼓行而西，云中、九原以及关陇可席卷而下。"他又再三申明纪律，告谕将士：这次北伐的目的不仅仅是攻城略地，重要的是平定中原，削平祸乱，推翻这个腐朽朝廷，解救人民痛苦，安定人民生活。见敌人就打，军队所经地方和打下的城市，不可乱杀人，不可抢财物，不可占民居，不可破坏农具，不可杀耕牛，不可掠人子女，民间如有遗弃孤幼在军营者，父母亲戚来认的即还之。

为了进一步取得汉族地主阶级支持，分化瓦解蒙汉各族上层贵族联合统治的元政权，朱元璋发布了北伐的檄文，在檄文中，公开提出了"驱逐'胡虏'，恢复中华，立纲陈纪，救济斯民"的口号，它突出了汉族地主阶级的大汉族主义思想，声称："中国居内以制'夷狄'，'夷狄'居外以奉中国，未闻以'夷狄'居中国治天下者也。"即用地主阶级的大汉族主义来驱逐"胡虏"，恢复中华。另一方面，要"除暴乱"，"拯生民于涂炭"，提出"立纲陈纪，救济斯民"，这就明确地在全国范围内恢复封建纲纪，重建封建统治。所以，这一檄文对当时的汉族地主阶级有很大的号召力，对瓦解敌人也起了很大作用。

按照战略计划，北伐的第一步是先取山东。徐达率军先抵淮安，遣人往沂州招谕王宣、王信父子。王宣是靠组织"义兵"被元朝授予淮南淮北义兵都元帅的，察罕帖木儿死后，扩廓帖木儿忙着打内战，王宣父子乘机攻略山东全境。当徐达来书招降后，王宣降后复叛，被徐达镇压。接着莒州、滕州、益都、东平、兖州、济南、济宁、密州、登州、莱州、东昌等地，相继克复，元守将或降或遁。

北伐的第二步是旋师河南，断其羽翼。这是从洪武元年三月开始的。徐达等率军进入河南后，第一个目标是汴梁，当时盘踞汴梁的是元守将李克彝和投降元朝的原天完政权将领左君弼等，左君弼等投降，李克彝逃遁。接着河南、荥阳、福昌（今河南永宁东北）、钧州（今河南禹州）、许州、陈州、汝州等地或降或克。同时由冯宗异率领的偏师克陕州，扼潼关，西略华州，以防李思齐等援兵东来。五月，朱元璋抵汴梁，准备进军大都。

北伐的第三步是进兵元都。当时，元大都已完全处在孤立无援的境地。至正二十七年（1367）十月，皇太子削了扩廓帖木儿兵权后，扩廓帖木儿驻军泽州，又命李思齐、貊高等围攻扩廓帖木儿。次年，扩廓帖木儿据太原，尽杀元朝所置官吏，皇太子又命各地军阀夹击扩廓帖木儿，经过几番激战后，关保、貊高均被扩廓帖木儿所杀，而这时明兵已占领河南，挥师北进大都了。元顺帝不得不罢抚军院，重新封扩廓帖木儿为河南王、中书左丞相，命扩廓帖木儿和李思齐等抗拒明军。闰七月，明兵在攻克卫辉、彰德、磁州、邯郸、临清等地后，会集德州，步骑舟师继续沿运河北上，下长芦，克青州，至直沽，元将也先自海口逃遁，大都震惊。当明军占领通州后，即七月二十八日，元顺帝率后妃太子逃到上都。八月初二日，徐达率北伐明军进入大都，至此，统治了九十八年的元朝政权终于被推翻。

元朝被推翻之后，朱元璋又派大军开始了清除各地残余势力的战争，以求得全国的统一。

第七章

刚直的御史中丞

一、平反滞狱

至正二十七年，即吴元年十月，吴设置御史台，以汤和为左御史大夫，邓愈为右御史大夫，皆从一品，以刘基、章溢为御史中丞，此为正二品。刘基仍兼太史院使。朱元璋谕之曰："国家新立三大府，总天下之政。中书，政之本；都督府掌军旅；御史台纠察百司。朝廷纪纲尽系于此，而台察之任，实为清要，卿等当思正己以率下，忠勤以事上。如果己不正，则不能正人，是故治人者，必先自治，则人有所瞻仰。不要徒拥虚位而漫不可否，不要委靡因循以纵奸长恶，不要假公济私以伤人害物。《诗》云：刚亦不吐，柔亦不茹。此大臣之体也，卿等勉之。"

当时汤和、邓愈虽为御史大夫，却仍忙于在外带兵打仗，南征北战，因此御史台主要由刘基掌管。洪武元年四月至七月，朱元璋赴汴梁，命李善长与刘基留守应天。这期间，由于刘基刚直不阿，严惩贪赃枉法者，所以得罪了李善长。

朱元璋北巡汴梁，命刘基与李善长留守京师，刘基对朱元璋说："宋元以来宽纵日久，当使纪纲振肃，而后惠政可施也。"朱元璋赞同刘基的观点。刘基平素刚严，凡是官吏有犯者，即绳之以法，所以，当时的不法者都惧怕刘基。当时，中书都事李彬因贪赃事发，由于李彬平时阿附李善长，于是李善长到刘基处为之说情，求他对李彬从宽发落。刘基没有答应，遣人向朱元璋奏请诛杀李彬，朱元璋准其奏。时值天气大旱，李善长等人正议论祈雨之事，这时诛杀李彬之报传到，李善长说，今天正想祈雨，怎么可以杀人呢？刘基大怒说：杀李彬，天必雨。于是斩李彬，李善长由此怨恨刘基。

李彬这件事使刘基与李善长之间产生了矛盾。刘基的不避强御、铁面无私，不是在做了朱元璋的御史中丞后才这样，早在当年他任元朝的高安县丞时，就以刚直不阿而闻名。

刘基惩处李彬，由这件事引发了很多故事，在刘基的家乡广为流传。

有一天，刘基正在衙署里办公，忽听门外人声喧嚷不绝，于是他就吩咐一个小衙役出去察看，不一会儿，衙役回屋禀报：外面都是京城百姓，口呼冤枉前来告状。刘基对小衙役说，叫他们推举出代表带状纸进堂，其余的人在外等候，不许吵闹。

被选举出的几个代表来到公堂上，匍匐在地，连喊冤枉。其中一人递上状纸，泣不成声地说："小人名叫张三，我爹昨天赶车经过大街，不料碰上了作恶多端的胡公子，把我爹活活砍死，望大人替我申冤。"

刘基看完状纸后才知道，胡公子即是当朝丞相胡惟庸的儿子。他一早骑着马，带着一帮家丁，前呼后拥地到大街上乱闯，京城百姓见此，都吓得躲藏起来，此时只有一个六十开外的老翁，由于眼花耳聋，没有觉察到胡公子的到来，仍然赶着马车在大街上走，胡公子一看，顿时大怒，此老头胆大包天，竟敢挡我的道，看来是活腻了。于是驰马奔老头而去，老头还来不及把马车拉到街旁，胡公子的马已经到了。那马一见老头的车，前蹄一纵，把胡公子摔出一丈多远，老翁吓得目瞪口呆，胡公子被家丁扶起来之后，火冒三丈，随手抽出钢刀向老头挥去，一刀就把老翁砍死了，之后便扬长而去。

刘基看完诉状，怒不可遏地说："光天化日之下，竟敢杀害良民，王法何在？"他问张三，有什么证据在身？其他几个跪着的代表忙说："我们都亲眼看见可以作证。"张三拿出一把带有血迹的钢刀，递给刘基说："这就是杀死我爹的刀，刀柄上还刻着名字呢。"刘基立即命令衙役传胡府家丁到公堂受审。不一会儿，胡府的几个家丁便来到公堂上。刘基大声喝道："你家公子如何当街杀人，快点从实招来。"这班家丁倚仗相府势力，都不说实话，刘基出示钢刀，冷笑说，铁证如山，还有什么好讲，来人，先各打二十大板。一个家丁忍受不住，连忙招供。人证物证俱全，刘基命巡捕官马上缉拿胡公子归案。胡公子被押到公堂，刘基大怒说，大胆胡某，你光天化日之下持刀杀人，该当何罪？胡公子傲慢地说："你有什么证据？你无故抓相府公子，我倒要告你有罪！"刘基当即传张三、目击人和他的家丁上堂，三方对质，胡公子无法抵赖，只好认罪。这时张三跪在公堂上哭着向刘基哀求，为他爹申冤。刘基握起朱笔，胡公子情知不妙，连忙磕头说："求大人免我一死，念在您与我爹同朝为官的情分上，不看僧面看佛面。"刘基稍有犹豫，这时衙门外传来一片呼声，衙役进来禀报："大人，外面百姓说若不斩凶犯，他们誓死不回家。"刘基心想，王子犯法应与民同罪，今日不斩丞相公子，怎能平息民愤？于是下定决心，急令刀斧手将凶犯押往刑场斩首示众。京城百姓对此无不高兴万分，称誉刘基为"刘青天"。

这个故事虽然有许多地方与历史事实不符，在民间流传的过程中，虚构、杜撰的情节越来越多，对于这些不能把它当作历史来看待，然而，从这些流传的故事中，我们可以看到刘基在百姓中的地位和形象。

刘基任职御史中丞之后，为了正纪体、明法度，无所忌讳，即使对朱元璋谈话，也是直言不讳，有时达到了"犯言直谏"的程度，从不阿谀奉承，在这一点上，实在是与唐朝太宗时期的魏徵相像。

有一件事可以说明刘基的直谏。洪武二年（1369）九月，朱元璋召问群臣建都之地。有的大臣说，关中乃天府之国，地理位置险固，应建都在关中。有的大臣说，洛阳地处天地之中，都城应建在洛阳。有的大臣说汴梁是宋的旧京，都城应该建在此地。有的大臣则说北平宫室完备，就之可省民力，都城应该建在北平。朱元璋听了大臣们的议论后说，诸位所言皆善，只是说法不同而已。金陵长江天堑，龙盘虎踞，江南形胜之地，足以立国。临濠前有长江，后有淮水，有险可恃，有水陆可漕运，可为中都。群臣听了朱元璋的这番话后，都交口称赞。在大家都迎合和讨好君主的情况下，唯有刘基大胆持反对意见。他说："临濠虽帝乡，非建都之地也。"刘基的话一针见血，一语击中了朱元璋的真实想法，临濠无论从地理位置上看，还是从经济、政治、文化上看，都不适合在这里建都。朱元璋之所以要把都城建在这里，只是因为临濠是他的家乡，仅此而已。刘基这样直言不讳地谏阻皇帝，当然惹得朱元璋大为不悦。他最终还是没有听从刘基的话，于洪武二年九月，正式下诏以临濠为中都，营建城池宫阙，"如京师之制"。

刘基在任御史中丞期间，一方面敢于得罪权臣，敢于抗言直谏，而另一方面，他对廷臣中的一般过失，却很宽容。他常在朱元璋面前解救廷臣，被他解救的大臣有的知道了是刘基救了自己，满怀感激之情前去致谢，还有很多人免遭责罚之后还不清楚是谁救了自己。对这些，刘基对任何人都只字不提。从这些事上，我们可以看出刘基的为人。

对于平民百姓，刘基一直主张"生民之道，在于宽仁"。在刘基任职御史中丞期间，经他手平反了不少冤案。

当天遇大旱之时，朱元璋便命刘基平反了滞狱若干人，既而，雨应时而降。刘基这个人懂得天文地理，他利用自己这方面的知识，使朱元璋相信平反冤案是"天意"。进而，刘基指出，唐宋有成律断狱而元无固定条格，致使官吏从中为奸舞弊，奏请立法定制，朱元璋从其言。

二、张昶乱政

至正二十七年（1367）六月，参知政事张昶因谋叛而被朱元璋诛杀。

张昶，宛平（今北京）人，仕元为户部尚书。当朱元璋为了实现刘基为他制定的"征讨大计"而两次遣使与察罕帖木儿通好以稳住后方之时，元户部尚书张昶受察罕帖木儿的派遣，以使臣的身份，与郎中马合谋带着御酒、八宝顶帽和任命朱元璋为荣禄大夫、江西等处行中书省平章政事的宣命诏书航海到了浙东，在方国珍处等候了一年。方国珍两次派人到朱元璋处告之此事，此时，朱元璋为了等候北方的军事变化，故意拖延不理。一直到至正十二年的十二月，张昶一行才被召至建康。这时，察罕帖木儿已被田丰杀死，他的养子扩廓帖木儿继为统帅。同时，扩廓帖木儿又正与孛罗帖木儿争夺地盘，打得十分激烈。察罕帖木儿一死，朱元璋叹曰："天下无人矣！"北方再没有可怕的敌人了。因此，也不再需要与北方通好了，于是将马合谋等副使杀掉，仅留下张昶一人。

朱元璋没有杀掉张昶，是因为他爱惜张昶的才华。张昶在元朝做了多年大官，熟悉朝章典故、名物制度，凡江左建置、制度多出于他手，并且此人有才辩，智识明敏。朱元璋把他留下后，任命为行中书省都事，并对刘基、宋濂等人说："元朝送一大贤人与我，尔等可与之议论。"张昶也确实才能出众，他留下来后，为朱元璋的建置、制度等出了不少主意。他处理事务"裁决如流、事无停滞"，不仅事事得心应手，效率高，而且允当，并且很快地与杨宪、胡惟庸等人交上了朋友。大家都在朱元璋面前为他说好话，不久，朱元璋又升他为中书省参知政事。

张昶奉使被羁，作为元朝大臣，这是失节、耻辱之事，他的心一直不忘北归。这时，扩廓帖木儿兵力尚强，元都未下，张昶曾与所亲近的人说："我如果得以归元，仍不失富贵。"所以他暗地里一直在筹划着自己的行动。此时他看到自己的地位已经巩固下来，便大胆地指使人上书朱元璋，极力称颂朱元璋的功德，劝朱元璋及时行乐。朱元璋将这些话告诉了太史令刘基，并说，张昶是想成为赵高啊！刘基回答说，诚如您所见，正是那个专门唆使秦二世享乐与干坏事的赵高，断送了大秦王朝。刘基提醒朱元璋要引以为鉴，不能听张昶的话。

朱元璋听从了刘基的劝诫，做到了心中有数，但是最终没有治张昶的罪，只不过是对他进行训斥，把所上文书烧掉而已。

一计未成，又施第二计。接着，张昶又劝朱元璋加重刑法，破兼并之家，上陈了不少厉民之术，想使朱元璋失去民心。朱元璋在刘基的及时提醒下，都没有采纳张昶的建议。张昶自觉情况不妙，感到害怕。此时，元主以为张昶已被朱元璋杀死，赠张昶官谥，并擢用张昶的儿子。正值平章李文忠攻下杭州，擒获元朝平章长寿丑的等送至京师，朱元璋释放了此人，让他回元朝去。张昶就暗中写表书托长寿丑的奉带给元顺帝，并探询儿子存亡。不久，张昶卧病，杨宪前往看望时，偶然发现了在张昶病床内的书稿，他回去后奏呈朱元璋，朱元璋令大都府审查，张昶供认不讳，大书八字于牍曰："身在江南，心怀塞北。"至此，张昶面目暴露无遗，朱元璋方知此人不可用，于是杀掉了他。

当初，张昶劝朱元璋及时行乐，刘基说张昶欲为赵高，张昶得知后怀恨在心，令齐翼严等伺察刘基阴事，准备报复。但阴谋尚未得逞，张昶就事发而被诛杀了。及至后来，司天台受灾，齐翼严上书诬陷刘基，然而其诬陷之事都是出自朱元璋的意旨和命令，因此受到朱元璋的严厉斥责。朱元璋下令斩齐翼严，惩治他的党羽，并尽得其与张昶通谋的书信。朱元璋因此事而责怪丞相李善长。如果张昶的事情未暴露，则刘基便又得罪了一位当权大臣，他在官场的日子是不会好过的。

三、心怀大度保全李善长

李善长，字百室。元延祐元年（1314）出生在凤阳府定远县（今安徽定远）曲阳坊。粗通文墨，自幼有大志，在乡里受人尊敬，曾被推为祭酒（古代飨宴时酹酒祭神的人）。至正十一年（1315）五月，刘福通在颍州（今安徽阜阳）起义，红巾风暴席卷江淮平原。这时李善长的妻兄王濂加入了汝、颍起义军，李善长内心不禁为之震动。当一些文人儒生纷纷投奔到朱元璋那里时，李善长再也按捺不住自己了，便于至正十四年（1354），在朱元璋南下进军滁州（今安徽滁州）经过定远县时，告别了家人，风尘仆仆赶往军门投奔，从此他便留在朱元璋军中。

李善长投入朱元璋军中后，即做了幕僚长（幕府的掌书记）。从此他就兢兢业业，悉心辅佐，很快就成了朱元璋的臂膀。朱元璋也不断对之委以重任，把他当作最信任的心腹。至正十五年（1355），朱元璋取下太平府（今安徽当涂），置太平兴国翼元帅府，自己为大元帅，任李善长为帅府都事。下镇江之后，朱元璋做江南行中书省平章，李善长又进为参知平章。至正二十四年（1364），朱元璋即吴王位，以李善长为右相国，至正二十七年（1367）封为宣国公，不久改官制，变元朝时的尚右为尚左，李善长为左相国。洪武元年（1368），朱元璋进皇帝位，进李善长为左丞相。洪武三年（1370），明太祖大封功臣时，谓"善长虽无汗马功劳，然事朕久，给军食，功甚大"。一时封公者六人，善长位第一，制词比之萧何，褒称甚至。授李善长"开国辅运推诚守正文臣，特进光禄大夫、左柱国、太师、中书左丞相，封韩国公"，地位更加显赫。洪武四年（1371），李善长以病辞位。此后虽然身不居相位，但仍参与军国重事，不失为元老重臣的身份。

李善长投入朱元璋麾下时，正是朱元璋急需良臣谋士为己服务之际，因此朱元璋非常高兴李善长的到来，待他格外优厚，两人也经常在一起讨论军国大事。有一次，朱元璋问李善长："四方兵事何时才能平定？"这个问题在投军之前，李善长就深思熟虑过。所以他从容地答道："秦末大战乱时，汉高祖作为一个平民起兵，他豁达大度、知人善任，懂得收服人心，因此五年平定了天下，成了帝业。如今元朝纲纪紊乱，人心不和，已到了土崩瓦解的程度。汉高祖的家乡在沛地，与您的家乡濠州相去不远，您如能学习这位同乡的长处，担当起这种责任，天下太平也就不远了。"一席话给雄心勃勃的朱元璋留下了深刻的印象。从此以后，朱元璋心目中便有了一个百姓出身的皇帝同乡形象，时时处处都以汉高祖为榜样，同时也把李善长比之于汉高祖的丞相萧何。

有一次，朱元璋对李善长说："如今群雄并争，要打好仗，最要紧的是要有好的参谋，现在群雄中管文书与做谋士的幕僚，常爱说左右将士的坏话，从而导致文武不和，将士施展不了才能，这样自然要失败。将士垮了，好比鸟失去了羽翼，主帅势孤力单，也必然要灭亡的。这是一个教训。你应该为我作一个桥梁，将文官武将联结一起，万不可学那种搞分裂的幕僚。"李善长听了朱元璋这番话后，顿首奉命，在以后的南征北战中，李善长也确实起到了桥梁的作用。

由于朱元璋队伍的威名日盛，投归者也与日俱增。李善长考察他们的才干，荐举优秀人才，重视并听取他们的意见。他代表朱元璋公布纪律、转达命令，他常沟通文武、主帅间的关系，反映将士们的意见，使军中人人心情舒畅。李善长的到来，为朱元璋军中的步调一致，起了重要作用，也使朱元璋的主将地位日益巩固。

郭子兴是一位性情暴躁、忌能护短之人。他耳朵软，好听闲话，疑心病又重，朱元璋虽是他的女婿，但二人在性格上、作风上却大不一样。朱元璋常受到郭的猜疑、冷落和斥责，甚至任意调走他的部队，抽掉他的良将谋士。一次郭子兴听信挑拨而大发其火，扬言要夺回朱元璋兵柄，特别指出，要将李善长置于自己麾下。李善长闻讯，急忙找到朱元璋，表示除了朱元璋外，别处哪也不去，并涕泪满面，令人感动。朱元璋为李善长对自己的忠贞和诚意所打动。此后，朱元璋更加信任李善长，主辅之间相互依赖，配合默契。

至正十五年（1355）三月，郭子兴病逝，朱元璋代统郭部，以副都元帅的身份镇守和州（今安徽和县）。当时，元军力量还很强盛。一次，元军袭击鸡笼山寨，朱元璋决定亲自带兵反击，命令李善长带领少量兵力留守和州，嘱咐他如果敌至，只要坚守城池就行了。元军谍知和州防守兵力单弱，便搞了突然袭击。其实李善长早有估计，并作了安排，在和州城周围设下伏兵，敌兵一至，伏兵四起，打得元军狼狈逃窜。作为文臣的李善长，能在敌强我弱的情况下，出其不意地取得胜利，这是朱元璋没有料到的，所以当朱元璋听到这一胜利的消息时，欣喜无比，当场表扬李善长。

李善长一向反对军队破城后任意抢掠烧杀，他意识到纪律严明才能博得民心，于是向朱元璋建议严明军队纪律，这一建议正合朱元璋之意。所以在攻打太平时，朱元璋命李善长先写好禁约：不许掳掠，违令必按军法处置。进城后四处张贴，还派人沿街巡察，遇到犯法的，当场斩首，毫不留情。太平百姓顿时叹服，从而使朱元璋军队声威远扬，附近百姓纷纷来归。朱元璋趁机顺流而下，于至正十六年三月攻占集庆。这一战役扩大了朱元璋的势力范围，使他建立了牢固的根据地，为后来全面胜利打下了基础。

洪武元年（1368）五月，明太祖去汴梁（今河南开封）视察，留李善长和刘基在京师共掌军国大政。李善长的亲信中书省都事李彬犯贪纵罪，刘基依法判斩，李善长却一再为他讲情，要求宽容不究。刘基不听，请示皇帝准许后坚决将李彬斩了。李善长以为这是刘基不把自己放在眼里，故意刁难他，愤激至极，待太祖一回南京，立即上奏诬告刘基侵职擅权，还撺掇淮西派及对刘基不满者上奏诬告刘基，刘基自知不是对手，当年请假回家，次年干脆告老还乡。

李善长外表宽厚仁和，其实心胸狭窄，他用人执政处处从淮西官僚集团的利益出发。他本人位高权重，是这个集团的中心人物。早在胡惟庸为相之前，明太祖就曾说过杨宪可居相位，胡惟庸听到风声，暗中对李善长说："杨宪为相，我等淮人不得为大官矣。"杨宪等屡次在朱元璋面前说李善长没有相才，李善长自然恨之入骨，经胡惟庸一提醒，李善长即找出借口，弹劾杨宪"排陷大臣、放肆为奸"，处置了杨宪，为同乡胡惟庸排除了晋升路上的障碍。由于李善长的极力推荐，使胡惟庸从宁国知县一步步爬上左丞相高位，接替李善长执掌全国大政。

朱元璋因张昶乱政之事责怪李善长，想免去李善长的丞相之职，让刘基任此职，当征求刘基意见时，尽管李善长常在暗中攻陷排斥他，但他以国家大事为重，不记前怨，认为李善长是朱元璋的旧勋，有较高的威望，李善长在位能起到调和诸将的作用，还是合适的丞相人选。朱元璋奇怪地说："李善长几次想害你，你还说他的好话？"刘基回答："换相就像房屋换柱子，必须是栋梁之材才行，如果用几根小木头捆在一起充当梁柱，即使换上去了，也马上会倒塌下来。"他的一番话，使皇帝对李善长的怒气顿时消除。从这件事上，我们可以看到刘基坦荡的胸怀和不凡的气度，他不因个人之间的矛盾而在皇帝面前说李善长的坏话，不把个人之间的私愤迁到公事上来，以国家大事为重，实事求是地、公允地评价李善长，是则是，非则非，作为一名封建社会的大臣，能做到这一点，确实难能可贵，令人叹服。

四、振肃纲纪，建立法令

朱元璋虽然早有效法沛公刘邦的志愿，但一直未立自己的旗号，而尊奉刘福通控制下的小明王韩林儿为主，受他的封爵，用龙凤年号。

吴元年（1367）十二月，北伐大军按照作战计划，平定了山东。这时，预备给皇帝住的新宫殿及祭祀上苍神祇的圜丘、方丘、社稷坛均已落成。于是，李善长率文武百官奉请朱元璋做皇帝，朱元璋谦让再三，先搬进了皇宫，又祭告了上帝，其祭文曰："惟我中国人民之君，自宋运告终，帝命真人于沙漠，入中国为天下主，其君臣父子及孙百有余年，今运亦终。其天下土地人民，豪杰纷争。惟帝赐英贤为臣之辅，遂戡定群雄，息民于田野，今地周回二万里广。诸臣下皆曰生民无主，必欲推尊帝号，臣不敢辞，亦不敢不告上帝皇祇。是用明年正月四日于钟山之阳，设坛备仪，昭告帝祇，惟简在帝心，如臣可为生民主，告祭之日，帝祇来临，天朗气清。如臣不可，至日当烈风异景，使臣知之。"

这篇祭告上帝的文章说，诸臣必欲我当皇帝，这是民心所向，我是不敢推辞了。但"民心"如此，"天意"又如何呢？所以请上帝决定吧，明年正月四日这天，如果天朗气清，就是天意认为我应该当皇帝，否则相反。至正二十八年（1368）正月四日果然天气很好，日朗风和，这并非是什么天意，而是太史令刘基根据自己天文方面的知识，为朱元璋专门选了这个好日子。于是朱元璋便不再推辞，他再次告祀天地，即皇帝位于南郊，定国号大明，建元洪武。

接着，丞相率百官和都民耆老拜贺舞蹈，连呼万岁三声，礼成。至太庙追尊四代祖父母、父母为皇帝皇后，再祭告社稷。至此，朱元璋方服皇帝衮冕，在奉天殿受百官朝贺。受贺后立马氏为皇后，朱标为太子，以李善长、徐达为左右丞相，各文武功臣都加官晋爵，授予庄田。

朱元璋建立的新王朝，之所以取"大明"这个国号，据说是谋士刘基的主意。理由有三：一是明教有明王出世的传说，它是民间熟悉的预言。新建的朝代叫明朝，原明教系统及接受过明教影响的将帅当然觉得合理。二是日月为明，朝日夕月，古代有祀"大明"的典礼，就是祭祀太阳、月亮。明是火，是光明，历代皇室和儒士都很重视日月和"大明"，因此明朝的称呼也符合士大夫和知识分子的心意。三是明是火，金陵传说是火神祝融氏的故乡。火赤色，赤即为朱，"朱明"一词，又正好把皇帝的姓氏和朝代的称谓联结在一起，朱元璋当然就格外高兴了。

此后，明王朝以更大的声势南征北讨，洪武元年（1368）正月，南征军杀陈友定，平定福建，廖永忠的水军平定两广。北伐军由山东进入河南，元军所据州县纷纷降附。四月，朱元璋以李善长、刘基留守应天，自己亲赴汴梁，召集诸将会议，申明纪律，议进兵大都。闰七月，徐达会诸将于临清（德州），从水陆两路沿运河北上，占领长芦，攻克青州，到达直沽，继续向大都进军。二十八日夜，元顺帝率领三宫后妃、皇太子、皇太子妃和文武百官百余人，从建德门北逃。八月初二，徐达率大军入大都，统治了中国九十多年的元王朝终于被推翻。

洪武元年闰七月，朱元璋从汴梁回应天，不久便接到各地捷报。八月，下诏改大都为北平，以应天为南京，汴梁为北京。

朱元璋于洪武元年登基称帝后，建置百官，拜刘基为御史中丞兼太史令和太子赞善大夫。有一天，明太祖问刘基，过去群雄角逐，生民涂炭，现在天下太平，应该用什么方法使百姓休养生息呢？刘基回答说："生民之道，在于宽仁。"从这句话我们可以看出，刘基治世的理论基础是传统的儒家思想。早在投靠朱元璋之前，他就有一套完整的匡治天下的理论和方法，这个理论和方法，集中反映在他所著的《郁离子》一书中。

他认为，治理天下就像医生治病一样，关键在于切脉、审证、开方、用药几个环节。治世也同样是这个道理，一个国家的纲纪就是这个国家的脉象，社会的治乱就是症状，道德和刑法就是药方，而各级管理人才即大小官吏就如治病的药材，只要把握国家的纲纪、刑德、人才，就能治好天下。他认为治世的原则，应该是德刑并用而以德为主，就是要首先反对暴虐，反对无止境地榨取，要有仁爱之心，懂得关心和爱护百姓，以仁慈感天下，同时还必须有严明的法纪，有法必依，执法必严，使人有所畏惧，以维护不可动摇的封建秩序。德治威刑，前者是本，后者是辅，只有德治才能真正取胜天下。他还认为，德治的关键在于吏治，即在于选用人才。治好天下应该起用秉公执法、德才兼备的人担任各级官吏。他主张不拘一格选拔人才，唯能为是、量才录用。刘基根据这套理论与方法，帮助刚刚建立政权的朱元璋治天下，收到了很好的效果。

刘基认为开国之初施仁政的最大障碍在于纲纪不严。宋元以来，尤其在元末，上贪下暴，纲纪败乱，致使生灵涂炭，群雄四起。因此当前最主要的是"当使纲纪振肃，而后惠政可施"。他把振肃纲纪、建立法令制度当作头等大事。早在明朝建国前，刘基就针对军队乱杀无辜的严重现象，奏请朱元璋立法定制以止滥杀，朱元璋采纳了他的意见，每当军队攻下一城之后，便命李善长把事先写好的禁约"不许掳掠，违令必按军法处置"四处张贴，还派人沿街巡查，凡遇犯禁者，当场治罪。由于纪律严明，朱元璋军队的声威越来越大。这也是他削平群雄，最后取得统一中国胜利的重要因素。

不久，刘基奏请并亲自参与制定《大明律》与《军卫法》。吴元年（1367）十二月，李善长与刘基等人编制的《律令》成，这是《大明律》的雏形。经过朱元璋审阅及群臣讨论，作了些修改，删繁就简，减重从轻，然后颁布施行。《律令》计二百八十五条，其中有一百四十五条是《唐律》中的旧条例。在《律令》的基础上，洪武六年，制定《大明律》。后又几次修订，于洪武三十年正式颁行。《大明律》是中国法律史上极其重要的一部法典。其总的精神是"宽以待民与严惩贪污"，这既体现了朱元璋的思想，也体现了刘基的思想。

洪武元年（1368），刘基又奏请立军卫法。军卫法又叫卫所制，是明初的一项重大措置。刘基根据当时民困必须解、用兵不能少的实际，取古时军屯法和府兵制的长处，创立了卫所制度。这种军事制度具有两大特点：一是常备军和农业生产密切结合。刘基通过对历代兵制的比较、研究，认为以往所实行的征兵制和募兵制各有长处与短处。征兵制的优点是有战事才征集，事定归农，兵员素质好，而且来路清楚，军费开支少；缺点是由于临时征兵，没经过长期的严格训练，战斗力差。募兵制的优点是应募的都是无业游民，以当兵为职业，长期训练和实战，战斗力强，兵员数量和服役时间不受农业生产的限制，缺点是平时要维持大量的军队，负担很重，而且募兵大部分来路不明，容易逃亡和叛变。刘基综合两种兵制，扬其长而避其短，创立了军卫法。

卫所军队的主要来源有四：一种是从征，即原来跟随朱元璋起事的部队和招收来的各地方武装；一种是归附，即元朝和群雄的投降部队；一种是谪发，即因犯罪被罚充军的，亦叫恩军；一种是垛集，即征兵，按人口比例，一家有五丁或三丁出一丁为军。军人另立军籍，世代沿袭。军籍归都督府掌管，军人不受普通地方行政官吏管辖。军队耕战结合，平时既要屯耕，也要进行军事训练，担负保卫边疆和镇守地方的任务，这就是所谓的"兵农合一"。因此，国无养兵之费，而兵有保卫地方之实，节省了国家财政开支。难怪朱元璋自豪地说："吾养兵百万，不费百姓一粒米。"

军卫法的另一特点是"将不专军，军不私将"。这是刘基和朱元璋总结经验教训后，在创立卫所兵制的时候，特意把这一点加进去的。有两件事使刘基和朱元璋感触尤深，这就是谢再兴投敌和邵荣、赵继祖的谋叛。

谢再兴是淮西旧将，朱元璋亲侄朱文正的岳父。当时正守诸暨，张士诚绍兴守将吕珍在诸暨筑堰，每年水发，动辄淹城，谢再兴不时遣令偷决，使之阴谋不能得逞。至正二十二年三月，张士诚乘金华、处州苗军叛变的机会，以张士信统万余人围攻诸暨，谢再兴苦战二十九日，大败张士信军，张士信增兵再攻，谢再兴求援于李文忠，李文忠命胡德济驰援，扬言徐达、邵荣已从严州率领大军增援，张士信军心动摇，计划退兵。胡德济和谢再兴于夜半出击，张士信军大乱溃退。然而不久，谢再兴投降张士诚的消息传到应天，朱元璋大吃一惊。原来，谢再兴的两个将领派人带违禁物去扬州贩卖，被朱元璋发觉了，怕二人泄漏军机，便杀了这两个人，又把头挂在了谢再兴的厅上，以示警告。这使谢再兴很感羞愤。紧接着，朱元璋又未征询他的同意，便作主把他的次女嫁给徐达。既而，又另派参军李梦庚节制诸暨军马，谢再兴成了副将。几件事凑在一起，谢再兴再也无法忍受，便投降了张士诚，朱元璋听到消息后气愤地说："谢再兴是我亲家，反背我降张氏，不可恕。"

邵荣、赵继祖也是朱元璋淮西时的战友，骁勇善战，在朱元璋和张士诚的作战中，立了不少功劳。邵荣于至正十八年（1358）和徐达攻克宜兴，第二年大破张士诚军于余杭，攻湖州大败李伯升，至正二十一年（1361），处州苗军叛变，邵荣统兵平定，凯旋回应天不久，却与参政赵继祖密谋杀朱元璋。邵荣等为什么谋叛？朱元璋问他："我与尔等同起濠梁，望事业成，共享富贵，为一代之君臣，尔如何要谋害我？"邵荣回答说："我等连年出外，取讨城池，多受劳苦，不能与妻子相守同乐，所以举此谋。"原来朱元璋曾定下制度：与我随军作战的将官，其妻子都要留在京城居住，不许出外。这样做的目的，主要是让将官顾虑妻子安全，外出打仗时不敢投敌以至叛变，实际就是人质。可是，邵荣正因此而谋叛，这就使朱元璋不能不考虑到如何进一步控制军队的问题。

刘基所奏立的军卫法，从制度上使将不能专兵。其组织系统是："大卫五千六百人，一千一百二十人为一千户所，一百一十二人为一百户所，设总旗二名，小旗十名，管领钤束，通以指挥使等官领之，大小相维，以成队伍，抚绥操练，务在得宜。有事征伐，则诏总兵官佩将印领之，既旋，则上所佩印于朝廷，军士则各归其卫。而大将军单身回第，其权皆出自朝廷，不敢有所擅调。"军卫制到后来，逐渐发展完善。洪武初年，中央军事机关为大都督府，朱元璋任命自己的亲侄儿朱文正为大都督。大都督府统领全国都司、卫所的军队。后来，朱元璋觉得大都督府权力太大，把大都督府一分为五，设立左、右、中、前、后五军都督府，规定都督府只管军籍、军政，没有指挥和统率军队的权力。颁发军令、铨选军官之权归兵部。但兵部也不能直接指挥和统率军队，遇有战事由皇帝作出决定，兵部颁发调兵命令，军事统帅由皇帝直接任命，战事结束，军归卫所，主帅还印。这一制度使兵权都集中在皇帝一人之手，调兵权、管理权和统率权各自分离，使将不专军，军不私将，这样就防止了悍将跋扈、骄兵叛变的危险。

《大明律》和《军卫法》的制定，在明朝是两件大事，刘基作为开国元勋，首先倡导并直接参与制定，充分体现了刘基在明初政治上所起的作用和非凡的治世才能。

第八章 功成身退

一、退休还乡

　　五十七岁的刘基身穿紫色官袍，一把花白而齐整的胡须飘在胸前，岁月已悄悄地爬上了额头。此时他目光深邃地望着窗外，月光皎洁，树影婀娜，微风吹来，略带些寒意，让人觉得春的脚步早已踏遍了山川河流。但刘基似乎无心欣赏这美景，一股不可名状的惆怅控制了他的情绪，他的思绪就像一匹脱缰的野马，跑了很远、很远。

　　跟随圣上征战十余载，凭借自己多年的易学修行，推断出皇上有帝王之相，必问鼎中原统一全国，开一国之基业。长时间辅其左右，发现他猜忌多疑，刚愎专断，区别是非、善恶的标准，往往凭他个人意志，他论述君臣关系可以说是冠冕堂皇，而实际上对部下、臣僚时时不忘严密防范，怕他们僭权夺位。早在征讨时期，凡出征将领，须把他的妻子儿女留在京城作人质，这样他仍不放心，再派他的心腹去监军，所克城池，专用义子与心腹将官同守。不仅如此，他还刺探臣僚的私下言行，设置拱卫司，后改为亲军都尉府，这就是锦衣卫的前身。

　　刘基又很快想到历代王朝君臣权势之争，还记得朱元璋在阅读《宋史》时对直起居注詹同说："普诚贤相，使诸将不早解兵权，则宋之天下未必不若五代也。"可见他早已考虑与功臣宿将之间的关系，也许是邵荣、谢再兴叛变促成他更加焦虑此事。

邵荣是朱元璋一同起事的好友，骁勇善战，因屡立战功，提升为中书平章政事，地位在常遇春之上。《明通鉴》有载："太祖自起兵，所任将帅最著者，徐达、常遇春与荣为三，而荣尤宿将善战。"至正二十三年（1363），邵荣自处州平定苗军叛乱后回应天，与参政赵继祖密谋击杀朱元璋，被告发。

谢再兴也是朱元璋旧将，又是朱元璋侄儿朱文正的岳父，所以朱元璋称他为"亲家"。可是谢再兴却捉了李梦庚到绍兴投降了张士诚的部将吕珍。

两人皆为朱元璋旧属，同起濠梁，本想大业成功之后，共享富贵，可是朱元璋正像邵荣死前所言："我等连年出外，取讨城池，多受劳苦，却不能在家与妻子相守同乐。"这是多疑导致将领叛离的必然结果。

刘基又想到了现在，新政权已得到巩固，外部敌人已没有力量能与之抗衡，而新王朝内部公侯将相的权势，已使圣上放心不下。自己跟随圣上征战多年，一直忠心耿耿，不畏劳苦，筹划开国大计，更是尽心尽力。圣上曾多次要加官晋爵，自己都辞谢，这些总不会引起皇上猜疑吧？

想到这儿，范蠡的名字忽然跳入脑海，范蠡在助越王勾践成就霸业后，泛舟而去，离别时曾劝文种：越王此人，只能与人共患难，却不能与人共享富贵，希望他也托辞归隐。文种不听，最后落得个身首两分离。也许我该学习下范蠡，托辞致仕，回老家青田吧！也该是归还故土的时候了。刘基决心已下，轻轻地叹了一口气，回内堂歇息去了。

窗外的月儿虽晶莹如初，但是周围的乌云已开始向他袭来，似有大兵压境之势。

洪武元年（1368）闰七月，朱元璋从汴梁回到应天，正当各地捷报频频传到京都，君臣上下沉浸在一片欢乐喜庆之中的时刻，刘基突然提出了告老回家的请求。对此，朱元璋感到惊讶不已。

刘基的这个决定，确实使朱元璋和同僚们感到突然和费解。自出山投奔朱元璋，到削平群雄而建立大明王朝，刘基以他第一流的谋士身份，十来年间，跟随朱元璋，南征北战，东奔西讨，付出了自己全部心血，作出了巨大的贡献。本应该在大功告成之后，以功臣自居，充分享受一下封爵赏赐之福，这也是情理之中的事，然而他却没这样做，这正是他超乎常人的独特之处。如果从刘基的为人来分析他的这个决定，那么就不难理解了。

功成身退，这本是刘基的初衷。刘基是一个精明人，他善于总结历史经验，他对"飞鸟尽，良弓藏，狡兔死，走狗烹"这句话理解得更深刻。现在天下归于一统，朱元璋已经成了一代具有生杀予夺之权的帝王，开国功臣被猜忌的历史不久便会重演，此时，急流勇退是最明智的选择。更何况刘基的为人，刚直嫉恶，从前曾经得罪了一些人，比如，右丞相李善长。李善长这个人外表宽和，内多忮刻。刘基知道今后很难与他相处。除了丞相之外，当今的皇帝，他也曾经冒犯过。即营建凤阳为中都之事，群臣们都称赞朱元璋的想法，唯独刘基泼冷水，直言不讳地提出意见 他说："凤阳虽帝乡，非建都地。王保保（扩廓帖木儿）未可轻也。"这几句话，使朱元璋大为扫兴，不满之情已形于色。因此，刘基担心今后因意见不合而触犯皇帝的地方一定会更多，正如马皇后所言"君臣相安难"。

这两件事更促使刘基下决心告退还乡。正好此时，青田家中来了急信，二夫人陈氏病重，催刘基速回，这样就使刘基有了更充分的理由提出回家的要求，也使朱元璋不能多虑，顺理成章也答应他。

关于开国功臣被猜忌、杀戮的例子，在中国古代历史上是屡见不鲜的，而由此演绎出来的故事，则更富有生动和传奇的色彩。

远的不说，北宋就有一个"杯酒释兵权"的故事。

北宋开国皇帝赵匡胤，为了加强中央集权，为了防止"陈桥兵变""黄袍加身"事件的重演，摆在面前的一件刻不容缓的大事，便是剥夺高级将领的兵权。宋朝军队的主力，是归朝廷直接统领的禁军。在五代后周时，周世宗柴荣一度整顿了军队，命赵匡胤指挥禁军，他依靠这支禁军夺取了后周的政权。宋初全国兵额有三十七万多名，其中禁军就有近二十万人。当时禁军高级将领有慕容延钊、韩令坤、石守信、王审琦、高怀德、张令铎、赵彦徽等人。这些人有的是赵匡胤的亲信，有的是赵匡胤结拜的兄弟，有的是直接参加陈桥拥立的功臣，全都是赵匡胤集团的核心人物。对于这些人会不会篡权，赵匡胤是很不放心的。于是他采取了从经济上尽量满足他们的愿望，用和平的手段解除他们

245

手中的兵权的做法。

赵匡胤即位的次年（961），一个秋天的傍晚，他准备了丰盛的筵席，宴请石守信等几个高级将领。在酒宴上，赵匡胤对在座的将领们说："都是靠了你们，我才有今天。但做皇帝也很难，倒不如当节度使快活。我没有一个晚上睡得安稳。"石守信等都急问："这是为什么？"赵匡胤回答说："我这个位置谁不想？"石守信等说："大局已定，谁还敢有异心？"赵匡胤接着说："你们固然没有异心，但你们的部下贪图富贵，一旦把黄袍加在你们身上，你想不干，能行吗？"在座的将领吓得满身大汗。他们涕泣叩头，请求指明一条出路。于是，赵匡胤就进一步说："人生如白驹过隙，不如多积金帛，厚自娱乐，使子孙不会贫乏。你们何不放弃兵权，到地方上去买最好的田地、最华贵的第宅，替儿孙们多置备产业，自己也能多置歌儿舞女，饮酒作乐一辈子。这样，君臣之间不是相安无事了吗？"于是，慕容延钊、石守信等人，第二天就上表称病，乞求解除兵权。他们名义上是出守外地当节度使，其实各地方的军事都已归各州统辖，节度使成为无权的虚衔。

这则故事一直被人们当作信史而流传至今。

再有一个就是明太祖"火烧功臣阁"的故事。朱元璋当上皇帝以后，变得多疑、残忍，喜怒无常。特别是对那批掌实权、握帅印的开国功臣，更是疑神疑鬼。他想，今天我做皇帝，这些人自然是俯首听命。万一我死了之后，他们也会忠心辅佐小皇帝吗？这些开国元勋，个个资历深、本事大，我的那些孩子，根本不是他们的对手，一旦他们篡皇位，朱家的天下岂不被断送了吗？朱元璋想到这儿，就信步来到养心殿怡神斋。这里是皇家藏书处，他想知道历代君王是怎么做的，便抽出几本史书翻阅起来。他觉得汉高祖刘邦、宋太祖赵匡胤对待功臣的办法，未免顾此失彼。

第二天，朱元璋便下旨建造功臣阁。名义上是褒功，暗设圈套，一切做得非常秘密。他的诡计果然瞒过了满朝文武，却瞒不过一个人，那就是马皇后。马皇后和朱元璋是患难夫妻，几十年来跟随丈夫打天下，不曾离开半步，他对朱元璋是太了解了。马皇后已经觉察到朱元璋要暗算功臣。她问了几次，朱元璋都不说真话。马皇后想起了为大明朝立下汗马功劳的刘基，打算派个心腹传信给他，但是又怕秘密泄露出去，而召他进宫，更为不妥。于是她绞尽脑汁想了一条妙计，刘基每隔一天要进宫为太子授课，她暗地吩咐心腹宫女，将接送国师的轿子换上一根被虫子蛀坏的杠子。这一天一早，内侍抬刘基进宫，刚到宫门口，忽然"咔嚓"一声，轿杠断了，刘基一下子从轿子里摔出来，脚受了伤，经太医包扎，就回府养伤去了。第二天，马皇后派太监看望，并带去了两盒礼品。刘基打开礼盒一看，一盒装的是几个剩枣；另一盒装着几个半青半红的蜜桃。刘基心想，皇宫里什么高级的东西都有，马皇后为什么送这又小又差的剩枣和半生不熟的蜜桃呢？正在纳闷，忽听传报徐达元帅到。

徐达是来探望刘基的。二人见面后就随便地聊起天来。徐达就端阳节皇上要在功臣阁赐宴，问刘基是否知道。刘基一愣，问："满朝文武都去吗？"徐达道："只有开国功臣才去。"

刘基听了，觉得这次功臣宴来得突然，他事先竟一点也不知道。这几年天下太平，皇上的猜忌心也日重一日了。常言道伴君如伴虎，这轿杠折断难道就是预兆吗？此时，他终于明白了马皇后所送礼物的含义，剩枣蜜桃，莫不是叫我"趁早秘密逃走？"看来朱元璋摆庆功宴用意歹毒啊，他想告诉老友徐达，可又不好直言，他只好对徐达一语双关地说："赴宴时，请切记八字：'尽忠卫国，紧跟万岁'，懂吗？"徐达听后似懂非懂，心有所思地问："难道庆功宴要出事吗？"刘基说："到时便知，切记勿忘！"

到了端阳节这一天晚上，功臣阁上，君臣欢宴，歌舞升平。酒过三巡，皇帝降旨：今晚赴宴的开国功臣，均官晋三级，并荫袭三代。顿时，群臣山呼万岁，欢声雷动。此时，朱元璋起身离席，对群臣说："朕有国事，不能奉陪，众卿自便吧！"临走时又回头对总管李太监说："好生侍候众位大人开怀畅饮！"徐达见朱元璋要走，立即想起刘基嘱咐的话，就悄悄地跟下来。朱元璋见徐达匆匆跟来，不由恼怒道："徐卿不在楼上饮酒，来此作甚？"徐达急忙跪奏道："万岁夜间回宫，途中须防奸人暗算，臣特来保驾。"朱元璋再没有理由阻拦，只好任他跟随。

朱元璋走后，群臣更无所拘束，一个个喝得醉眼朦胧，东倒西晃，忽有人大喊："不好啦！失火啦！"待群臣惊醒后，四面已烈焰冲天，滚滚热浪从窗口直冲进来，这时李总管早已没了踪影，大家拼命地挣扎到楼梯口，但楼梯早已被人弄走，已无逃生的指望了。这时的朱元璋正在金华宫和嫔妃们饮酒作乐，听到功臣阁失火，假作惊慌地喊道："快去救寡人的开国功臣！"等御林军赶到，功臣阁早已成了一片废墟。朱元璋为了转移人们的视线，立即把李总管作为替罪羊斩首示众。

火烧功臣阁，只逃出了刘基和徐达。死去的功臣，后来由朱元璋召画师画了像，一个个高悬在麒麟阁上，以示"表彰"。

"杯酒释兵权"和"火烧功臣阁"虽然讲的不是真实的历史，但是历史上的赵匡胤和朱元璋确实对功臣采取了软和硬的手段，削夺军权，甚至杀掉。根据《明史》统计，洪武三年所封功臣三十七人，后来被杀的十五人，其儿子袭爵后被杀的五人，共二十人；自己因罪被充军除爵的二人，儿子袭爵后充军或除爵的九人，共十一人。两项加起来，三十七个功臣中，被杀和被充军除爵的共三十一人。可以说，朱元璋生前将功臣宿将几乎诛杀殆尽。

从以上的事实看，刘基的急流勇退是最有远见的。

二、朱元璋手诏还京

刘基被准告老还乡后，急急忙忙赶回武阳村，此时二夫人陈氏已病入膏肓，奄奄一息了。刘基来到陈氏的病榻前，强忍住泪水，劝慰着病人，说："放心吧，你的病会好起来的，这次我再也不离开家了，永远跟你在一起。"陈氏听了这些话，欣慰地笑了，并用微弱的声音说："总算是把你等回来了，能见到你，我就满足了。"

刘基回到家之后，日夜守护在二夫人的病榻旁，在刘基的亲切安慰和精心照料下，二夫人的精神状况逐渐好起来，刘基感到非常高兴。他渴望着奇迹的出现，说不定二夫人的病会彻底好转，等她康复之后，夫妻俩再不分离，抚妻教子，一家人团团圆圆，尽情地享受人世间这种天伦之乐。然而没过几天，二夫人的病情突然恶化。一天午夜，陈氏说口渴，刘基为她倒了一杯茶，他轻轻扶起二夫人，让她倚在自己怀中，喂了一口茶，喝了茶后，二夫人又闭上眼睛睡了，她仍躺在刘基的怀中，刘基没有打扰她，想让她就这样多睡会儿。可后来越发觉得不对劲儿，怎么二夫人的脸与手越来越凉呢，刘基急忙摸一下二夫人的脉，脉搏已不再跳动，再听一听她的呼吸，呼吸也已经没有了，此时刘基才明白，他的二夫人陈氏已经平静地逝去了，二夫人已经永远地离开了他。

刘基没有惊叫，也未痛哭，而是把陈氏轻轻地放下，用手理了理她的头发，然后整理整理她的被子，又把灯拨亮，静静地坐在她的床前，全神贯注地凝视着二夫人。此刻，从前与二夫人共同生活、相亲相爱的情景，一幕幕地浮现在他的眼前，他仿佛又回到了从前，刘基觉得自己迷迷糊糊的。清晨，大夫人富氏来到二夫人房里替换刘基，她问刘基："二夫人这一夜情况可好？"直到这时，刘基才清醒过来，他大声哭泣地说："二夫人已经死去两个时辰了。"

富氏听后，痛不欲生地扑到二夫人身上哭了起来，不一会儿全家人乱作一团。二夫人她还年轻，便抛下丈夫和孩子走了，她的去世给亲人们带来了莫大的痛苦，尤其是给刘基的打击更为沉重。刘基觉得对不起二夫人，自从陈氏嫁到刘家之后，由于刘基常年在外为官，和陈氏在一起的时间太少了，作为丈夫应该承担起的责任和给予妻子的爱也就太少了，所以刘基心里感到愧疚。他本想这次功成身退后，回到家里好好地尽一下自己的义务，然而，还没等他的愿望实现，二夫人就离他而去，刘基无论如何也承受不了这个打击，他的精神几近于崩溃，他的身体也垮了。

刘基病倒了，他在疾病的折磨下，更有一种夕阳西下之感。他作诗一首，名曰《老病叹》，反映了他在这一时期的心境。

我身衰朽百病加，年未六十眼已花。筋牵肉颤骨髓竭，肤胅剥错疮与瘕。人皆爱我馈我药，暂止信宿还萌芽。肺肝上气若潮涌，旧剂再歇犹淋沙。有眼不视非我目，有齿不啮非我牙。三黄苦心徒自瘵，五毒浣胃空矛戈。因思造物生我日，修短已定无舛差。琚瑛不能使之少，卢秦焉能使之加？攻犀盬杅各有分，凫悲鹤悼何缪耶？不如户门谢客去，有酒且饮辞喧哗。

刘基是洪武元年（1368）八月告老归田的，回到家乡后，由于二夫人的去逝，他的精神状态一直不好。过了三个月，即这一年的十一月，朱元璋亲下诏书又召回了刘基。

朱元璋为什么要召还刘基呢？这在朱元璋的《御宝诏书》中似乎可以找到答案。《御宝诏书》云：

> 朕闻同患难异心者未辅。前太史令御史中丞刘基，世居括苍，怀先圣道。天下初乱，闻朕亲将金华，旋师建业，尔曾别闾里，忘丘垄，弃妻子，从朕于群雄未定之秋。居则每匡治道，动则仰观乾象，察列宿之经纬，验日月之休光，发踪指示，三军往无不克。曩者攻皖城、拔九江、抚饶郡、降洪都、取武昌、平处城之内变，尔多辅焉。至于彭蠡之鏖战，炮声击裂，犹天雷之临首，诸军呐喊，虽鬼神也悲号，自旦日暮，如是者凡四，尔亦在舟，岂不同患难也哉。今年夏，告镜妆失胭粉之容，遗子幼冲，暂回祀教，速赴京师。去久未归，朕心有欠。今天下一家，尔当疾至，同盟勋册，庶不负昔者之多难。言非儒造，实己诚之意。但着鞭一来，朕心悦矣。

朱元璋在此诏书中，首先追述了刘基跟随他剪灭群雄，同甘苦、共患难的过去，然后，指出了今天下一家，意即大明朝建立，你作为一代功臣，应该与我同享富贵，而你却辞官归田，这让我心中实在过意不去。此次我召你回京，是诚心诚意的，望你见诏速归，我将高兴地等待你的到来。

刘基看完官差送来的皇帝诏书，感到很为难。刘基辞官回家，是经过深思熟虑的，况且二夫人的去世，更使他无心回到朱元璋身边去做官，他十分清楚地知道，假使应诏而回，他的处境会很难，而且将来的下场也不会好。想到这些，刘基决心奉表辞谢。但他马上又犹豫起来，朱元璋的为人，他是最清楚不过了，他自至正二十年（1360）下山投奔朱元璋，十年之中，他作为朱元璋的高级谋士，一直不离左右，因此与朱元璋的接触比其他功臣要多。他对朱元璋的"圣贤"与"盗贼"之性（清代学者赵翼在《廿二史札记》中对朱元璋的评价即"圣贤盗贼之性，兼而有之"）了解体会得比较深，尤其是朱元璋凭喜怒用事的性格，给刘基打下了不可磨灭的印象。想当年初定处州税粮之时，根据宋制亩加五合，"惟青田命毋加，令伯温乡里世世为美谈也"。这是刘基最受朱元璋信任的时候，可谓是爱屋及乌了。还有，因为当年恨张士诚，便规定原张士诚统治的浙西税粮特重，使浙西百姓遭殃。又可谓是"厌恶和尚，恨及袈裟"了。今天如果不接受朱元璋的召还，恐难逃灾难，更何况朱元璋的《御宝诏书》的第一句话就说："朕闻同患难异心者未辅。"这句话的意思是：你刘基与我总不是同患难而异心吧！你就应该来辅佐我。这种语调已使刘基无法辞谢。于是，刘基便打点行装，返回应天。

三、受封为诚意伯

洪武元年（1368）八月，刘基辞官归家。可是这一年的十一月，朱元璋又亲下诏书召回了刘基。刘基回到应天以后，朱元璋对他恩宠备至。

刘基因为夫人陈氏去世，精神上打击很大，他回到应天后，朱元璋钦赐他一名侍妾以陪伴他，并照顾他的起居。刘基非常感激皇帝对自己的一片心意，他虽然还一直痴情地怀念着逝去不久的二夫人，不想再纳妾，但是对皇帝的恩赐，是不敢加以拒绝的，他只好同意。朱元璋所赐的这位女子，虽然名义上是侍妾的身份，但是却不便以侍妾相待，而是待之以夫人之礼，这就是章氏夫人。章氏夫人既年轻又漂亮，她后来为刘基生了两个女儿。

据说，抗日战争胜利后不久，湖南宝庆（今湖南邵阳）东门，有一刘姓大族自称是刘基第三子之后，来信与南田刘氏联系，要抱族谱来认宗，后因为内战爆发没有实现此愿。因此，南田刘基后裔认为，此所谓第三子很可能是章氏所生。有的学者分析，因朱元璋残忍好杀，刘基恐遭灭族之祸，可能将此子寄养湖南避祸，预作保宗支的打算。又有的学者认为，章氏有可能是湖南人，此第三子是外婆家代为抚养的。当然这些仅仅是人们推测而已，史料中没有任何记载。

朱元璋在赐予刘基侍妾之后，接着便于十一月二十九日接连下了五个制诰。

第一个制诰是封刘基的祖父刘庭槐的。其诰文曰：

奉天承运，皇帝圣旨，天眷我邦，生英才而翊运，世济其美，立功业以承家，是以得贤为用，而必推其本焉。资善大夫、御史中丞兼太子赞善大夫刘基祖父庭槐，志乐诗书，义孚乡里，积善余庆，发于孙枝。今朕褒赏功臣，焕扬礼典，追荣颁宠，爵及先世，此祖德之明效，而国家之至恩也。松楸有耀，益厚来昆。可中奉大夫、中书参知政事、护军，追封永嘉郡公，宜令准此，洪武元年十一月。

第二个制诰是封刘基的祖母梁氏的。其诰文曰：

奉天承运，皇帝圣旨，国有寿俊，为善治之资，家有贤孙，乃重闻之庆。顾兹盛事，是用推恩，资善大夫、御史中丞兼太子赞善大夫刘基祖母梁氏，出自高华，著其贤淑，积德垂范，以开后人，遂能作朕名臣，卓为腹心耳目之寄。故追封之典及其大母，亦以体孝孙之心也，领兹嘉命，玄壤其光，可追封永嘉郡夫人，宜令准此，洪武元年十一月。

第三个制诰是封刘基之父刘爚的，其诰文曰：

奉天承运，皇帝圣旨，士有厚德而享报，虽不在其身，必有贤嗣而得时，足以大其后。资善大夫、御史中丞兼太子赞善大夫刘基父刘爚，世为右族，人服令名，蕴设施之才而无求于时，贻文学之传而能善其子。是以其子行义方于古人，谋猷著于日用，朝廷所赖，士民所瞻，皆遗训之功，力善之征也。锡命表一门之盛，列爵居五等之尊，大郡疏封，玄堂永贲，可赠资善大夫、御史中丞、上护军，追封永嘉郡公，宜令准此，洪武元年十一月。

第四个制诰是封刘基之母富氏的，其诰文曰：

奉天承运，皇帝圣旨，母氏劬劳，为人子者，思报罔极之恩，惟立身扬名，以显其亲，斯亦可为孝矣。资善大夫、御史中丞兼太子赞善大夫刘基母富氏，贞资婉范，媲德生贤。孟轲成大儒，王珪为名辅，致兹树立，盖有其原，爵禄优荣，不逮于养。然母之贵，每因其子，功庸既昭，霈恩宜厚，劬劳之报，庶遂其心。可追封永嘉郡夫人，宜令准此，洪武元年十一月。

第五个制诰是封刘基之妻富氏的。其诰文曰：

奉天承运，皇帝圣旨，淑女配君子，致内治之有成。人主得贤臣，需封恩而并及。资善大夫、御史中丞兼太子赞善大夫刘基妻富氏，德功端茂，闺阃严明，佐此名卿，嘉哉仪范！中馈尽其爱敬，家道至于和平。爵秩从夫，礼文合古，赐以金花之诰，爰疏郡境之封，祗服荣光，茂膺多福。可封永嘉郡夫人，宜令富氏准此，洪武元年十一月。

朱元璋在封了刘基的五个亲人之后，接下来，就要封刘基本人了。朱元璋曾多次想晋刘基爵位，但刘基固辞不受。他对朱元璋给予亲人的封赐已十分知足和感激，他说："陛下乃天授，臣何敢贪天之功？圣恩深厚，荣显先人足矣。"朱元璋知其至诚，所以也不勉强。

太祖即皇帝位后，初定处州税粮，视宋制每亩地加五合，特准青田不加。朱元璋之所以这样做，是因为刘基之请。刘基上书说："处州青田县，山多田少，百姓多于山上垒石作田，耕种农业甚难。"太祖说："刘基有功于我国，本县田亩，止是一等起科五合，使百姓知刘基之心。"这件事本已使刘基感激了许久，加之此次又追封他的亲人，使他在乡亲面前有了面子，刘基还有什么可求的呢？

洪武三年四月，置弘文馆，朱元璋给刘基又加了一个弘文馆学士的头衔，并强调这是对刘基的重用。《弘文馆学士诰》曰：

奉天承运，皇帝圣旨，朕稽唐典，其弘文馆之设，报勋旧而崇文学。以旧言之，非勋著于国家，犹未至此；以儒者言之，非才德俱优，安得而崇？尔资善大夫、御史中丞刘基，朕亲临浙右之初，尔基慕义，及朕归京师，即亲来赴。当是时，括苍之民尚未深信，尔老卿一至，山越清宁。节次随朕征行，每于闲暇，数以孔子之言开导我心，故颇知古意。及将临敌境，尔乃昼夜仰观乾象，慎候风云，使三军避凶趋吉，数有贞利。於戏！苍颜皓首之年，当抚儿女于家门，何方寸之过赤，眷恋不舍，与朕同游，后老甚而归，朕何时而忘也。可御史中丞兼弘文馆学士散官如前，宜令刘基准此，洪武三年七月。

因为刘基勋著于国，才德俱优，所以朱元璋才授予他弘文馆学士之头衔。

刘基兼弘文馆学士之后，帮助朱元璋恢复了科举制度，规定了子午卯酉年八月乡试，辰戌丑未年二月会试。各乡试都以初九日为第一场，又三日为第二场，又三日为第三场。初场试《经》义二道及"四书"义一道，二场试论一道，三场试策一道。中式后十日，复以骑、射、书、算、律五事试之。京师直隶府，州贡额一百人，广东、广西各二十五人，其他九个布政使司都是四十人。次年，全国举人会考于京师，称会试。会试及格后，再经殿试。会试内容与乡试一样，殿试同前代一样，由皇帝亲自主持，同时另派读卷大臣协助，只试一场策问，大多是就当时的政治和经济问题而论。殿试结果，出榜分为三甲。一甲三名，赐进士及第：第一名称状元，第二名称榜眼，第三名称探花，合称"三鼎甲"。二甲若干人，赐进士出身。三甲若干人，赐同进士出身。后来，民间又称乡试第一名为解元，会试第一名为会元，殿试二甲第一名为传胪。状元授官翰林院修撰，榜眼、探花授官翰林院编修，二、三甲考选为庶吉士的都是翰林官，其他或授给事、御史、主事、中书、行人、评事、太常国子博士，或授府推官、知州、知县等官。举人、贡生多次参加会试，不及格的，可以改入国子监，也可选作小京官，或作府佐和州县正官以及学校教官，等等。

刘基协助朱元璋制定了明初的科举制度，洪武三年（1370）八月，京师及各行省首次开乡试，京师乡试，朱元璋亲点刘基、秦裕伯为主考官。

洪武三年十一月初，徐达、李文忠北伐军班师回京。既而大封功臣，封公者六人，封侯者二十八人，所封公侯中竟然没有刘基。朱元璋对群臣说："凡今爵赏次第，皆朕所自定，至公而无私。今日所定，如爵不称职，功不酬劳，卿等宜廷论之，无有后言。"

朱元璋自认为他所封的公侯公平合理，无可非议。然而，不论从资历还是从功劳方面讲，刘基都高于被封的很多人，但他却没有上名，这真是不可思议。事隔二十多天，朱元璋似乎觉得有些不妥，于是又补封中书右丞汪广洋为忠勤伯，御史中丞兼弘文馆学士刘基为诚意伯。

《诚意伯诰》曰：

　　奉天承运，皇帝制曰，咨尔前资善大夫、御史中丞兼太子赞善大夫刘基，朕观往古俊杰之士，能识主于未发之先，愿效劳于多难之际，终于成功，可谓贤智者也。如诸葛亮、王猛，独能当之。朕提师江左，兵至括苍，尔基挺身来谒于金陵，归谓人曰："天星数验，真可附也，愿委身事之。"于是乡里顺化。基累从征伐，睹列曜垂象，每言有准，多效劳力，人称忠洁，朕资广闻。今天下已定，尔应有封爵，特加尔为开国翊运守正文臣、资善大夫、护军、诚意伯，食禄二百四十石，以给终身，子孙以世袭。於戏！尔能识朕于初年，秉心坚贞，怀才助朕，屡献忠谋，驱驰多难，其先见之明，比之古人，不过如此。尚其敷尔勤劳忠志，训尔子孙，以光永世。宜令刘基准此，洪武三年十一月。

　　朱元璋只给刘基岁禄二百四十石，比李善长岁禄四千石少三千七百六十石，比汪广洋岁禄六百石也少三百六十石，相差得太悬殊了。虽然刘基并不在乎这些，但是刘基从这件事上已得出结论，即朱元璋不再像从前那样信任和器重自己了，何不再回到家乡，去过那种安静的生活呢！

四、再次还乡

洪武三年（1370），刘基被授弘文馆学士，十一月，朱元璋大封功臣，补封刘基开国翊运守正文臣、资善大夫、护军、诚意伯。转年，即洪武四年（1371）正月，刘基提出了告老还乡的请求，朱元璋终于同意了。刘基很是高兴。暂且不论朱元璋在封爵定禄这件事上对刘基有何等不公，也不论朱元璋在同意刘基告隐的背后出于一种什么样的目的，但总算满足了刘基这位勋臣最后这一点小小的愿望，这对胸怀坦荡、淡泊名利的刘基来说足够了。

洪武四年二月初四日，刘基安全到家。从此便开始了隐居生活。他远离官场，摆脱了尔虞我诈的烦扰，如释重负。这也正是刘基在功成之后所渴望得到的。他终于回到了自己可爱的故乡，看着亲人，看着家乡的山山水水、一草一木，刘基感觉到从未有过的轻松和愉悦。

刘基每天都是以饮酒弈棋为乐，对自己过去的功劳，从不对人提起。因为刘基有威名，地方上的官吏多想见见他，而刘基都一一给予回绝。

刘基之所以避见地方官，是因为他怕地方官奉承张扬，常来常往，传到朱元璋耳朵里，就会有植党结派之嫌了。既然归隐乡里，就彻底地与官场断绝任何联系，做一个地地道道的平民老百姓，以免惹出是非。据说，至今当地还流传着"蓑衣县令"的故事，说青田县令多次求见刘基，刘基都不愿接见。这位县令只好问武阳村的百姓，刘基为什么不见他。百姓告诉他："老先生一回家就吩咐，骑马坐轿来的一律不见，凡穿粗衣服的平民百姓，不论何时都见。"这位糊涂县令将"粗衣"听成"蓑衣"，竟于六月酷暑赤日下，穿着蓑衣来拜见刘基。蓑衣是农民下雨天穿来防雨的，哪里有在六月大晴天穿蓑衣呢？所以刘基虽然见了他，将他让进茅舍，留吃黍饭，可是心中难免有些狐疑，当这位客人自我介绍："某青田知县也。"刘基恍然大悟，立即称民谢去，终不复见。从此，这位青田县令便有了"蓑衣县令"的雅号了。

刘基这次还乡，几乎每天都和家人在一起，充分地享受着天伦之乐。此时，兄长刘舒虽已亡故，弟弟刘升已在陕西当镇抚，家属也随之徙去，与从前相比，这个热闹的大家庭因为少了两房而多少显得冷清一些。但刘基的结发之妻富氏，文静贤淑，身体还好；长子刘琏已二十三岁，次子刘璟二十一岁，两个儿子都已成年，而且也都娶了媳妇。他们天天守在二老身旁，章氏夫人年纪尚轻，她非常敬重大夫人，大夫人待她也特别好，琏、璟兄弟虽然年龄与章氏相近但对她仍毕恭毕敬。这时章氏夫人已经有了一个活泼漂亮的女孩，一家人视若掌上明珠。这个家对刘基来说是温馨的，他每天都生活在甜蜜之中。他除了与家人共叙天伦之外，还时常与村中老者树下弈棋；或者走门串户，与左邻右舍闲聊庄稼收成及山野趣闻；或有时触景生情吟诵几首小诗，以抒发其感。

可笑春蚕独辛苦，为谁成茧却焚身。不如无用蜘蛛网，网尽飞虫不畏人。

春半余寒似暮秋，掩门高坐日悠悠。树头独立知风鹊，屋角双鸣唤雨鸠。芳意自随流水逝，华年不为老人留。浮花冶叶休相笑，自古英贤总一沤。

浓绿当轩日上迟，病身只与睡相宜。觉来却来庄周蝶，绕尽残枝过别枝。

梁间燕子去悠悠，络纬寒螀管领秋。谁遣庄周化胡蝶，不胜憔悴为花愁。

老病偏多感，宵长昼亦长。衣冠方谢暑，枕席已惊凉。往事镌心在，新知过眼忘。篱边旧栽菊，岁晚为谁黄！

这些诗都是刘基随感而发。

仲秋，朱元璋的使臣突然出现在武阳村，并且带来了皇帝给刘基的手书，这使刘基大为吃惊。

《皇帝手书》曰：

皇帝手书，付诚意伯刘基：近西蜀悉平，称名者尽俘于京师，我

263

之疆宇，比之中国前王所统之地不少也。奈何元代以宽而失；朕收平中国，非猛不可。然歹人恶严法，喜宽容。谤骂国家，扇惑非非，莫能治。即今天象叠见，且天鸣已及八载，日中黑子又见三年。今秋天鸣震动，日中黑子，或二或三或一，日日见之，更不知灾祸自何年月日至？卿山中或有深知历数者、知休咎者，与之共论封来。前者舍人捧表至京，忙忘问卿安否？今差克期往卿住所，为天象事。卿年高，家处万峰之中，必有真乐。使者往而回，勿赍以物，茶饭发还。洪武四年八月十三日午时书。

刘基看了皇帝的手书，激动不已。他觉得自己虽然离开了朝廷，回到家乡过隐居的生活，但是，皇帝还没有把他遗忘，又像当年一样，来书问天象了，这说明自己还有一点用处。他心里特别高兴，仍像当年一样，逐条详答之后，将草稿焚烧掉，密封以呈。并且还上书一封，对朱元璋说："霜雪之后，必有阳春。今国威已立，宜少济以宽。"朱元璋以其书付史馆。或有言杀运三十年未除者，刘基说："若令我当国，扫除俗弊，一二年后，宽政可复也。"朱元璋的这封手书，又激起了他对国事的关怀。

同时刘基还写了一篇热情洋溢的《平西蜀颂》，上呈朱元璋。颂前序云：

臣闻天命真主，混一六合，必先有以为之驱除，然后收拾以归其笼。自古及今，同一揆矣。是故冬寒之极，必有阳春；激湍之下，必有深潭；大乱之后，必有大治，理则然也。……洪武四年，大军破瞿唐，杀其将某，郡邑镇戍，望风送款。昇乃率其官属，奉玺印，诣军门请降。盖自建国自是，凡五年，而天下一统，何其易耶！固知天命有在，而群雄并起，为之驱除也。臣基受恩深厚，无能补报，遥闻捷音，欢喜踊跃，不能自已。谨撰《平西蜀颂》一首，虽不足以赞扬圣德万一，亦聊以寓葵藿向日之忱云尔。

刘基写好《平西蜀颂》后，命长子刘琏送到京城。刘琏九月返家，带回了朱元璋答刘基的《御制平西蜀文》，其文曰：

洪武四年九月三十日，朕亲纪征蜀二道总兵官功之低昂，以旌忠勇有智之将，又张无谋钝兵之徒。尔基再作《平蜀颂》一章，为傅将军、廖将军千万年不朽之功。朕闻云从龙，风从虎，圣人作而万物睹。此盖上古圣君临御，恩及海内，故贤者赞扬。若非圣君，安敢受此美称善扬者也。朕本淮民，因元失政，豪杰纷争，吾承人后，偶获多兵，训练为我调用，有时命将四出，有时亲征一方，不五六年间，群雄敛迹。惟西蜀一隅，限山阻险，是有戴寿者，假明之童孩，负固不伏，阴生诡计，说诱诸洞蛮夷，为我边民患，于是发兵二道，命将分行。三年冬，平章杨璟、德庆侯廖永忠率舟师抵衢塘，戴寿以合蜀军民与之决战，平章杨璟兵败，收兵仅能与之对垒。当年冬，颍川侯傅友德将兵由西番道经阶文，逾月而抵绵汉，蜀兵莫敢当锋。其戴寿者，恃衢塘之险，选老弱守之，尽拔坚关之兵，西行与颍川侯战，道逢颍川侯，一战戴寿披靡，再战困逼成都。其攻衢关舟师总兵者，尚未尽知，将军颍川侯木牌书其战胜次第，顺川江而放流，德庆侯获之，连垒而进，乘机破关，捣虚而至伪京师，幼主明昇衔璧率文臣请降，戴寿为傅将军生擒于成都，于是中国清宁，论将之功，傅一廖次，低昂是焉。

这期间，朱元璋与刘基虽然身处两地，但君臣关系还很和谐，不久，刘基的生活又复平静。此后，刘基在乡里仍旧谨慎行事，韬迹不露，还是口不言功，也不与地方官往来。

当冬天来到，大雪纷飞之时，老病的刘基更是足不出户，整天地与家人守在一起。有时与两位夫人闲聊，有时与宝贝女儿逗逗笑，有时向儿子谈些文章或立身处世之道。不过刘基并不是整天无所事事。自朱元璋遣使来问天象后，刘基便感到自己在这方面的知识还应该加强。洪武元年（1368）天旱求雨，据刘基推测，不久将有雨，便故意向朱元璋提出只要做到三件事，感应天灵，便会降雨。朱元璋问哪三件事？刘基说："一是阵亡士卒遗孤亟须抚恤；二是因公亡故的工匠亟待丧葬；三是东吴降将降吏应予宽恕。"朱元璋一一照办。可是天有不测风云，这之后仍旧久旱不雨，朱元璋对此大为失望，也很生气。这是刘基预测天象唯一的一次失败。这件事给刘基的教训很深，因此现在朱元璋又差人来问天象，他有些担心，生怕再有一次言而不验的事，故而常与山中老宿一起观测天象，讲演历数，推研《易》理。

第九章 一代功臣之死

一、评论丞相，得罪中书省臣

"刘基为人刚毅有大节，慷慨敢言，遇天下利害，果毅奋发、不复反顾，而揣摩事迹多中。"这是李贽在《续藏书》中对刘基的评价。李贽的这个评价是非常允当的，纵观刘基的一生，也确实如此，早在他做高安县丞的时候，就以刚直、铁面无私而扬名。高安的百姓乃至整个江西行省都纷纷称誉他为"青天大老爷"。及至后来跟随朱元璋，做了御史中丞之后，更是知无不言。他为了整肃纪纲，执法如山，无所忌讳，从不阿谀奉承，即使对朱元璋也是这样。比如，谏阻营建中都之事就是一例。刘基敢于得罪权臣，敢于"抗言直议"。行中书省都事张昶欲谋乱政，被刘基识破其诡计，他提醒朱元璋说：张昶想做秦朝的赵高，断送大明王朝，希望朱元璋引以为鉴。后来果为刘基所料中，张昶被诛。

刘基在举荐贤能，帮助明太祖选用人才方面，尤其识高见深。

李善长是早于刘基来到朱元璋麾下的一名儒士，他自投奔到朱元璋军中之后，一直受到信任和重用。在大明王朝建立之前，他跟随朱元璋南征北战，立下了不朽的功勋。在明政权建立之初，由于当时还残存着元蒙势力，因此征战还是王朝的第一要事。徐达、常遇春等大将北伐中原，南取闽越，还在戎马倥偬中出生入死。而李善长作为文臣，高官厚禄，长期居守后方，就难免招来一些非议。一些文武将臣，尤其是非淮西派的杨宪、高见贤等，常常在朱元璋面前议论，说李善长无宰相之才。朱元璋以为李善长虽少汗马功劳，加之年已老迈，显有颠顶之态，但他是自己的淮西旧人，早就投入军门，涉历艰险，勤劳簿书，而且在连年征战中，精治后方，给足军食，功劳是不可磨灭的。因此，明太祖朱元璋明确地对臣下说："我既为君，善长当为相。"并于洪武三年（1370）进封李善长为韩国公，加上开国辅运等一系列头衔，位在徐达之上。但年给岁禄四千石，比徐达少一千石。用位比徐达高、禄比徐达少的方法，保持文臣武将间的平衡，同时赐铁券，免二死，子免一死。诰命上这样写道，李善长跟着我"东征西讨，日不暇给；尔独守国，转运粮储，供给器仗，未尝缺乏；制繁治剧，和辑军民，各靡怨谣。昔汉有萧何，比之于尔，未必过也"。又赐文绮帛百匹。

明太祖如此厚护李善长，并非完全出于偏爱，李善长确有他特殊的贡献。首先他一贯紧跟朱元璋，虽少创见，但能委身尽力，小心用事，还能调和矛盾，这样的辅佐之臣非常合朱元璋的心意。其次，朱元璋知道可在马上得天下，但不能在马上治天下的道理，因此颇重知识，敬重文臣。再有就是，李善长一进军门就对朱元璋讲了汉高祖刘邦的故事，使朱元璋学有榜样，这一点证明了李善长的政治远见，使朱元璋难以忘记。

虽然李善长在明代开国立业中功不可没，但他身上也有很多缺点。他外表

271

宽仁温和，但心胸狭窄。参议李饮冰、杨希圣的被害和被致残，刘基因处罚他的亲信李彬而受到的忌恨和诬告，都是他一手造成的。他用人执政，处处从小集团的利益出发，胡惟庸之所以能接替他当上丞相，就是他为了报复杨宪在朱元璋面前说他无相才的私仇，处置了杨宪之后，极力推荐的结果。从李善长到胡惟庸当权的十七年里，以李善长为首的淮人集团，在朝中占了统治地位，他们处处排斥非淮人。太祖朱元璋虽靠淮人起家，但他作为一国之君，要比李善长看得远，他要重用许多对自己事业有利的人，他要时时严防淮人集团权力膨胀威胁到他的皇权。这样一来，就造成了朱元璋与李善长之间的矛盾，那么由此也就引发了李善长的悲剧。

胡惟庸接替李善长为相后，仗着自己是淮西旧人，同时又有李善长作靠山，大权在握，独断专行。久而久之，使朱元璋感到有大权旁落的危险。洪武十三年（1380），明太祖以擅权枉法的罪状杀了胡惟庸，消除了这一心腹之患。此后，又罗织罪名将与胡案有牵连或对自己统治不利的人逐个处置。只是对李善长没有追究，但对他的怀疑、不满却与日俱增。

朱元璋是个权力欲极强的人，特别是当了皇帝之后，总猜疑臣下对他不忠。开国初期，朱元璋忙于统一海内，委李善长重任是形势之需，随着战事的减少，新王朝的日益巩固，朱元璋感到位次人君的左丞相是他独揽皇权的一种牵制，因此对李善长越来越怀有戒心。在这种情况下，朱元璋曾经一度有辞免李善长丞相职务的打算。有了这个想法之后，朱元璋找来了刘基，征求他的看法。刘基向来重视丞相人选，认为实现吏治的关键在丞相，"国之大事，莫大乎置相，弗可轻也"。尽管李善长经常在暗中攻讦排斥他，但他认为：李善长是朱元璋的勋旧，有较高的威望，他在位能起到调和诸将的作用，还是合适的人选。不久，李善长辞位，朱元璋想让杨宪接任，与刘基商量。刘基与杨宪私交很好，但不赞成。他对朱元璋说："杨宪有当丞相的才能，但无当丞相的器量，当丞相要持心如水，以礼义为处理事务的标准，不能有私心，杨宪则不是这样的人，所以他不能担任此职。"朱元璋又问汪广洋如何，刘基说也不行，他比杨宪更褊浅小器，不称其职。接着，朱元璋又问胡惟庸，刘基回答说："更不行，当丞相好比驾车。胡惟庸非但驾不好，恐怕连辕木都会被他毁掉。"朱元璋见自己考虑的三人都被刘基否定了，就说："看样子只好请你出来了。"刘基一听连忙说："不行，不行！我这个人疾恶太甚，又不能胜任繁剧的事务，当了会辜负您的期望和重托的，天下哪会没有贤才呢，您只要悉心召求就可以发现了。"但是，朱元璋并没有听从刘基的劝告，既没悉心求才，又偏偏先后选用了杨、汪、胡三人为相，结果不出刘基所料，个个都出了问题。刘基为朱元璋遴选相才，不以恶己者为恶，不以好己者为好，而是曲直分明，秉公无私，一心以国家利益为重，实为难能可贵！

刘基为朱元璋选相，成为历史上的一段佳话。他的曲直分明，他的秉公无私，一方面反映了他人格的高尚；另一方面也反映了他对人才问题的重视和卓见。

刘基在他著的《郁离子》中，第一篇便是《千里马》，专门讲国家对人才的使用。他很强调杰出人物对社会的特殊贡献。他认为："王者之祥有三：圣人为上，丰年次之，凤凰、麒麟为下。"他说："为巨室者，工虽多必有大匠焉，非其画不敢裁也。操巨舟者，人虽多必有舵师焉，非其指不敢行也。"由此可见，"圣人""舵师""大匠"是杰出人物，是社会的重要财富，是国宝。

刘基把治天下者与人才之间的关系，比之为匠与药。他说："治天下者其犹医乎。"他又说："治乱，证也；纪纲，脉也；道德政刑，方与法也；人才，药也。"显然医生离开药，或者不会用药，是医不好病的。所以说，拥有人才，使用好人才，对国家来说，实在太重要了。

刘基人才学的出发点是"治国"。刘基认为"治国"就必须求才，他在《千里马》中，以燕文公求马这则寓言，引申到国家求才。求马只需以"良"作为标准就可以，求才则不尽相同，其途径是多种的，推荐也行，自荐也行，问题的关键是要辨别人才是否"良"。刘基认为要看实质，不能只看外表，譬如采药要知药才行，不要因为外形相似而误以为真。又譬如对一台"金声而玉应"的美琴，或仅以其外形"弗古"而加以摒弃，或只凭"断纹""古款"即以为"希世之珍"，这些都是不对的。

刘基认为各种人才不论才能大小，"惟其良"，应兼收并蓄加以任用。他以葺宅为喻说："取材也，惟其良，不问其所产。枫、楠、松、栝、杉、槠、柞、檀，无所不收，大者为栋为梁，小者为杙为枅，曲者为枅，直者为楹，长者为榱，短者为桷，非空中而液身者，无所不用。"

量才录用，这是历来政治家用人的原则。刘基认为：小才，即使良，也不可大用。就如"束群小木"以充大梁一样，是不能胜任的。用人必须得当，不能将有用之才用到无用之处，比如"牛之用在耕不在觚"，让牛弃耕为觚就错了。

二、奏设谈洋巡检司

刘基虽然告老还乡，过着与世无争的宁静生活，但他始终不忘朱元璋的知遇之恩，仍然在关心着国家大事。他觉得自己虽离开了朝廷，不在官位，然而还在享受着皇帝封赐的爵禄，作为受爵食禄之人，应该为国家发挥自己最后的光和热，尽一点微薄之力。因此，他在家乡并非过着完全归隐的生活。

谈洋（今文成县朱阳乡），位于青田县南一百七十里处，此地处于处州与温州之间，同时又临近福建。这个地方距青田县城很远，交通不便，而且地势险峻，是官府势力达不到的偏僻之地，历来是流氓无赖聚集的巢穴。这些人曾依附方国珍，贩卖私盐并干海盗勾当。方国珍投降明朝后，仍与那些作乱之徒为奸如故。刘基得知这种情况后，考虑到这件事关系到地方百姓的安危及大明王朝的统一稳定，自己曾经是朝廷命官，大明王朝的开创者之一，有责任站出来管一管此事。于是便在洪武五年（1373）秋，奏请朱元璋在谈洋设立巡检司，派兵把守。但是到了洪武六年（1374）又发生了另外一件事情，即在茗洋（今文成县东头乡）这个地方，发生了逃军周广三等人的反叛事件。可是府县负责缉盗的官吏是元朝的旧吏，把这件事隐匿起来，没有上报。刘基掌握了这个情况后，出于对国事关注的一种责任感，向朝廷写了奏章，然后让他的儿子刘琏送到京城，直接呈给朱元璋。本来这件事情是没什么可指责的，然而胡惟庸由于与刘基有前怨，便就此大做文章，诬陷刘基。

洪武六年正月，中书省右丞相汪广洋被贬黜，朱元璋命左丞胡惟庸主持中书省事务。

胡惟庸主持中书省事务之后，可以说大权在握了。他一直为刘基说他不可任相而耿耿于怀，总想找个机会报复，但是刘基为人谨慎，致使胡惟庸无从下手。这次刘基派他的儿子刘琏赴京送奏章，事先没有经过中书省，而直接将奏章呈送给了朱元璋，胡惟庸对此大为恼火。于是他便在刘基奏设谈洋巡检司上做开了文章。

胡惟庸指使刑部尚书吴云，诱引处州府和青田县留用的元朝旧吏构陷刘基，说刘基看中了谈洋这个地方，因为这里有"王气"，刘基想占为己有，作为墓地，当地百姓不肯，便提出设巡检司的办法驱赶当地的住户，因此激起了百姓作乱。接着，胡惟庸请朱元璋按叛逆罪处置刘基，并逮捕刘琏下狱。朱元璋虽没有完全相信，但是"王气"这两个字使本来就多疑的朱元璋心生忌讳，加之他深知刘基通晓卜易之学，说不定就真有此事。所以他虽然看在刘基是一代开国功臣的情面而未对他和他的儿子加以治罪，但是却移文切责了刘基，并下旨夺了他的俸禄。

三、再次入朝

洪武六年（1373）四月，刘基因奏设谈洋巡检司这件事，被胡惟庸陷害，致使太祖朱元璋移文切责了他，并夺了他的俸禄。对此，刘基内心十分惧怕，这一年的七月，他便再次入朝，亲自朝见朱元璋，不作任何辩白，引咎自责。刘基为了消除怀疑，便留在了京城，不敢再要求回老家了。

刘基这次从家里出来不同往常，他到京城朝见朱元璋，可以说是生死难卜，临行前，全家人痛哭着送他上路，就连幼小的女儿也由章氏夫人抱着跟大伙儿一起来送阿爸。刘基面对这种场面，真是心如刀绞，泪水模糊了双眼。望着这一家大小，刘基暗暗地责备自己，悔不该在归隐乡里之后，还去关心国事，结果招来了是非。他恨自己不该懂得太多，正因自己通晓天文历数，使朱元璋方为"王气"之说所蛊惑。他觉得对不起家人，如果朱元璋翻脸无情的话，还要遭到灭族之灾，他真有些不敢再往下想了。他咬了咬牙，头也不回地走了。

一路上，刘基的心情难以平静。悔恨、痛苦交织在一起，精神上恍恍惚惚，总算到了京城，他提心吊胆地见到朱元璋，谢天谢地，朱元璋总算没有忘记刘基的开国之功，对此事没再加以追究。可是刘基对这件事还是心怀余悸，再也不敢回南田老家了。他在南京孤苦伶仃地度着风烛残年，他想念亲人，他感到孤独和寂寞，他为了安慰自己，为了打发难熬的时光，刘基又拿起笔，以写诗词来消愁排忧。他曾填了一首《最高楼》，其词云：

今宵月，还照别离愁，愁上最高楼。九霄无路青冥阔，玉京风露冷于秋。宝刀裁不断，水东流。

谁知道，黄粱炊未熟，早过了洞天三十六。尘土事，几时休！广寒桂树清香好，圆光恰满又成钩。笑阶前萱草，浪语忘忧。

尤其值得一提的是：刘基在这时写了一首长篇神话故事诗，诗名为《二鬼》。这首长诗笔墨酣畅，成为千古绝唱。

这首长诗叙述的故事梗概是：盘古初开天地之时，以日月为两眼，普照宇宙。天帝可怜日月两眼，怕太劳累以至生病，就派了结璘、郁仪二鬼守护它。二鬼忠于职守，昼夜不辞劳苦。天帝为了慰劳二鬼，就让他们到人间游玩一趟。不久宇宙发生变异：六月天降雪，鼋鱼上山，蛇头生角，鳄鱼掉尾，巨鳌折脚，蓬莱宫遭水淹，妖怪逞凶，天帝也受了伤。二鬼相约救驾，医好天帝的伤，并着手重整乾坤，想创造一个理想的新天地。在这个天地里，只生益鸟、祥兽、佳木，让害鸟和一切恶的东西绝迹；禁止祸害庄稼的蝗虫繁殖，遏制妨害畜牧的虎狼生衍，启迪天下百姓习经、遵礼、敬圣贤，和睦相处，不冻不饥。谁知这样一来，却触怒了天帝，怪他们擅自越权。于是天帝命飞天神王逮捕了二鬼，把他们关起来，给他们彩衣美食，不准他们重整乾坤。二鬼相视而笑，只好等待天帝息怒，放他们出来，依旧天上作伴同游戏。

从这首诗中不难看出，刘基以"二鬼"自喻：虽怀有雄才大略，忠心耿耿，立有勋功，想再干一番事业，却受到朝廷猜忌，无可奈何，只好像"二鬼"一样，等待朱元璋息怒解猜惑之时，再回南田与家人团聚。

不久，夫人章氏携女儿及奶妈来到京城刘基身边，专门来照顾他的生活起居，这也是大夫人富氏的主意。亲人的到来，给刘基带来了欢乐。尤其是他见到了活泼可爱的小女儿，真是心花怒放，从此他的生活再不像以前那样忧愁和寂寞。然而，刘基很清楚，他来京城，是为了引咎自责，虽然他是冤枉的，但是在皇帝面前他不能申辩，在这一点上正体现了刘基忍辱负重的性格。在京城，为了避免再惹是非，刘基谨慎行事，很少与廷臣和朋友来往。他除了与小夫人章氏闲聊和与五岁的小女儿玩耍外，剩余的时间就写写诗。他断断续续地写了《旅兴五十首》，今择几首如下，从诗中可看到刘基当时的生活和情绪。

侥福非所希，避祸敢不慎。富贵实祸枢，寡欲自鲜吝。疏食可以

饱，肥甘乃锋刃。探珠入龙堂，生死在一瞬。何如坐蓬荜，默默观大

运。

疏庸厌人事，疲病畏交游。得闲愿已惬，敢有分外求？开门对钟

山，山翠盈我眸。日中市声远，草绿空庭幽。登临观万象，玄理足可

搜。谁能走逐逐，自使生悔尤。

下面这首诗名曰《乙卯岁首早朝奉天殿柬翰林大本堂诸友》，是刘基在洪

武八年（1375）正月所作，这是刘基一生中的最后一首诗，诗曰：

枝上鸣嘤报早春，御沟波澹碧龙鳞。旗常影动千官肃，环佩声来

万国宾。若乳露从霄汉落，非烟云抱翠华新。从臣才俊俱扬马，白首

无能愧老身。

不久，刘基病重，整天茶饭不思，卧床不起。

四、一代功臣之死

刘基的病其实还是因忧国忧民而加重的。当年朱元璋确定了几个丞相人

选，征求刘基的意见时，刘基出于对国家的一片赤诚，一一指出了他们的缺点，劝朱元璋再留心访求人才。可是朱元璋没有听刘基的话，仍然按照自己的想法接连任用了他们。这几个器量偏狭的小人竟至对刘基怀恨在心，特别是胡惟庸，必欲置刘基于死地而后快。刘基因谈洋巡检司一事受到胡惟庸的陷害，留居京师不敢再提还乡之事。他看到胡惟庸宠遇日盛，一副小人得志的样子，"生杀黜陟，或不奏径行。内外诸司上封事，必先取阅，害己者，辄匿不以闻"。而那些阿谀逢迎之人、贪图功名钱财之人以及功臣武夫失职者，"争走其门，馈遗金帛、名马、玩好，不可胜数"。这样下去朝政岂不要大坏，刘基为此大感忧虑，曾经对人说："使吾言不验，苍生之福也。言而验者，其如苍生何！"刘基一生都是这样，为生民而忧患，到晚年仍然如此。胡惟庸擅权纳贿愈来愈甚，刘基的忧愤也日益加剧，终至卧床不起。

刘基卧病的消息很快就传到了胡惟庸那里，胡惟庸为了除掉刘基，便想出了一个毒计。这一天，他带着两个号称是"御医"的医生，假称是受皇帝之托，前来探病。胡惟庸让这两个医生给刘基诊了脉，又出了药方，当即便派人去抓药，胡惟庸则假意坐在这里和刘基聊天。药抓来熬好了，胡惟庸说皇帝希望刘基病尽快地好，因此嘱他看着刘基吃药，刘基见说有圣上之意，也不便违拗，只好当着胡惟庸的面把药喝了下去，以免让胡惟庸说他辜负了圣上的一片好心。

药吃下去后，胡惟庸又坐了一会儿，方才告辞，还嘱咐那两个医生，两服药要连续吃，让他们明天再来为诚意伯熬药，服侍诚意伯吃药。刘基也当真以为是朱元璋的一片好心，内心充满了感激之情。

可是吃过药后没几天，刘基就觉得腹中有物如拳石，堵得难受，上下不通，二便不畅，精神愈觉不如从前。仔细一想方才明白，一定是胡惟庸在药里做了文章。到了二月，病情越发加重了，每天吃不了多少东西，人也瘦得厉害，章氏夫人每日服侍、照料刘基，脸上也失去了往日的光彩。刘基感到愤愤不平，他想，不能就这样糊里糊涂地死去，一定要向皇帝奏明此事。为此，刘基强撑病体，向朱元璋写了份奏折，陈述了胡惟庸如何假托"圣命"，带医生前来诊病、用药，用药后自己反倒不如从前，且腹中有物渐长，生命朝不保夕等情状。奏折送进了宫中，朱元璋没有任何反应。

刘基在痛苦中熬到了三月，病势更加沉重。好不容易朱元璋派了个宦官前来探望刘基，说是圣上奇怪为什么好久不见伯温老先生了，特差他来探望。刘基此时方才明白，他给朱元璋的奏折，朱元璋根本没看到。这个宦官看到诚意伯病体沉重，已不能起，安慰了几句后告辞回宫了。回宫之后向朱元璋说明了刘基的病况，朱元璋方才大吃一惊。当听说刘基想回南田看一眼家乡时，朱元璋赶紧传旨，派特使护送刘基驰驿还乡，并特意为刘基写了一篇《御赐归老青田诏书》。诏书是这样写的：

朕闻古人有云：君子绝交，恶言不出。忠臣去国，不洁其名。尔刘基括苍之士，少有英名，海内闻之。及元末群雄鼎峙，熟辨真伪者谁？岁在戊戌，天下正当扰乱之秋，朕亲率六军，下双溪而有浙左，独尔括苍未附，惟知尔名耳。吾将谓：白面书生，不识时务。不久而括苍附，朕已还京。何期仰观俯察，独断无疑，千里之余，兼程而至，谒朕陈情，百无不当。至如用征四方，摧坚抚顺，尔亦助焉。不数年间，天下一统，当定功行赏之时，朕不忘尔从未定之秋，是用加以显爵，特使垂名于千万年之不朽，敕归老于桑梓，以尽天年。何期祸生于有隙，致是不安。若明以宪章，则轻重有不可恕。若论相从之始，则国有八议。故不夺其名而夺其禄，此国之大体也。然若愚蠢之徒，必不克己，将谓己是而国非。卿善为忠者，所以不辨而趋朝，一则释他人之余论，况亲君之心甚切，此可谓不洁其名者欤！恶言不出者欤！卿今年迈，居京数载，近闻老病日侵，不以筋力自强，朕甚悯之。於戏！禽鸟生于丛木，翎翅干而飏去，恋巢之情时时而复顾。禽鸟如是，况人者乎！若商不亡于道，官终老于家，世人之万幸也。今也老病未笃，可速往括苍，共语儿孙，以尽考终之道，岂不君臣两尽者欤！

在特使的护送下，刘基在三月中旬回到了南田武阳村。

刘基自知时间不多了，他向儿子们安排后事。他把自己毕生研习的天文书交给长子刘琏，让他"亟上之，毋令后人习也"。他对次子刘璟说："夫为政，宽猛如循环。当今之务在修德省刑，祈天永命。诸形胜要害之地，宜与京师声势连络。我欲为遗表，惟庸在，无益也。惟庸败后，上必思我，有所问，以是密奏之。"刘基在弥留之际，想的还是国家大计、天下安危。

洪武八年（1375）四月十六日，一代功臣刘基在家里安静地合上了眼睛，他去了。

六月，刘基被安葬于其家乡的夏山，没有墓表，没有石碑，唯有土坟一丘而已。

刘基生平大事年表 ①

1311年（元至大四年） 1岁

夏历六月十五日子时生于青田县九都南田山武阳村。父刘爚，字如晦，共生三子，基为第二子，母富氏。

1318年（元延祐五年） 8岁

在家乡南田开始读书。博学强记，于书无所不窥，史称他"神知迥绝，读书能数行俱下"。

1324年（元泰定元年） 14岁

入括城（今丽水附近）郡庠读书，从师习《春秋》，人未见其执经诵读，但全都默识无遗，辩决疑义，出人意表。诸子百家之书过目即洞识其要旨，为文辄有奇气。师从郑原善先生，深得濂学、洛学之心法，得到郑原善的夸奖。

---

① 刘基的年龄为虚岁。

1327 年（元泰定四年） 17 岁

约于这年夏天开始在青田县的风景名胜石门洞读书，在郑原善指导下，由经到传，旁及诸子百家、后儒著述，特别将宋儒程、朱注解的"四书""五经"全都读熟，为考科举奠定了基础。后来将研习《春秋》的心得辑成《春秋明经》二卷，收入文集中。

1332 年（元至顺三年） 22 岁

八月参加江浙行省乡试，三场连捷，得中第十四名举人。

1333 年（元至顺四年、元统元年） 23 岁

赴大都参加会试，中第二十六名进士，汉人、南人为第三甲第二十名，拜访京师名流，得到揭傒斯的赏识，称赞他是和魏徵一样的人才。归家以后结婚，娶妻富氏。

1336 年（元至元二年） 26 岁

入仕为江西瑞州路高安县丞，为官以廉洁著名，发奸摘伏，不避强御，为政严而有惠，小民皆以为得慈父，深受爱戴。豪右对其不满，屡次要陷害他，因上下都信其廉平，终未能陷害成。作《官箴》三篇，为时人称诵。

1338 年（元至元四年） 28 岁

仍为高安县丞，受府委托，复核新昌州人命案，查得被告故意杀人之状，初检官因受贿渎职被罢官，罪犯被惩处。罪犯家属倚仗蒙古达鲁花赤为后台，欲害刘基以复仇。

1339 年（元至元五年） 29 岁

辟为江西行省职官掾史。因平反新昌州人命案而得罪被告家及蒙古达鲁花赤，江西行省大臣知刘基廉平，遂辟为行省职官掾史而舒解之。

1340 年（元至元六年） 30 岁

在江西行省职官掾史任上，以谠直闻名。后因与幕官议事不合，遂于秋天辞官归里。归家途中游鄱阳湖，登武夷山，写了许多诗作。

1341 年（元至正元年） 31 岁

居家读书力学，前后五年时间，"至是而道益明"。《多能鄙事》《百战奇略》及一些天文、地理方面的书约作于这一时期。约在三十五岁时娶二夫人陈氏。

1345 年（元至正五年） 35 岁

刘基外出游学，北上京师，寻找再次出仕的机会。经衢州、兰溪、桐庐到杭州，结识镇江徐明德。

1346 年（元至正六年） 36 岁

春节过后北上，沿运河至大都。有《丙戌岁将赴京师途中送徐明德归镇江》《四月十二日发扬州》诗，经济州、南旺等地均有诗作，过东昌有《过东昌有感》诗。在京师有《北上感怀》，并游历京师各地。在京师遇伊克纽尔明德。

1347 年（元至正七年） 37 岁

自京师返家后，家居一年，等候铨注。

1348 年（元至正八年） 38 岁

春节后到杭州，等候铨注，寓居钱塘江畔、白塔岭下。长子琏（字孟藻）约出生于秋季，二夫人陈氏生。

1349 年（元至正九年） 39 岁

为江浙行省儒学副提举、行省考试官。在任期间整顿儒学，大力支持各地倡办义学，为此写有《贾希贤义塾诗序》《季氏湖山义塾记》等。

1350 年（元至正十年） 40 岁

为江浙行省儒学副提举，因刚直不阿、不畏强御，向行省上书，批评监察御史失职事，触怒了江南诸道行御史台，再次提出辞呈，向行省辞去儒学副提举之职，闲居杭州。次子璟（字仲璟）约出生于秋季，二夫人陈氏生。

1351 年（元至正十一年） 41 岁

闲居杭州，结交许多文友。《卖柑者言》约撰于是时。三月有《沙班子中兴义塾诗序》，六月有《富阳县重修文庙学宫记》，十一月有《海宁应氏墓菴记》。游览西湖有《钱塘怀古得吴字》《吊岳将军赋》等。至年底，时局动荡，遂携带家小回归故里。

1352 年（元至正十二年） 42 岁

江浙行省辟刘基为浙东元帅府都事，携家赴杭州，转赴台州参与戎事，开始军旅生涯。议筑台州城，击退方国珍进攻，并到永嘉等地巡视。有《赠柯遂卿诗》，八月有《自台州之永嘉度苍岭》诗，又有《永嘉作》一首，有《送顺师住持瑞岩寺》等。

1353 年（元至正十三年） 43 岁

年初在杭州，有《癸巳正月在杭州作》一诗。三月受命为行省都事，又回台州，寻又至庆元，从纳琳哈剌筑庆元城。六月复回台州，有《夏夜台州城中作》一诗。十月，因建议方国珍首乱、应剿捕，被朝廷责怪，受到免职羁管于绍兴的处分。十月至年底回青田家乡。

1354 年（元至正十四年） 44 岁

正月至绍兴，寓王文明家南楼。放浪山水，遍游绍兴周围山水名胜，与绍兴文人诗文往来。结识大画家王冕。

1355 年（元至正十五年） 45 岁

仍被羁管绍兴，游云门山水，每至一处都有游记、诗文。

1356 年（元至正十六年） 46 岁

二月，行省重新任命刘基为都事，挈家先赴杭州。受命为行省特使往处州，与石抹宜孙同谋"括寇"。将妻子送回南田老家，三月九日到达处州。撰《谕瓯括父老文》。十月，回南田探家，旋又返回括城。

1357 年（元至正十七年） 47 岁

仍在处州。行省升石抹宜孙为行枢密院制官，总制处州，以刘基为行枢密院经历，与石抹宜孙一起平定处州境内各地民变。

1358年（元至正十八年） 48岁

因守处州有功，升任行省郎中。两年多来，与石抹宜孙诗文唱和，有《唱和集序》。

1359年（元至正十九年） 49岁

正月，经略使李国凤上奏刘基守处州之功，朝廷驳回，仅以儒学副提举格授为处州路总管府制，不得参与戎事，乃愤而辞官归里，隐居家乡，著《郁离子》，以待王者之兴。

1360年（元至正二十年） 50岁

三月，应朱元璋聘，与浙江名士宋濂、章溢、叶琛同至应天，朱元璋创礼贤馆让他们居住。刘基陈时务十八策，大受赞赏，被朱元璋留参帷幄，参与机密谋议。闰五月，陈友谅在攻陷太平、称帝以后，约张士诚合攻应天，应天大震。刘基竭力主战，认为取威制敌以成王业之事在此一举，遂为朱元璋策划，大破陈友谅。朱元璋以"克敌赏"赏刘基，基辞不受。以后助朱元璋复太平，取安庆，参与军机。

1361年（元至正二十一年） 51岁

朱元璋在中书省设小明王御座，刘基独不拜，并力劝朱元璋以一统天下为己任，朱元璋感悟，遂与刘基定下征讨大计：先灭陈友谅，后灭张士诚，然后北伐中原，扫平群雄，成就帝业。母亲富氏病故，时正值八月大举进攻陈友谅，刘基乃随朱元璋参与军机，攻安庆，建策袭取江州，友谅败走武昌，朱元璋遂得安庆、江州，别将又下江西南昌诸地，改南昌为洪都。

1362年（元至正二十二年）52岁

正月回家葬母，途中适逢金、处苗军之乱，助衢州守将夏毅稳定局势，传檄安定人心，随大军平定叛乱。四月到家葬母，在家守制，朱元璋"数以书及家，访军国事，基条答悉中机宜"。在家宣扬朱元璋之威德，言其当有天下，处州一方由此安定。

1363年（元至正二十三年）53岁

在朱元璋手书催促下回应天，途经建德，助李文忠击破张士诚军的进攻。三月，朱元璋亲自率兵救援安丰刘福通和小明王，刘基谏阻说，大军不宜轻出，朱元璋不听，至安丰破张士诚兵，迎小明王安置滁州。四月，陈友谅乘朱元璋大军在外，拟收复失地，率军大举攻江西，围攻南昌八十五日，朱元璋乃后悔不听刘基之言。七月，刘基陪同朱元璋率大军救洪都，自七月二十一日起接战，一日数十接，刘基为朱元璋观阵策划。交战正酣时，忽跃起大呼，催促朱元璋更舟，朱元璋仓促徙别舸，坐未定，旧乘舟已为炮击碎，陈友谅见状大喜，以为朱元璋已死，及朱元璋和刘基麾师更进，汉军皆失色。双方大战持续一个月，八月，陈友谅中流矢死，其子理奔回武昌嗣位。朱元璋大获全胜。

1364年（元至正二十四年）54岁

正月，朱元璋即吴王位，仍用龙凤年号。刘基参与军机。二月，随朱元璋征武昌，陈理降，汉亡。自此以后朱元璋不再亲征，每遇大事，就召刘基"屏人密语移时"，刘基也认为自己这是"不世遇，知无不言，遇急难，勇气愤发，计画立定，人莫能测"。平时则为朱元璋敷陈王道，以孔子之言开导朱元璋，朱元璋每恭己以听，对刘基称老先生而不名，并称他是"吾子房也"。

1365 年（元至正二十五年） 55 岁

仍在应天参与机密谋议。七月，西吴置太史监，以刘基为太史令。

1366 年（元至正二十六年） 56 岁

仍为太史令，参与密议。八月，受朱元璋命，卜地筑新宫于钟山之阳。十一月，西吴军围苏州。十二月，小明王韩林儿被沉于江。

1367 年（元至正二十七年） 57 岁

仍为太史令。九月，苏州破，东吴亡。十月，吴置御史台，以刘基为御史中丞，平反滞狱，奏请立法定制，与李善长等定律令。十一月，上《戊申大统历》。十二月，律令成。

1368 年（明洪武元年） 58 岁

朱元璋登基，为之定国号为"明"。任太史院使、御史中丞兼太子率更令，三月改为太子赞善大夫。奏立军卫法。朱元璋定税粮，特命青田按宋制起科，较他处为低，以便让刘基乡里"世为美谈"。四月，朱元璋赴汴梁，与李善长留守京师，奏斩中书省都事李彬，由是忤李善长。八月，妻病，告老还乡。十一月奉召还京，朱元璋加封刘基祖父母、父母和妻富氏。

1369 年（明洪武二年） 59 岁

居京师，任资善大夫、御史中丞兼太子赞善大夫。十月，因与朱元璋论宰相人选及素质，得罪汪广洋、胡惟庸。

1370 年（明洪武三年） 60 岁

以资善大夫、御史中丞兼太子赞善大夫居京师。四月，兼弘文馆学士，协助朱元璋定科举制度。八月，为乡试主考官。十一月进封开国翊运守正文臣、资善大夫、护军、诚意伯，岁禄为二百四十石。

1371 年（明洪武四年） 61 岁

正月，告老还乡。二月，到家。居家口不言功，避不见官。八月，朱元璋手书问天象，刘基条答甚悉，且作《平西蜀颂》，令长子琏进京呈朱元璋。九月，长子琏回乡，带回朱元璋答刘基的《御制平西蜀文》。

1372 年（明洪武五年） 62 岁

家居惟饮酒弈棋，不与外界接触。秋，遣长子琏进京奏请设立谈洋巡检司，未获批准。

1373 年（明洪武六年） 63 岁

因奏请设立谈洋巡检司事，遭丞相胡惟庸诬陷，被朱元璋切责、夺禄。七月，入朝，惟引咎自责，不作辩解，遂留居京师不敢归。作《二鬼》诗。

1374 年（明洪武七年） 64 岁

留居京师奉朝请，身体病衰。

1375 年（明洪武八年） 65 岁

正月初一有《乙卯岁首早朝奉天殿东翰林大本堂诸友》诗。正月疾作，胡惟庸遣医用药后疾转加剧。三月，朱元璋作《御赐归老青田诏书》，遣使护送归家。抵家疾笃，四月十六日逝世。六月，葬于夏山。